edition suhrkamp 2109

AF288116

»Die Erde – kaum auszumalen – ist der Rede interieur.« Und die Herde
der Rede aggregieren – in »Vorstufen der Verschmelzung von Figuren-
reihen, die vor dem ruhenden Auge vorüberziehen« – ein Poem *à parte*:
»Stanzen aus diskreter Stetigkeit«. Hierin, geraum der Rede gefangen,
schläft Poemander, Hirte der Hermetika, schürt und hütet die Herde
seiner Überlieferung, welcher ihr »Wachsein in Sprache« erhellt – in
ihrer Mannigfaltigkeit von Gesichtspunkten. Deut-an Deut gefüge,
ohne die Herde zu übertreiben, gehege Möglichkeit für Lyrik: ohne
hemdsärmelige »Krempel der reinen Vernunft« dort, wo Sprache auf-
hört, Kritik ihrer Urteilskraft zu sein, »zunft ihrer Zukunft« einzugehen
in ein selbstredendes Moiré der Rede. Aufmerksamkeit, Erwartung und
Erinnerung verflichten Wort-für-Wort getreu in schlichten Strängen der
lyrischen Tradition: Sermon, Ode und Ekloge in einem, als anschaulich
sinnliche Verstrickung mit *à jour* durchbrochenen *Stanzen*. Entweder
man sieht das Gespinst hofoffen der Zinken, Blumen wortreich und
décor vom Vorhang, *durch* den Vorgang des Gedichtegedichts, oder
durchbricht »silben« die siebende Gardine in episch triftiger Häufung
der »distrikt ummantelnden Bewandtnisse«, die als *focus* oder Hof ins
Offene im »Dreh der Rede« durchlaufeb *und* erzeugt werden, während
interim die Dinge selbst verschwunden *wirken*. »Areale Areale«, über
und überzeugt, dieses »Land-in-sich« zusehends »zu sein«.

Oswald Egger wurde 1963 in Lana/Südtirol geboren. Seine Prosa und
seine Gedichte sind in mehrere Sprachen übersetzt und wurden vielfach
ausgezeichnet, zuletzt mit dem Ernst-Jandl-Preis für Lyrik 2019 und dem
Georg-Büchner-Preis 2024. Seit 2011 ist er Professor für Sprache und
Gestalt an der Muthesius Kunsthochschule in Kiel. Oswald Egger lebt
und arbeitet auf der Raketenstation Hombroich.

Der Rede Herd »zu sein«, Diözesanmuseum Köln, 4.11.1998
(Aktionsart Hand und Wort)

Foto: *Katharina Hinsberg*

Oswald Egger
Herde der Rede

(*Poem*)

Suhrkamp

3. Auflage 2024

Erste Auflage 1999
edition suhrkamp 2109
Originalausgabe
© Suhrkamp Verlag AG, Berlin, 1999
Satz, Konzept: Oswald Egger
Druck: C. H. Beck, Nördlingen
Umschlag gestaltet nach einem Konzept
von Willy Fleckhaus: Rolf Staudt
Printed in Germany
ISBN 978-3-518-12109-2

www.suhrkamp.de

HERDE DER REDE

SOMMERN. – *Den Brachacker mit Sommerzug-Tagen*
bestücken, bestellen, sich in die Sonne setzen, einlesen
die Blühreif-Farben der Ringel-Früchte, kirre-Birken
die Laubbäume mit ihren Hitz-Sprossen sommern,
die Brandheide Melisse Heilwag wiegend, Nebensonnen,
diese-die Licht-Schaukeln und Flügelwolfs-Schwingen
der Kamillen Bergamotte und Zitwer, Lamm, die
Sommerfade Wendelsonne schlafs, Ähren, die garben
Taub-Lichter bildern, ausblättern, vom Licht

die Linien ausschneiden, ins Dörrkraut schießend Augen-
trost, verblass' jetzt und gilb, übersommern, ein Meer
als Schiff der Jalousie, im Juli, Andorn fällt, Wacholder,
Aschwurz. Aufhäufen, waalhauen, einbringen, die Sommer-
Hülsen spreiten, »es dämmerte« und schatten, ein Boden-
ständiger Schummer durch scharrende Erdfarben der
Böschungsschraffen Wegwarten, Wirbel-die Strich-regen
Stoppel-zeilten in der Heu-Feuernacht, so Funkenstich
die Furchen, wie Himmlitzen sengt entschneiden, sintern.

APFELSPALTEN | HANDTELLER, REGEN.

Klatschmond sind die Ackerschnecken Halbwege,
das graue Heurad, zügiger als stillt der Sommer sich,
und schwirrt ins dunkle Licht.

Sichtweit eine Malfülle von Grasperlen, und der leblos
lebendige Glastsaum zu häufigen, fluren Tropfkissen
aus Nesselmoos.

Am Ahorn hängt die Schaukel klamm und zwirn,
das Grummet dampft von Duft -satt.
                                        Und Saatkrah

warten die Hornraben Heimchen windstill

und die Schlupfwespen und Teichfliegen entflohen,
Vorhangfenster, die ins Stubenfreie führen, diese
Sparren verschwundener Nachmittage

im Schober vom Gehöft und vielleicht, Barfüße
im Sichelgras, einfächern jetzt und schneisen die
Melissen der Holunderblüten Blatt-naß vom
Prasseln der Rhabarber, die Schwarzerde

der Luft-stillen Mohn-Lachen Spiegelwolken,
Schleiern und Silg-lilien, die Sand-blauen
Lilienarme
                regenschwer | Lilien, die gluten.

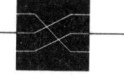

Über Vorstufen der Verschmelzung von Figurenreihen,
die vor dem ruhenden Auge vorüberziehen

Jede Nacht, wenn ich Einschlaf suche (und mein Herz
wacht), pocht ein Bild an mein Kauern, in dem Wand-
entlang erscheinte ein Geraum, und ich denke bei mir
Bewandtnisse aus, Zustände, worin ich, mit anderen
Worten, sein kann. Was soll ich tun? Ich bin gefangen
in der Vorstellung bloß, diese-die sacht-Sachen der
siebenden, Wörter in einem dieser Lufträume überrasch
vielleicht aufzuwarten, Umstände-halber und gemach
›Zirkumstanzen‹, nacktwändige, aber warm-umarmt

DIE REDE DREHT SICH (»zwirn der Erinnerung«)
ihren Enden zu, es wird Zeit, Ordnung in die Ringe
ums Jahr zu bringen, gehege die Gedanken dochtgarn
an den Saum von Gunkelstubben, Korkel-Torso Lunt-
um Licht und Talg zu treiben paraffin (die heimlichen
Gebieter vom Gebiet) – zum Herd-Werch und *ker-ker*.
Im Licht einer Kerze die Zeit überschreitend, Stanzen
aus diskreter Stetigkeit, dacht am Halb vorbei gefilde,
sondern Tag-fach (tausendhin) – wovon die Rede ist.

oder die wiegende Berührung einer Wange in der
Kuhle meiner Hand. Ich bin ich, und schlafe,
vielleicht nur halb. Spüre spannwand meine Haut,
zwischen den Buch-weiten Geschweigezweigen weich
und saum umrindet, aufs Wort, der Rede interieur,
»aufs Jahr«, auf einem warmen Stein im Waldschatten
vielleicht der bloßen Inzision; Teppichbaum von
Strauchbuchen und Eich-heilige Hecksteige, das
Waalwasser und die Rotbeeren Weißdorn-Schlieren,

Windbüsche und Schrillt-Grillen wie Goldgras nick-
licht mild, auf Wermut-Wegen am Salwannenhain
der langenden Weile. Sogar Früh-Äpfel, die auf die
Wiese fielen schon des fliegenden Sommers, mit den
Himmelfaden Web-Verstrebungen, das dürr-frische
Heurad der blassen Einwart von Traumgesichten, die
mich ins Leben riefen, Worte, die wissen, und die
meerhellen Lichtmilchblüten von leuchtender
Sprenke aufs Mal decolletierter Achseln, ~höhlen.

Worte, wie Pfoten, die leise sind, ein Panther-Wangen
(und ich trat hinaus). Durch den ganzen Fädel-Fächer
hin wie aus Wasserdampf steigten Dunst-kraus Hübel
auf, dampfen, zaudern und, rauch vor Nässe, Nebeln-
um Uhren Tag-endfalt. Morgenwach verflüchtigen
sie blast noch Nöle-gegen Abend schon wieder.
Die junge Etsch führt lehmgraues Wasser, die großen,
Tellerform-Blätter der Uferpflanzen sind Schalen-wie
Stunden-rund angefüllt von tropfhellem Glasen.

Ich umarme dich, trabant, kann die Zeichnung deiner
Brüste atmen, die wie Schwalben sind, wie Spatzen
Spechteln sind, und schnubbere entlang der Nehrungen,
von Meeren verzehrt, ans beißende Ohr Flora, äsend
(»Pasithea«), und die Zeit vergeht – *geraum*, nach
Gegenwarten flohen-die gezeit überstreichten und –
gemach – vom Uferruf gestade *litoral* im Umgang
weltverschwiegener Pigmente, den Zwirn der Erinnerung
ergriffen Wort-arm schlafs und andacht die Gedanken).

Namen, die zaudern, ruften leumund aller Wälder
~welten, die wunde Punkte sind und, die Kronborken,
mit den Flechtfesseln und Bartgrünen Maseln, die
Fleckfädigen, Irrnissen Pigment-Tannen, Pinien und
Kiefern Oberwald, Augen, die nicht Sicht-vermerke
sind, doch *contour* fundieren, vermelde säumen, kosen,
ich schmecke, Farn-sam, nach dem Wort noch für
Wort. Vom Leuchtenden her, wie zinkweiß das *alumen*
ist-sind, nach Lunten die trabanten, Monate vom Jahr.

Und die fünfhebigen Sinne allenthalben, Sommer-
fäden, den Talschaft von Erzählung, Feld-wärts will
ich gieren jetzt, Flugdraht die verhäkelten Spaliere
rauten, das Decksnetz vom Garnschal abendkühl
umschultern und, daran andenken, entschließend die
Rede vom Gespräch, den Takt und die Ruder der
Erinnerung-richtig, das Mutterkorn der Unterredung,
ein Moiré der Schwalm-Wasser Still-Seen Scheren-die
Lak-Schwalben, fort-voran – klaftern.

Ich zum Beispiel war schon Knabe, Mädchen, Pflanze,
Vogel und Flut-enttauchender Fisch. Ich war erhaben
wie eine Zeder redete und wie eine Zypresse Zahn-
ragt in Alleen, flammend von Efeu und Phlox. Ich
war als eine Palme Hand-handelte, und als eine Rose
Oleander, der Ölbaum auf dem Feld, Anger und
Lilien, die silbern, Libellen, sind. Ich verströmte das
Aroma der Herbeiche, Ahorn und Holunder, Strauch-
Zimt und Minze von Asphalt, Platanen, Myrizen die-

die Tamarinden von Halbhölzern, Rhododendrien die
Harz-Narden und Rebrohr Astern die Scharlachbeeren
Gallapfel und Geißfeig-Wespen, Seckelklee und Weber-
kardel Hagebuch, die Linden, Pappeln, Nadelblumen
Jade und Laubzierraten, Mistel-fach, um ›eines Tages,
vielleicht sehr bald schon‹ spaltbreit (in allem, was wir
tote Natur nennen) dieses Land-in-sich zusehends *zu sein*.
Sprich Worte, »wie Blumen«, taglicht und weiß, was
sie, einseitwendiger Gewächse, von sich bedeuten?

Gestade ihrer Kuhle wusch ich und, zu freien, Glosen,
die gluten, ins Weiße fallzen, wie erloschene Welten
fällt eine Nähe auseinander? Farbe der Wasser, Waben,
einsaum schichtet sich, Zusammenhang mit Gras
und Strauch-allem, ein Stapel Frischholz gefällter
Birken-stämme irgend vorauf Augen, Schilf und Kolb,
flott-ober Polstermoosen, Wasserlaken, blink-giftige,
Sumpfaugen, die umgangen werden Facetten-Blätter
wendige, dazu undurchdachte Fächer-Ranken.

›Bei der Birke‹ schiebt sich Augenschnitt verzweige
ein Ebenbild ins Ricken-welke Laub-geschweige
bauschen, dort mag es entwegen, bis die Senge kommt.
Der große Brachvogel warnt, indem er brämend hin-
und herfliegt, sooft Menschen sind; er überflügelt fast
die halbe Stunde. Und ich sah Farben, Landschafte
reichweit über die Wände streuen, und sah jetzt die
Finsterhöfe der Ulmblumen und Wracken, Hals-
starren Wurzel-lund Sparren der Halbsamen bildern.

Augen des Ahorn sind in mir, und der Ohrenweide
Hasel, die Süße vom Holundermond sind-ist in
meinem Mund. Und auch die Stille der Stechginster-
nacht, Weißpappelnacht, geheime Nacht der Eibe.
Unter dem Blätterdach eines Schlehdorns sitzt ein
Erlenbusch und singt.

(– – –)

Ich tastete mitunter Stöcken, schon stak ich bis zum
Knie, zu Wasserrinnen, mit Klatschkäuzen, die welken
Blütwedel des Riedgrases (doch einwärts mehr und mehr
– ich kann nicht). Ich stolpere verwachsen, reiß mich
los-hoch, lache und habe, hohn von Schratten, Angst.
Halb-also fehlzugs dorthin zum Schlagwald-Graben,
von wittergrün winzigen Gewächs-Setzlingen über-
licht ersponnen, Kalla-Blätter buhlen wendiger-die,
wie Magnolien und -schneisen, und die erträumten.

Wo hast du dich verborgen? Hinter den Rispelstauden,
den Strauchbuchen mit den Zweigruten, an Weide-
strichen zaum, oder gehege den Kellerhals der Silber-
linde, Dirlitzen von Pulverholz? Die Ahlkirsche starrt
durch pfrieme Dornen, Schot-Hülsen, welche einzeln
Stacheln, in Blattachseln fallende Akazie, die Zucker-
birken vom Heimland der hecksamen, Erinnerung-die,
Stech-Fichten, Stroben, mit ihren Stelzloden und
Taubeeren, wie Himmelfäden flichten, worfeln,

wranken im Gang-überdies von Bildern, die Stern-
berstende Erwartung sendlicht in den Staub-schau,
zum Blick der Wipfel, welche Ansichten sind,
Ausschau sind, und nichts erinnerten als Zustand,
als Verfassung, und als Stadt, ~gestade. Da wußte ich
diese-die Lilien im Tal, »erzähl«, ringsan schlugen
Sprießmelden Andorn und Melissen Ulm-saum
von Wegleeg-ebenem Schwemmtland und faltsamigen
Flutgütern ein Quartier in Marschland, richtschallend.

Ich mag es, wie die Gedanken landeinwärts kriechen,
Leuchel~mond, bis in die Knochen der Kognition,
und wie sich entlang von Land-Strich-Überlegungen
fortwährend ein Herd um den anderen löst und saum-
treibt über Asche, wie ein Kronradel salbander rahe
übergeht, Schnitte, entründet triftelte vom ~grund.
Windeseile-der Fahrbanner klirren amaranth, das Deub-
deutelte nicht die Flattern *tricolor* des Trikots, sondern
entständiger noch das Schlag-an Takel der Mast.

Es tuckerte und schlug wie taktvoll als ein Schmiedel
hämmerte auf sein' Amboß, Leikseil ein gehört
eibischer Seegang, und sägt Ragwurz das Halbern,
Baumel des Lebens, so dünn und breit, daß uns Welt-
gebäude und ihr Schattenmeer zu Schildern schildern
wissen, »ich sag« Backstag eines Galeonen, oder die
ein Fluß ersonnen hätte, eines Mahren Astmeer von
Fock-federnden Masten, Bickelwort-Morästen überhauf
und Würfel-Karavellen, im Schirren der Musik.

Wie wenn ein Freudenfenster Gaupen aufspringt in sein
Frühlicht, schlugt's mir Wind-entgegen, und schroff
hörte ich die Rhode flaggen – Haumeiß – Saum an
Saum. Die-die Bäumte wimmben, frosten, schnaubten,
und ihre Äste zweige, scharwielen-die Böen, bebende,
so tosendhalb. Malheur mit einem Mal (»markant«)
ward büscheln auch der Sturmmond wieder da, glüht
– *lurlt* – zwischen den Stämmen, Garben, Kimmen, nicht
Baum-länger, denn los-droben tobte – eine wilde Jagd.

Ein ander-Deut im Linientreu der Silberlilien Korb-
Knospen-die hofen Brechwellen sich-und zu Auslauf-
Häfen hinfrist, Glücks-Zügel zu-zu großer Masliebe-
die, in Zwill-tausend Trausinne gewebt, und Zunder-
Erz und die schwarzblättrigen Wind-Schiefer der
Glut-Zube

     – Du –

               und eingefacht, so flocht-Lohde-
die Aug-grauen aller-Hand Fraglose würfelnd *incubus*.

Schiefer-Schliffe aschgrauer Wolken schoben sich in
Sicht, Schleier kräuseln über-die Draperien Wogen-
linien Rapgwurz-Raspen, Sternmoose trüben ihren
Schein, mein wunder Mund, -wald. Eine Rotte Un-
wettertiere stampfte überräumend pfuhl das Gefilde
ein Wirbeldost, und Perlgras Wasserrauk vom Sturm-
hang sengte brandt-Weidelos den Seegang und-und
verwirft sich Geschwader eins-zu dicks-lipptiger
Kapsel, vor sich wild-Heer, Ranunkel, Wiesenwest.

Irr-ich bin eingangs entgangen den Da-Bildern, dort-
doch die bemänteln sich, überlagern, und die Details,
in einem Schauraum von Augenblicken (nut der
Minute-die Sekunde der Kosung) – in der Raumnacht
(ich bin wach). Härzel und Karzer Kerzen-hell von
aufhäufelnden Gedanken-Litzen, Saum-um ~berührt,
der Kerker umraum der Ereignisse entkleidet jetzt
(»jetzt«) den Beleuchtungs-Körper Samt-schwarz,
die Fessel über die Verhältnisse, und diese-die wissen.

Die Eiste-das (eisewige) Gefängnis.
                                                    Allein
(ich kanns nicht glauben), überdies Wasser Kies-
kalt kascheln Füße-die, Gefilde Frostrauch und
als ob wenn Rot-Rohne rogel der Eisel ist (ein Funke)
Zündelunt Rieteis-Reiser-die Lichtschnupp-Luken
ausfach (der eis-tränige Weizen) im Windschnitt
Rahn-schwarz wie Branntstroh-Zotten Knotgarben
die Fließwasser sind-ist und Wurbsplumben.

Seit Tagen haben wir trockenen Frost und Kälte empfind-
lich, am Morgen, am Abend, um sieben und um acht.
Der Waldboden ist hart gefroren; mein Schritt hallt,
als ob ich auf Asphalt marschierte, und wenn ich Wald-
pfahl stak-einstammte, dumpft der Ackerboden. Von
einer Sekunde zur andern und, um dein Haar fällt erster
Schnee, einzelne Flocken nur, treibzarte Stauben, aber
sie dichten sich zu zu einem Vorhang, Maschen
und Satin, die immermehr Welt-Falten ~ verhüllten.

Wieg mich ins Vergessen, Nesselröd, Wald-lind ist -lickt
die Gras-Zwicke lökelnd ein wirbelnder Reigen, nun
sacken die Flocken schwer zu Boden und verkörpern,
hüllen kriechend ihren Grund. Ich will ein Vogel sein,
nur Binsengras sticht noch aus der Weiße, starr hier,
dort einmütig, wie Springblumen, und unverfroren
sickern Lichtnelken, die wörtern sind. Ich schlafe,
drehe mich zur Rede, aber horch, meine Namen wachen.
Ohnegleichen wird es dunkel, finster, innerhalb.

Nein, ich kann nicht schlafen (Licht ist Nicht-Licht),
denke ich bei mir, und die Schnittblumen beider,
Wachheit und Nacht, liierten sich Strauß-sprossen in
einem Geschweige-Raum, mischen unter Farben-falt
gemohrt, Damast-Nester im Tuchzeug und bunt ein
jedeweder Stiebepunkt verdoppelt, würde von sich
aus-auseinander-klaffen (Barden) und überrasch
(verschwinden), Wasser-fallend in den Grund-dunklen
~grund. Ich zeichne Kreide-wachs (Silhouetten).

Im Nu einer Minute, mir bleibt Keimblatt nicht Zeit,
mich in Mitten zu entsinnen filigran, Schönholz zuckt
der erste Spindel-Blitz, nickt das Trag-Gras Nieder-
blatt, schelpt ein Webel obendrein. Das ist kein Bickel-
spiel, kein Würfelwort, nur weißer Absicht-Schatten
staub, Landstriche-dünnster, feiner Schwadel-Fall zu
Hauch-laut, vor dem Vorhang seien alle gleich, eine
Zeitlang fast aus Haufenwolken gereifte Weißgerbera
vielleicht, in leere Bäume wirft man keine Steine.

›Aus den samt-abenden Harz-Niedern quillten Still-
Zinnen Kuhlen-Lug, und die vielblütigen Büschel-
rosen, Nispel-Naben, die Silge, Fiederspiere Lavendel-
weide, Wagelien deklinierten Hasel-Hals die Schein-
melde und Risp-Rebe kleiner Wirseln, vom Porst der
Oregonzedern Ogmions, Weichselnestern und
Pigmente, dieser Holundergrund vom Schneeflocken-
Baum und Kerrier zur Zier nur, wenn daß wie Asch-
Schlund Thunder-kullerten die Perl-grannen.‹

Ohne Schatten, noch immer, öffne ich die Fenster weit
zum Lichthof und atme, Ell-Kehlen, das Träufel-Harz
salbeider Arme-die. Jetzt dringen Bilder, zu Schwärmen
einsaum über die Nabe der Nachtgewässer in alle
Verhältnisse durch und durch (träutnaß), ich kann
sehen-die, Ziggeln der Böschungsschraffen Trockental-
Linien, das Bersten der Zisterne, Milchwege, Sturzbäche
und Brunnen im Brunnen, will (will wieder) auf das
Wasser schreiben, in die Rinde schneiden, (reden).

›Aprikosen vom Schlaf, schwund in Silben stakt *désastre,*
still von den Leuchtenden her, der Kehl-Himmel seigerte
versonnen Ast-Strahlen an die-die Blumen, Zinken,
»welche Welt!« jetzt sehen, zusehends sind-ist *circum*‹

stanzen, wir finden uns logiert in einem Zimmer,
rundaus (›sieh nicht mehr‹) (›schau‹) nichts als Jahre,
die verstreichten, treffen selbander ein-ein, sowie Blicke
flichten sich, Brunnen gehen, grundeln, Fluß-entlang,
diese-die Eräugnissen (und ich sehe, daß), wie Ringe-der,
Jahre-die, um Augen nicht mehr okulieren, nicht mehr
sprossen, nicht erwüchsen, und Herde der Rede-die
sich hüten, bewahre, saum ihre Disparität von Orten
und Menschen auslug auf Türme steigten, um (circum)

Jahre, Tage zu pflücken, gaub die Warte, Giebel-
lück im Ziegelwerk, und erwachsen sintern ist-sind. Ein
Observatorium, mitunter den Ausfluchten, Dachsfenstern,
durch die Rotunde der Luft-Luken verzeichnend, was
zu zweien Stunden dauerte *à jour,* überdauerte.

Und es blühten Winterlind die Blutbuchen ganzer
Bezirke jetzt, Erdrauch diese-die Erwartung brennten
Lichtblumen am Himmel, und breitblättrig die Stern-
fernen Leuchtpunkte zögen auf aufs Ostentativ
betörend, Reiz und Zier, die entzwischen Zeigern
zweier Grazien tosen und die Kadenzen voll der Wort-
wollenden Male, die aus dem Schwarb-walm einschürig
treten, wrasen, spreiten (wenn ich stanze-die, Wangen
einer Ahnung, so Lenzfaul, zu Tagen ajouriert).

Da ist die Stimme deiner Hand, die anklopft: Tu mir
auf, Pasithea, meine Taube Trauer, meine Halb-Halde
Fron verstoß, denn mein Fragen ist von Tau voll, und
mein Harsch trieft Nacht und Nebel. Es wurde wärmer
in der Finsternis geflügelt, Grauweich-Watte Habergeiß,
so hängt am Morgen der Nebeldunst zwischen den
Stämmchen, und ich-ich atme schwer. *Es ist alles
sehr verdorret* wintern jetzt, tröpfelt, schüttet, lärmt
Welt-betrübt. Der Wald trauert zwischen den Gezeiten.

›Bei der Birke‹ sind sogar schon die Hängedolden der
Lockenblütler bereit, sich zu öffnen, sobald der Gold-
regen nachläßt, das Tauwetter die Schneespelzen der
aperen Flur, das ocker-Stück Acker, Baumschnitt und
Schur, das Umbrechen der Heim-Gärten und der
Beete, auszusäen in Schnüren, die schlafenden und
die wachenden Augen der Reben, die redeten, bluten.
Ich atme schwer, mein Jahr mehrt sich Tag für Tag,
der Reihe nach, zumal in Tausenden vom Tau.

Wie sieht das Jahr in einem Monat aus, verzeichnet,
Kräuter-Weiden, zu Bruchblumen -stücken-die Buchs-
beeren Strauchkräuter, in den Hub-tiefen Teichen-die,
Klafter-schwarz sind, Bruchhalm Senken, (»aufgrund
eines Scheiterns«) schachten-daß Augen-die, Kehl-
Höhlen modern Spätlaub, die Holzspatel häufen und,
tragant, Hortmonate von Stapeln, die wechselständig
sind, gewege, oder hohlsaum, so Ulm-rund, und die
Rind-rissigen Windschnüre im *incubus* der Retina.

Ich bin am nächsten Morgen hinausgewandert, weil
Raben, Tauben, Geranien deutlich einluden, den Reiz
der Schönheit in Bewegung zu staunen. Leuchtend
strahlten Sonnwände-der Birken-die beschienten das
flachse Schaft Haff-Land, das um sich schlugst weit
dehn-einen Bogen zum Aug-Gitter der Koniferen.
Wolken-großer Weiß-Schwalm schwadronierte hoch-
Seil über die Heide-hin; ihr wustes, bausches Schweben
steigerte himmelblau lohde-frohe Feste, zaunauf.

Am Garben-Bach blüht Weiß-Quendel die Libelle
Wassernaß, huscht, als smaragdgrüne Nadel, im Zick-
zack durch die kompasse Luft geschönt, färberblaue
Flügel schwirrlten und habten an den Enden je einen
helmen Punkt, ein Lichtauge. Im Spiegelwiegen des
Weihers tümpeln sich wie eitles Augenzeug die Rief-
dunklen Schilfblätter im Abendgrauen, Teich-licht
über Moorrohr ein krauses Konterfei schmalt-schmaler
Schnörkel, aus der Ried-geraden Schwertform.

Nacht zog auf und der Rauhreif von Schneeflächen
wie treibend Rogeis glänzte, vom letzt-restlichten Strahl
der Nebensonne erschienen, in einander bekreuzigende
Engelscharen und stiemender Punktum-Funken, die
Kälte war ein Umschwirren Frost-flotter Schmetterlinge,
Schimmel vor den Schlitten jetzt, Menschen zuhauf,
von sich wölkendem Walm-Dampf umgeben, Lärm, der
sich nach allen Gassen sträubte, Luft verbrauchte sich
in Luft. Zu gleichen Teilen, Seit-an-Seite, Stillen, Klirren.

Denn die kleinen Windlobelien fachen Goldfink
zwischen den Abendwolken zirr; das Glüh-grün rot
am Boden verblaßt zu mählich, und die Sattheit der
Farne schattet kern. Ich kann heute keinen Himmels-
faden entdecken, keine fliegenden Sonnen Firmament
und Momente, Nebel-lange Wolkenbänder überziehen
das ereigniswache Sehfeld, und der Augenblick auf-
auftauchender Irrwische durchbricht die Wortform
wörtlich, ohne diaphan zu scheinen, ~gleiten.

Aber vom Widerschein bleibte Weile und wandelt
sich in doch zaubrischer Mannigfaltigkeit, brutrote
Glut wird Zinnober, wird falbstrahliges Gelb, es sengt
zu einem Kumpf-Tupfen Messingglanz und endet als
grünlichtes Blinken unmittelbar an der Horizont-
Kimme. Darüber, fast bis zum Zenit, brennt litzen
der verschränkte Himmelsraum; die Wolkenbrüche
mit ihren Lichtrissen färben purpurn und violett,
erstarren giftfliedern und verglühen blaulicht in Lauten.

›Zu Tagen lebe ich die Hälfte des Lebens, die überall
ist, in der Nacht träumt mich jene, welche nirgendwo
sein kann. Auch nicht in Schächten dieser Finsternis,
und ich verließ mein Haus »zu sein«, worin ich dich
verlor, und suchte dich fortan. In runden Stunden
erreichte ich *zu zweien* zwirn die Naht und Nacht,
von Sehnsucht verzehrt und weit, ein Heinreich der
Dauerhaft vertraut ins Fremde, dort in Bäumen Ast-
langend ankern, was vom Meer der Ähren sirrt.‹

Komm, und neige dich zueigen, so Fächer-schön,
Heide-Myrte, du unter den Porst-Rosen, die Aug-
Ähren Gagel-grün, mit Purpurnarben feingezähnt
und übersät von seidigem Lüster-dünn als die-wie
Blütenflügel und Falt-Landkärtchen sind schwirrlen,
mit Harz-lind bildernden Pünktchen auf der Haut,
und Sprenkel-Tupfen goldrot. Deine Erscheinung
ist eine Mandelweide fast, reichblühend, und dein
Tag gleicht Traub-kirschen, diese frühblütig vielen

Bebe-Beeren Robinien der Silber-Birken, Melde-
blättrig die Pappel-Male vom Winterzwirn. Ich
müsse selbstkletternd die Zwischenlinde klimmten,
an den Zweig-Nüssen nesteln und vom Erd-Epheu
die Stein-quendeln ~finken Kirschhold, im Hechel-
gras. Werdere also, tu es den Flüssen gleich, Form des
Amorphen, gefangen mit den Fangen deiner Finger
Fünf, meine Augen, meine Hände auf der Hut
berührt, die Locke deiner Nacken.

Flut-du liegst an Kieselgruben, kauernd, auf Teich-
laken, am Krater-Kar, und fliehst nicht, Fluh-saum
von Sandelgamander Glimmerland, zwischen Bruch-
Scharben Buchen-durch Gefangene, die Sandfalten
trauter Gedanken-die, Mischtrommel von Betonungen
und Träger-Eis Kahlschale Seen, die Kell-Hand und
Trist-Siebe Schotterblumen der Sickergrübchen, von
Wach-sein umgarnt (ergattert) und auf Schurz-weilen
Blusten die Kluft-trachten Naß-Dressen.

Du mit den Quicken, Walpern, Mispelblüten, Kirsch-
rindiger Weißbirken-Reiser, auf den Scheun-Pfahlen
Folz-Zöpfen, so Eichen-welk inmitten Mahren, Bruch-
flechten Rillben, die würz-irrwischen Flügel-Früchte
im Kobernden November, Rübsamen und Narben
Tristel-Hold, das Schrat-Rascheln hinter Blickbüschen
Weichsel-spreiten, Balg-Nüssen, Spelzblättern. Die
Haselweide, welche Wollkraut häckseln, wiegen-die
Nist-kästen Schot-Sichelchen, vom Vogelaugenahorn.

Aber der Schnee blieb nicht liegen. Es wurde wärmer,
aper, bald. Die Reiser bindseln, die Schober und den
Kiesel von der Straße, Rebscheren, das Laub im glatt-
gedrückten Gras, die Gewege Feldmaus und Aufhäufen
der Wühler, ein erster Sonnenschlaf – im Nerz der
Minerva, nach dem Faulpelz noch Modernüsse Logel-
voll und Stachelhülsen der Passelfrüchte und Einigeln
atmet das wachsende Jahr, das Makramee des Marktes,
feil im Warenkorb, zum Schnurstich einer Tüllarbeit.

Der Knöpfel-kissen Schweiß-Naht und Nadler-Barst
~ladende Klufscheren Achsel-Latzen Garderobe
in der Perl-reihen Knöppel-Acht. Aber ich warte
nicht glinstern die Moosrosen Glimpfen, nicht mit
den Unebenheiten und Frost-Spalten, die sich doppelt
Glitsch-dickicht Futteral gebärden, sehe Kiefer-rot
und Laub-schwarz den Sisinus-Gumpen Tal-lagig
Scham-warm um den Boots-leib. Trostwasser träufelt
Kahn-schwank nabend in die Augen und Schweiß.

Stund im Wald, und was ich sehe-ist, zu hören, ein
Wall von Walden, und die Schwingenflügel eines
großen Krallen, Schläge des Hähers spechteln am
Baum-Haus Berbern-der, Schelf-stein eisern, es ist
Laub-blau vom Felsahorn, das auf den Horstboden
fällt, kein Schnee, der Stille quillt, Grisaille-Licht
entzwischen Straubel-Büschen (von Brueghel) wie
Zeit verstrichen, die Irisrissen Lisp-Rinden, diese-die
Kerb-Hülsen Stachel-Rauten pferch der Erzählgängel.

Wie ich mich Ruder-blatt verheddere, falle, krieche,
taste: ich muß, *muß* vorwärtskommen, allenthalb liegt
Schwalltzeug im Sumpfgrund, modert und ertrank
in Marmeladern, Lichtschimmel und Firn-weiß diese
Labmilch im Narbenblatt, und das Herbstlos. Vom
Ungrund her auf-dumpft es überhallen (mein Herz
schlägt eine Trommel). Docht-kloben plötzlich Pracht-
flach ist das Lippen-Wunder da, ›der ganze Hort‹
prangender Mirabilien.

Waschfassen wie Spundbacken und Seifen Äpfel
regnichter Kiesel-Zinnen Wankert-mal so Quasten-
baß die Keltererz-bersten glast-als vom Wasser Muff-
warm, Selbander-Blume. Ich weiß nicht wie (mit
Hilfe von zwei Bohlen), entkomme ich überdies,
Bitumen und Bittererde-jetzt, Moor- und Astwald
schwarz an Schlot-Kiefer-rissen von einem Wurzel-
schlag zum Schluchtklamm-andern, zumindest
Schrundgruft springe ich (immerhin). Berührung.

Wie schön ist dein Gehen Fuß-los, gewandt deine
Hände, Fertigkeiten gleichen sich den Schwingen
zweier Spannen auf, die ein Stundenbild entfachen.
Deine Augen sind zu tausend, und enttäuscht. Dein
Hals ist ohne Schmeide, Turm ohne Gaffel, tob-oben
verlieren (liieren) einander die Antlitzen im Schirren
der Musik. Und über Hügel-Gleitender die Blau-Kräne
Feder-Zug, die Scheitelreiher, und Kron-Dommeln
nachts, Kranichte und Striche durch Zechminen,

Stock-Tauben und Geschmeide-Pinten, Plauder-
welche Kehlchen und Schwingvögel mit ihren Frack-
flügeln, Tilgen und Zimt-braunen Beilke-spielen, die
Rot-Häuptel und Schaufel-kropf-Nacken der Ringel-
krallen zu kraus- und Falk-Scharfen Halb-Habichten,
Erpel und Sperlinge, die Kiebitze und Milbschnäpper
in gehegen Wildfängen, Roll-Kiesel-diese Steinwender,
Waldhähne und Laufflügel wie Tüpfel-Pfeifer stelzen,
gering-Fieder-händige Einwandler, und Schlaumeisen-die.

Und Wanderdünen, die hundert-Fuß-hohen Hornsicheln
treibten Flugsand weiter. Ich bin dennoch vielgestaltig
hingestapft, habe sogar Dörrwald gesehen: Niederbusch,
Sumpfdorn, Laub-Stauden und Nadelstamm, lichten
und dunklen, lebendigen und absterbenden, entrisch
schönen und unheimlichen Beerenwald. Auch den
Lauf der Wild-Bilder sah ich dort vorüberziehen,
Heidgras und Stangenholz, hochsitzend, äsend, in
Troll und Fehde-gierig, List-Krippen und Nistkästen.

(WEISSTÜMMLER) Vielleicht, daß dort eine Lachmöwe
wacht, oder Mantelmöwen Storchdorn, die tob~ein-
wendigen, Waldammern und Gras-fachen Halbahlen,
Schalk-Nacken und Lachende, Kicher-Käuzchen, ein
Seeschwall von Schwalben, Trauertauben, Zeltrücken
und Pfahlplane Schmuck-Plumen im Geier-Reigen
der Spottdrosseln, Wachsschwingen wie Scheun-
Eulen, Dreschflügel, Hornmeisen. Und Mauersegler
als Horstvogel, Baumfang-Amber und Spechtel,

Kreuzdohlen und Fleck-Finken. Auch Taucher und
ganze Albatrosse von Weißland- und Schrick-Ringeln
Luftwurzeln, die Amsel-Furten von Fliegenden die,
Oriolen die, stagnieren, wimpern »zwischen Himmel
und Hügeln«, Schwarmblütler und Schwirrfiguren, auf-
flattern vom Trockengrasrasen der Windstillen, Blinden.
Gierde ist die Liebe zaubernd, wohlschmeckend als
von Schwalch die Achseln sind, und duft deiner Salbe
Zinken für dieses hier, Augenblicken der Geruch.

Hagestolz ein Wäldern-der Weltruf-ufernden Geläufig-
keit, doch die Geschosse sind Treibhäuser hier, Stadt
mit Gestade-Namen, die wie Pfahlbauten Staksen im
Asphalt, aus dem Boden schießen, färben die, hemds-
ärmelige Ventilation der Duftluken, die dampfen, Luft-
Aufzüge und Faltwinden Sturmalarm, welche Kloben-den
Bluff enttäuschen und aufstocken Luft-dicht, in Etagen
schneiden, die Weltbilder in Scheiben, türmen zu *zu sein*
im vereinigten *status*, aus einer Lage heraus und Meiler.

Kraniche im Schneepflug, dieses aufstöbernde Nadel-
Alphabet hängt sich in Bäume jetzt, gefriert, und das
gefiederte Reden, vom Tränenblech der Regen ist
geronnen, fort, die Blumen frühlicht sind hervorge-
kommen Weiß-Land von Pflanzenschaum, der Maien
scheint unversonnen herbei, Neonschnüre, und die
Taube kandelabert im Traufwasser der quill-Triebe,
der Feigenbaum hat Knoten, die Reben halbten ihre
Blüten-Kelter im Lagerfaß, daß seine Zeiten keimen.

Vitriolschmant lagerte auf Grundeis, diese schwarze Tiefe
lichtblau oder von Email, violettblühend labiale Flieder
der Waldgarten, und viole die Levkojen Wohlverleih
Silvan wie Moosocker Gokelgut die Erde, Harzblumen
vom Erz-weißen Wiede-Spath die Treufelzapfen, Namen,
Trensen, Landstriche Schraffen gelände, Gegenden, die wie
trichtern Gaue einer Dauer, Folien, Farben, Gaben, Weide-
Gelien und Teilblättern Schnitt-gemenge Wörter im
Holder-Faun Waldgeraumen Scheinflügel-der Vogelherde.

In den Windfang sagen, Namen, die versanden, worin

die Zeit vergeht.
                    Kes (das Fest-Eis).
                                        Ich kann Gebäude
einer großen *gnosis* sehen (Flußsand Ufer-haftet *Oknos
Knossos* an der Armhand), Furt zum Unort übersetzen,
Lichtstriemen vom Tiefschlaf an der Wange *teint*, und
ungeheuer wiegend Schläften Strandgut (»ja so will ichs«).

Gestern nacht fror der dünne Mond als Sichel fließend
umbreit überhand, und zügiger Sprühfrost schneidete
den Harschwald auf, um nach der Witterung zu sehn:
Spuren. Kann Kälte hörbar werden, ein Uhu? schrie
Kriekelstern lang-anhaltend und, kauztausend, ein
kreischelnder Eisvogel hagte Agelstern zu malen, ich-ich
stund auf scharen Füßen bloß-still, rund-gier ein Bilder-
Karussell von Keltern, Süßwein, diese Kolbentrauben
Rüblinge trunken-die, Stunden wieder sims zu finstern.

Ich schlafe, drehe mich zur Rede, aber horch, meine
Wörter wachten. Da ist die Stimme deiner Hand,
die anklopft: Tu auf, liebste Freundin, meine Schwester,
meine Taube Trauer, meine Halb-Halde Fron verstoß,
denn mein Fragen ist von Tau-lab, und mein Harsch
von triefsem Nebel. Und ich ging in das Heimreich
ohne Schatten, da ich Orientierungen verlor, und vor
den Aussparungen der Finger fing ich und verbarg
mich zusehends, Ton-in-Ton den Unterscheidungen.

Die Sonne ringt in schweren, böartigen Schwaden,
zeitweilig bricht der ganze Wras-Wasen weiß-zeichens
von Reif. Jetzt prunkt auch die zinke Scheibe aus dem
Hof von Wolken vor und wird tagen, die Kurven-
schwanke Lampe entzwei in Wassertassen zu hellen
Beugen Lilien, die sich schmiegen, das Spiel führt
vom Morgen bis Zenit. Kalt ist es heuer noch und
trüb, ich sichte die Lichtmuster am Boden eines
gläsernen Bassins, während ich von der Terrasse dürste.

Stein, Schere, Licht, wie die den Äther auf die Erde
faltzen, auf der Wiese liegen, viel-Farn, Moosrosen,
Achat und Garben-der Kanevassen, Stanzen sind,
zu ~zweien, Würfel-die, Augen bloßer Besonnenheit,
trat-fallen hinaus auf Hainen Ort, ineins verschattete
Mannigfächer, der licht-echten Ödnisse einsaum.
Warum pochst du nicht, lugst du nicht, durch Fenster,
Pore einer Angst, ich schloß Wort-auf-Wort in Gegen-
warten, die bange bleibten, denn du sehnst mich sehr.

(Ich kann nicht anders) kaure nieder, beuge mein
Gesicht in die Schüssel der Fabelhand. Die Wald-
pergel tragen ein Netzkleid, Los-poröse Ajour-
Maschen, mit Durchbruch-Blumen, Tafel-lange
Landranken Zopf-lot vernäht, mit Leuchtdochten
loop-Raum gering-fügig ergarnt. Und um die geode
Welt, hohl um alles miteinander (»Kalme und Schall«)
glühen Rubinien auf der Teer-grünen Eichweide-die
Rotkugeln der Moosbeeren Nestelbrut.

Du schwebst jetzt, fällst hintüber, oder aufsteigt und
wälzt langsam, dann immer schneller kopfüber, kein
Weg von Bewegung, und keine Geschwindigkeit, das
diffuse Licht albedo, kein Horizont, und keine, nicht
eine Mitte, Umgebung gebe es, und nicht die Spur
– von Schwere. Es ist Einschluß in die Einbildungen,
welche toben, schon wie du am Fenster stehst, und
staunst. White-out, die weiße Höhle, stülpt sich ins
Gelichter keiner Orientierung nach Gesichtspunkten.

Lichthäcksel in der Scheune, Hellicht und das Feder-
lesen im Erzählkreis, stroh ein Leuchtkegel von Vogel-
Rochen-die Goldkörnung auf Graueis pikierte, das
Tuckern gefiederter Worte, die erblindeten im leeren
Bildlicht, und die Händigkeit, handfertig, polarisiert –
huangertn. Und überwältigen weltüberworfen schlicht
das feine Sehgarn unorganisch als eines, Schneenetz,
das mich von sich gefangen nimmt, aufliest, die-die Walz.
Wie überstülpend in die Wirbeltürme stiebender Reime.

Gegen morgen rauht Nebel blickdicht vor meinem
Fenster, daß alles Außerdem verhangen war. Jetzt
sprüht feinstes Geriesel über die Scheibe, verweht im
Lot von Regenschnüren, Tage ziehen auf daran, ihr
Erdreich weich ist schier und grundlos. Zwischen den
Stengelhalmen fahl vom Vorjahr sehe ich Licht-aare
Grüntriebe absteppen von Mattland-nassen Stanzen,
die triefweide Gegenwart flutet bald, tritt Dornsaum
und besät zum Quellwald, Regenwirren, Tropfmoose.

Tausendfältig, von Weißflor übersät, und Hohlsaum
im Dekor ein Nordlicht, ganze Kordilleren (Frontispiz)
hängender Verstrickungen und Spitzen, Laken in der
Dunkelheit, worin ich fürchte, taste, zu Rande komme
und, umfangend, diese Selbstbeschränkung des Eises
im Kreis, Schloßen, über die Erde hin, je näher sie den
Auen sind, desto lautere Wörter scheinten die zu über-
hageln, noch. Rochen, Knoten, aalscheu und übersträubte
Felle ziehender Zeuge weißgleißend heller als Stille sei.

Ich sehe vor mir das Felsrelief lanzett-länglicher Ries-
Wölben, smaragdschwarz durch die Onyxsonne, sehe
Mooswannen am Waldboden und fingerfache, zart-
falbe Kuspen darauf, tausend Hundertblumen zu
Wuchskerzen brennen moordocht am Strunkfluß
der ästigen, wachsenden Etsch, und Fruchtähren-die
Bärlappen Hadern.
                    Soll ich still sein (wie die Quelle),
im Hag-Wald, still als Namenwind, und flüstern?

✳

Ich habe eine stille Liebe im Wald, kenne einen Ort,
den ich immer wieder suche, man findet ihn – in
Worten – nicht oft. Entwegt vom Weiß sind überdies
nur Schneitel-Zweige, Dickzisseln und Eisvögel,
Imbern und Streben die geeisten Äste. Ich falle einem
Trugbold zu, glaube schon, die Schnee-Hauffe gehöre
zur Baumkontur, festgepfropft aufs Einmal, ja, die
Lukger mitten in der weißen Webe (das eigenlichte
Gezweig), das müßten Adern sein, Schilfwiegen.

Wie die Weiße vor dem Lichten Graupel-rauh (man sieht
gemenge-die Bildpunkte erst vor Gravieren dem Erde-
grund *umbra),* vor Licht-weiß gleißendem Flor trauken,
falben die Flocken in gefilde einer Richtung, vor Ungrund
Kothurn, überwerfen Welten (in der Welt) gefrorener die
Draperie *decorum,* Diaphanfiguren auf gehauchter Hand,
der Schnee, das Fenster granuliert, fließt, wirkt mich und
dünkt, Bizockel, in Pünktchen, sodaß beide focussieren,
Trakel-treiben gangklein treidelnde Kreisel und Peitschen.

Die stockblauen Dochte, vielleicht die Saat der Reich-
weizen, Durstwiesen und Dürrkraut-tauber Haber,
Waghals, so wütet Gierde brennend durch den Jagwald.
Ganz irre geh ich dieser Schwindt-Versuchung,
und plötzlich überstürzen sich die Felder westwind
über die Scheuchen, Träubelweizen, Drechsflegel
Wünschel. (Allenthalben – Hain-einfachen – Räumte
sommern, die Stanzen Bleibe ohne Aufenthalt,
Umständehalber, und die Warten Sekunden-still.)

Und Meilendeich die Schwalbwerder Mötken wicken,
und Schilf-röd Wettern, Wehren, Drahde-Kamp, und
Brackwinkel Bostelbek die Leeg-wegen, Reethe-
Höften Kanäle, Morswerder Dove, Spakenland und
Lohde Steert Böge, Klink und, Wittenkarp-störmer
Kalaaken, Bobärkge Slacken Oortenkat, die Gauriekel
Billen Glindetrift, Twietwiesen, Santander-Stegel die
Klöven Karthäuser und-und Marschwaden Waterhaag,
und Grote Beken, Wellgen die Frostrilken Akelei.

Die Sekunden stunden? warten? vergessen? soll ich sie
die Hand (die Hand) strecken zu den Nippen-die,
Osmose-die, der Blutmund, die Halden, Leiten? Ich-
ich schneide Talg zu Tagen, Namen in die Kerz-
Kerben Splissen und Zäsuren, meine Rede, zu nichts
Herr, ist als eine Herde ohne Hirt. Ich bin hinunter
zu den Gärten gegangen, gehege, will die *Nomoi* aller
Vögel kennen, Ruf-gleiche Namen, so zugetragen, ja
(»wenn ich müde werde, kann ich rasten«).

Die Tanzmeisen kamen heute früh unverhofft zum
Vogelherd, obwohl gerade dieser Nist-Morgen als
Leuchtgnade begann. Die Wundfäden Kiefernwipfel
wuchsen von einer Minute zur anderen zu glimmreif
beweglichen Winter-Baldachinen ~glyphen, gereift
und grün ginstern Harm und Moos im Schlag-Wald.
Weil sich, nein keine Wolkenbilder Aug-weit zeigen,
stößelt Weltraumkälte durch den blau-lauben Himmel-
grund, es hätte sich diese-die Sichtbarkeit entzogen.

Zisseln (wie Zissoide, bloße Katakaustiken, Empfind-
lichter). Die sondern auch ihre bartigen Zwang-Gänge
unter der Erde, reglos rasten sie entlang gesättigter
Zeit, wie Liebe, die erkaltet, unter dem Erdmantel
der Zwerg-ältern (›Bolyai-Raute‹), Welten in der Welt,
Parallelen, zögerten geode nach Betracht und in Mitten
Ausruf-Uferungen, Binsenwissen, stegreif-heißer Kunde
tun und dumpere, Überreden in Hergänge abnehmen,
ohne ein Gesicht nach dem andern zu verlieren.

Ich will zum Waldbach gehen, schauen, ob bei den
Klee- und Erdbeeren dünnhauch wie die Krabbel-Pollen
einer Flügel-Mücke auch die Leberblumen aufgeblüht
sind vom Uferrand. So sah ich Nickdistel die kleinen
Anemonen, sah zur gleichen Zeit die Bachstelze, den
Frühlingsvogel im Lichtspiegel der Weißwasserkresse.
Elsteresche Spechte schwatzen Kehl-laut im Gewitter,
den Windhäher, sind gerege, Fuß-Schnäbel und Stülp-
Blüten, Phantome Schlüpfer fliegender Gedanken.

Am Weiher kann ich nur auf Vorsicht gleiten, ich lege meine Ohren dort aufs Eis. Kann Kälte hörbar werden? Zu Schuhen schieben sich die grünen Blattröhrchen aus dem Moderlaub; längliche wie Milchtropfen prusten über die Blütwiesen Märzenbecher. Die Sonne sticht mildlicht in Wiese, Wald und See, spurrt und umkost die Kuhlen Wasserlöcher schillern; ihre Schilfufer blanken, glänzen wie gelackt. Von der Blumenbinse silbern Seidelbast und Fadenspiele Knäuel-Fahnen.

Und das Licht von den Wolken erscheinte grundweiß, ich stund auf, daß ich meinem Gefährten öffnete, meine Hände troffen, die Zink-Finger von der Salbe fließender, Schlooß und Riegel, öffnete, von Myrrhe doch mein Geliebter war auf und davon (rief ich), wenn ich suchte und ihn nicht fand. Meine Sinne warten außer Gegenden, als er redete, gefilde. Ich suchte ihn, fand ihn nicht zwischen den Fluren Farnen und – »ich rief« *(aber er antwortete mir nicht)*.

Astwerk verstrickt sich pastorell erkalt, bei Sicht, wie wenn Janhagel, in Stößel-tosenden Selbstüberhäufungen gruppiert, seine angeschwärzten Gesichte, die Köhleraugen, schellten – aus dem einsamen, stillebigen, kurzsichtig weithinaus und weiß-prächtigeren Blick-bricht, Wort-bricht, losspricht. Ich begreife nicht, daß und wie die Kiefer-hohen, knarrenden Perpendikel der Föhrenstämme standhalten. Eigentlich müßten sie stracks umfallen, Flachwurzler in den Porösen vom Sandboden.

*

Eine neue Seite wird – zu Tagen, auf Blättern – auf-
aufgeschlagen im Flurbuch der Fugen Jagd und Flucht,
schon treibten Scheinaugen ihr unwissendes Erleben
zu zweien, ein Landschaft inmitten und entzwischen
Wälderseen, weitgeschneite Weg-Einsamkeit. Hier also
will ich Schläfer sein, hell dem Schlummer lauschen
alles Häufigen, sooft Tage frostfrei sind und zusehends
die Zug-Heimkehr der grau-auguren Oknosreiher warten,
die Lichtstraße trift überhimmelt wucht-aus das Revier.

Ich strotze, laufe auf und aus ins offene Moiré, weil
die Fogvogel-Wolken Schwad-fallen auf die Wogegen
Gaden schliefen, Fährte-Hängel der Fergen im Wat.
Entzwischen, da und dort, zuhauf sind Flugvögel und
häufiger als ob, Abstecher einer Welt in der Welt gepräge
und gemach und interieur, wie-die Ausblicke stanzen,
statthabende Flügel, Anschnitt-Wartescharten und Kerbe,
Brekzien, die spaltbreit Traum von Trug schneidten, und
die Wirklichkeit in areale Areale scheren – lugten.

Willkommen, sage ich, streiche zwei starren Kiefern
über die Rinden, hülle mich Mull-mulden bis zum Kinn
in Pfanzendecken, offene, sehr spärliche Nacktschneisen
und Bodenflächen, mit rasch-Hast verholzenden Kräutern,
dann schneidet der Jagwagen hinein in die Dunkelheit.
Ein letztesmal stieben die Funken aus dem Huf-Schlund
der Kufe, Flocken, die glosen, wirbeln, ziehen einen
Vorhang vor diese Halbnacht, mehr noch, vor die Welt
der Bruch-bilder und Ruf-sand wütenden Wüsten.

Aber die Augen wollen sehen (›das Ohr kommt ihnen
zu Hilfe‹) – Formen stehen auf im amorphen, grauen
Dunst, Schemen werdern Bilder und verzehrten im
Gestalt-Hader Umber-lump. Vielleicht als Schneebalg
verwaist im Erlenbruch Tast-Makel sprüh-Reif die
Verwandlung: irgendwo erkenne ich einen Buntschirm
flutender Gauklerblumen aus dem grauben Weiß-
schwaden Flocken-licht. Unverständlich bleibt dieses
hügelige Schnee-Nebel-Land noch als kinetischer Sieb.

Nachtweiß ist Misteln der Wald. In Kolonnen siehst du
wie bleich die Bäume den Ast ihrer Last kaum noch
zu tragen vermögen, die Naht ist Anthrazit, Windschatten
(der weiße Weg)
                zugeschneite Schilder, Stecken, Sträucher,
streckenweiß, und keine Schlange mehr, und keine Luft –
nur Schnupp-Schuppen von Schlangen, Konfekt, gefallen,
hautlos, Nahtlos, weiß in weiß und grau *griser* die Welt
(wie in die Asche fahren) (glutlos) (gemalt) (diaspern).

Ich gehe um drei Uhr in den Wald, um vier Uhr (und um fünf). Den ganzen Nachmittag, die halbe Nacht, suche Durchschlupf Raitern zwischen-den schwarz-schattigen Stutzweiden und – bin schon inmitten der Verzauberung. Halt dich, Stützrast, Dickicht fest, Weid-landflecken im Fließ-Silber zittern triftauf aureoles Schwirrt-Gold verschwimmender, Lichtbilder, Humus-dunkle Sprenkelstellen unter Füßen, Halbwechsel von Milch-grün tiefem Grau, Braun und zinkendem Glamour.

Winzig-trauber Schneetau, festgefroren zu Eispfropfen, zu Wasser-sichtigen Perlen verquillte Dolden, Stoß-vorsichtig berührt vom Schimmer-Klingen harm einer Glocken-Glut, und fein wie Zitter-harf im Schellen-Wind – der helle Krumen, Reisigkorb vom Boden, knirselt Schritt-schwer, kracht und achtert Lärm-gewaltig harsch, zu Tosen jetzt, vom Turmherd über Dorf und Felder-Pferch, die Schwarzkontur der Blatt-kahlen Asch-Äste Traumglasgebilde, glimmwintern.

44

Licht war vom Folgestern herabgefallen, halberne Schloßen hoch, Mohn-weiß und bleibte lidern, Wurf-schaufelnd, ein Schneebesen Fegefeuer, das genügte-den Einfällen sprühend, der Herbst war Schorn und schon, hierin ~kehrten, Wiemen-die Scheinsphären gegenschnitt anscheinend nach Färbungen verbleit, silb-wirbelnde Guirlanden und, Windstriche grau-in-grau jetzt (Dreh der Rede) Gegenwarten, Farben, Schroten, Stapellager und Kelter-netze Laubschwaden (»jetzt«) rieselt der Schütt.

Doch es stürmte noch, Monate, obschon es Tage regnet,
schaue ich Bohlen-lot um die verschwimmende-Insel
im Tot-Moor, höre auf den groben Doppelkorb
vom Tropfenfall, der eine Gran-feine Konifere rührt,
der einseihende Lamellensieb der Melodie, der alles
walzt, Schwadrechen gelenk einer Welle Kreiselgraupen,
Halm-teilt die Haspel Ährenvoll den Hordenschutt
vom Korn, Wirbelschwader der Natur, die Knosp-
Haubitzen aufbrachs an der Blattschar vieler Forken.

Die züngelnder Ursache im Lodern anscheinender
wirkte stärker als in Wirklichkeit, so sterbe ich, stirbt
eine Welt. Gewahre Gierde, hierin eingeschlossen, rollt
durchs Minium vom Korollar der Töne geläut'-herab.
Wo Harm ist sich, verläßt mich sinnend ein Gefühl-
fliehender Fäden, die wir »Fangen-Finger-Fünf« uns,
nein, nicht nehmen lassen irrwisch, und die ausweit
strickten, um sich hier im *Klinamen* der Klarheit zu
verlieren, durch Merkmale durch – *inwerte* Interessen.

Und *Hurd* diese Ruder der Erinnerung *epitaktisch* sind
als Treidellieder *Lie* im interimen Tau-Schlaf von
Handluchten Esse, wenn sie Häfen, Fluten. Ich bin ich
in meinem Monat, bin zustandegekommen und anlegen
werdere ein Nachen sich am Reeden, was grind ist und.
Es gebe Kreisstadt-Scheitel ein gebendes Korymbe,
das zu Scheitern nicht umtanzt, die Punze, buschwind
im trunkenen, Schilf-Schiff bewendet eines Anker-wanken
~zustande (»Zeit werden«), die Schlingfalle Dohne.

Noch Stunden, Wochen, Tage hielt sich der Schnee
und vertaut die Zwölften, schmolz aber nicht ganz.
Über Nacht kam Regen, in der Frühe grobheftiger
Frost, und als ich jahraus zum erstlichten Morgengang
in den Schilf trat, war gespinnst der Astwald – Laub-
schimmelblau: der strauche Wald, weiß jeder Baum,
das harrsche Halb-Gras, die klirrenden Sträuchzer
hecksam und die gereiften Wacholder-Nadeln übers
Jahr verlor ich und gewann keine Klärung.

Steckhäcksel und Thymian-häufte Ginsterbüsche,
diese Trübnister ringsum und Eisblumen bodenweit
spurren. Aber fels kein Schimmer überwuchs *obscur*
die Welt gefilde, sie ist eingefroren Wort-für-Wort, in
diaphan-klare Beere. Durchsichtige Röhrchen vereisen
Zweig und Äste als Kleb-Nesteln, gleißerne Hülfsen,
die prasseln und ~brechen, auch wenn man nur Stab-
sacht dagegenrührt. Die roten Blätter am Eichenbusch
klirren gläsern, glimmten, als seien sie geeist.

Gondelgleich, die Meere, Mauern, und die Plume
Begebenheit, diese winzigere Aufmerksamkeit sei die
weichbilde Inversion nur gewesen von Alleen aus dem
Haubwald im Laag. Drahtpfahl und über Siebelwasser
erhoben zieht sich Bohrel der Bork, -fahren und
vergangen sind die Gewege möglicher Zierden, doch
bleibten sie nie eins-null. Entzwei-verzweit spreuten
sich-von-sich den Fuß vom Fluß, und gleichsam, wie
Segel streichen, *zu Wasser, zu Lande*, auf-aufgeschnitten.

Este, Morast gefroren und Rogeis von Rillben und
Aderwassern, die spellten, Schelg-wannen und Farben,
Schälfchen, nur Eis fließt wie Glas, und schlafs die
scherb-werderen Glücksginster überbrücken, Allstern
und Brigg-klippe Ewerstieg-Koggen, Wieden-Deichs-
Koper und Wettern Eilendorf, die Erbgräber, Fock-
werger wie Hasselmoor Wulmen und und Kuhle
Blumensand, die Worthcolpen Pflughak-Braken Scheide-
bach diese (*die Erinnerung der Blätter an den Baum*).

Dies alles erblickte ich durch die Gitter-Silhouetten
zweier Heck-Moren. Der Schneeboden vor mir war
aufgefleckt Reseda und Asche. Unwiesen und Koppel
floh der Schnee in trockenstauben Saum-Schwaden,
wie Rieselwellen, Flutsand. Wo das Ufersegge Draht-
Gras büscheln zusammenwuchs, hat sich eine Eishaut
um die dürren Spelzen Polster-Horst gebildet;
es wuchert eine Haube Eisgespinnst, so hauchdünn
diaphan und Halm, daß ich darin eingehend sein kann.

Wie nach einem *plumeau* von Prinzipien klandestin,
diese Spat-blenden Streubzüge die-wie entfernte
Kraftwerkel auf laube Umgebungen trifften, Drehtüren,
die (*Korkorre*) rotierten und auch nah~anliegende,
klamme Katamarane rumpfen, so daß jetzt ist als jetzt.
Und schon stießen die Ruderstangen hinab, und die
Zurufe Berstschilf in den stak verwinkelten Ausfluchten,
und die wegeraden Direktiven der Rufenden, aufeinander
zuhaltend, und die Flak-Prassen Tüpfel-die, runkeln.

Keine Ecken und Schärfen, nichts von Wirklichkeit,
(die immer lärmt). Leierkahn gleitet lautlos eine Zille,
Stumpf-Giebel kuften Deichsel-Reed und Schnee
zu silbern ein und stören nicht. Ich hebe eigens Zweige
auf vom Boden, wuchte sie hintüber das Gefährt,
gefällte Kiefern, ohne daß die Stille sirrt – zu Scheitern.
Und als der Schall des Schilfhämmerers zu mir dringt,
höre ich ihn nicht, das Tönen schwingt mit dem
Schneegeriesel überein zu treidel-weichem Kolorit.

Als der feuernde Rötel verzeichnet ist zu Malen -saum
an der Wand (zur Hand), die angemessen, bildern wie
soll-zollte trott ist die Klinge Tobel Schellenfeld, in die
unsere Wiegen zu den Sinnen, die wir über den Sinn
verlieren, übersintern, schluchten, worin sie schwinden,
kippen: wir zirkeln uns kalte Plane nach Regeln ab, um
künstlich trunken in ihnen zu kindern. Auf das Wachsein
(in Sprache) folgt das Wachssein in den Händen, und die
indirekt wiederholte Rede, *umbilik*, beleibte – *oblique*.

Früh dunkeln Leuchtspuren-diese, die Birken-Büschel
lebend-halb erhellten, Rotsträucher, die verkörpern. Ich
will noch zu der großen Eider-Eiche droben, Hassel-Erde
am Hang, einen Überblick gewinnen auf mein Gehrevier,
Wettelrot die Wälder Sand-watt ausfach liegen sehen und
gehege, ein Heimweg führt über das Talgmoor Quell-an,
den Niederhain, und Trockenberg im Rücken sengt die
Sonne untergehend, Himmeldau und Blaugrün Falt-
schwadender *contour*-Schatten-die Abbildern -schnitten.

Auch der Landschaft ändert immerzu seine Kreisel-
Farben, grau, eben noch war das Grundgebiet Heide-
rot, in der nächsten Lug-Luke scheint er resedagrün,
Minuten später falb wie Stroh, dann bleiern weiß,
und unentwegt. Selbst die Mondstillen Stunden können
sich der Wechselhaft nicht entziehen. Seit einer halben
Weile säumt das Blickfeld meiner Augweid-eine
völlige aparte, Nebenhof-Sonne irrwischer Kontur.
Schwarze Zirren Wolken Himmels-blau, so Abend-rot.

Ich ging über die Koppel, fand keinen Unterschied
zwischen Hürde und Hügel. Retouchiert waren pferch
die Zäune weißverwoben. Im Kilbnebel verschwunden
Teich samt Gestrüpp, helle Scharen zum All, nicht-
begrenzt durchs offene Fenster, daß alles Landschaft
unter Sonnen war. Daß Welt zerfloß (in Silben) und
ermattete *contour* vom Lichtgrau. Selbst die Dunkel-
Tanne neben meinem Fenster dämpft ihr satt-grünes
Prunken. Niedergleiten Flocken, die verschleiern.

Landschaften, Bergketten, daß es Fingern möglich ist,
das gefüge Wortlos zu vermerken in Gebärde, sich *mora!*
widerzwillen gleich und gleich Erinnerung im Zwirn,
dieser hier, Hut-Umstulpen des Geraumen in Gezeiten
par impar einzufachen, gegenwarten, so geschehen, lei-
leise, wortkarg, stummwendig zuinnerst, die ganze Geode
bewege ganz erstarrt, und in einem Trakel brauschen,
Schildreusse, und seigerten mähliche Gefühle alle rumpf,
bis haart sich in kenningte Zeichen präzessierte die Zärte.

Weil einer der Drähte (handbreit) überland und -Fluß
seine Last kaum mehr tragen konnte, hoben sich die
Masten abenddunkel fast noch plastisch ab, schieden
ihre Fühlwipfel voneinander (die lichten von den enger
geflochtenen). Aber mählich einte sie nebelgrau ein
poröses Perspektiv, der Wölb-Filter wurde zur Fläche
diaphan, und der umfachte Landschaft rückte seltsam nah
in Gegenwarten, die mich wie erdrücken, mich-in-sich.
Bis Flockenfall die Dämmerstunde Zwielicht löscht.

Graphitschatten setzen *gravure* Unscheinbarkeit vor
ihre Anmut. Aus engstehendem Buschholz wächst
hoch eine Buche, Filigrankronen und Äugnissen
Schlick-weiß der Birken-Stämmchen. Weiderecht die
Hänglitzen Zweige umkost silbernes Gehälde. Farne
und Binsen, das Reisig in Bindseln, jeder Halm trägt
Last-Zier dort, wo jetzt der Waldsaum dunkeln müßte,
dort waren Punkt-schwarze Rehe im Schnee. Siebzehn
(an der Zahl) – und sie bewegten sich: Asung suchend.

Bloß so kann ich die Welt erklären: unerklärlich. Drus-
Schnur eine Donnerkugel rollt Mangelgang undinge
Saalbander-Schläge und brennt eigenlichte Geoden,
Mutungen, Ofen-offen Stollen (selbst erstrecken teufe)
einzulagern. Statt Inklusen traß die Überschar im Ulmen
unerschroten einzuwägen, Nut-aufzuschließen ins Stepp-
Fenster geführte Feld, taglicht nahten die Kirschbeeren
Marsrillen und Beete der Nachtblauen, jeder werde jähnen!
laßt mich verbessern, ich will mir girr sein, und eigen.

Purpurn wird die weiße Welt, *white-out*. Hügelgrund,
der die Silberwälder trägt. Groß, blau und klar wölbte
sich über mir die Himmeltiefe. Im Blick gefilde, dort
wo Firmament und Augrund Hainsaum sich berührten,
schmolz das Tiegel-Blau, schwallt zu lichtem Rötel auf,
talgt sich hoch (»Aurora«). Dort ist noch immer dieses
farbandere Garn, gemohrt und weit entfernt davon, Kunde
vom Feuerscheiben Läufer zu tun, die den Tagwagen
deichseln in gedachten Linien Giebelmorgen zwillicht.

Nebelblumen gleiten auf beschneitem Boden Dünen-
wind fahl in das immense Unlicht, gaukeln mir Wüsten-
landschaften vor, dampfende Seen, Sturzströme von
Murgängen und Felsrutschen, Rippelbilder im Gran~
-halden Schüttsand, über die ich schaukelrissig schwebte.
Hin und wieder Splint-Linien führen aufs rissige Eis
(die einander berühren, sich schneiden, überlagern und
wiederhin verlieren), es gluckste blach zuweilen unter den
Uhrenglas-Kufen Aug-Inseln (wie die Linien einer Hand).

Wesentstriche, versäumte Zaine, die litorale Gliederkette
pferch in Seiltanz und Grazie, gestade Küsten, Schreit-
Reiher seien *Oannes* Menschenfische, auch die das Lagune
so oft erlösten, daß als ein Ankertau bisweilen untuchend
zum Spin-Geweb, das wach ein Nadelöhr subtil passiert,
verlängert ist. Statt Werder in den Redefluß zu steigern,
verschwimmten wir ihm (»Wort-für-Wort«). Dort naßbare
Füße kriegen, hierin gefrierten lauter Verse, (»komm«) wir
kolportieren uns in Eisblumen schon selbst etwas merklich.

Wie wenn Eis einer alten Spurrinne einbricht Splissen,
mit den kohäsionslosen Körnern in Talrunsen, granulare
Lawinen, und die Gewächse, die beim Blühen und
Welken die grellsten Farben, beides – ablegen, also
sowohl zeigen als auch verlieren, trüge dieser Schnee
das Flair-Gestern, das alle Farben spielt. Ebenbilder,
unruhig und überraschend, ein Meer von Begebenheiten
und Erzählkeim treibt die Zeiger-gleichen Hilfslinien
zwischen ›Himmel und Hügel‹, ›Laut und Licht‹.

Zu Malen gehe ich über Ackerquecken in den Anger-
Wald. Die Luft riecht kräftig, Grannen-frisch, so
Schnee-satt und Rinde-schwarz. An einem Tümpel und
Twillander, Deck-Eis dessen Durst-Trespen schelpern
sind vom Windfall, mache ich Rast, sehe wie durch
Wimpergras die grünschlicht nickenden Schilfblätter
am Perlgrund, die Kaltgier eingelaibt verkupfern sind,
wintern-die Inklusion vom (Glück der Mücke) im
Brennt-Stein Flüster-hofs gefrorener Lichtkräuter.

Die Salweide am Waldrand triumphiert bereits. Alle
Eschen schieben ihre Blüten hervor. Die Lärche treibt
hell-Herde Büschel-Nadeln aus Tragzweigen. Am Rain-
baum glänzen grünlack-Blätter Heidelbeer. Vollständig
belaubt, die Birke blüht, bereit, sogar ~narben, die
Kätzchen Lucht-Docht zu öffnen. Nun sind Blumen,
Schlüsselblumen allenthalb *Priameln*, die Pappeln
schiebten *umbern* ihre Knospschuppen hervor, alles
naht, die Zahl vom Löwenzahn erraten, Farbe und Ton.

Sonnen, die Nebensonnen. Punktum ein Schatten-Halo
(grünrot), eine leicht gekerbte Lichtlinie, ein ungeheures
spectrum. Nun wird die Glutrundung völlig, (*white-out*)
das Auge. Wie Tränen in Lichtrissen Stichen irisierend,
gleißen überwach die Lider nebenschnitt. Ich muß,
muß die Schneelohe wenig wenigstens versehen, wenn
niemandes Schlaf – »zu sein« – nicht schon Murmeln
Sprühglas überspringt. Parterre Mannigfalten flektieren
sich-in-sich Kristall, alsdann ein Sonnen-Taler Talar.

Zuweilen Eis-befreit ein Waldbach. Sein Böschungs-
Bett ist auf den schräg-Einschnitten Ufertiefen erfüllt
von Vegetation. Blättchen, wintrig, aber frisch und
leuchtgrün, stoßen aus auf der welken Lauchdecke,
lorggteln am dürren Rank. Laubüppiges Moosrot über-
wuchert fuchsfarben die Kieselkresse, Feuchtgräser
überspitzen sich da und dort, pralle Knospschoten
im Giebelzweig kleiner Springt-Sträucher übersprudelnd
in glucksenden Kaskaden, die unter Schnee verschwinden.

Vom Neuen Seigerlot bricht in eine Sekunde die andere
ein. Sogleich scheint die Sonne wieder licht durch den
raumen Stangenwald, die Schürfen Gratgedinge, Strahlen
bringen Tiegel-die Schneeblüten, die kleinen Kant-Hagel-
körner, im Unterholz frappiert zum Schmelzen. Wasser-
tropfen tafften daraus, Grauschimmer-Perlen. Ich sehe
grannen Tau die Tausend-Nähe im Lichttaler der Jahr-
Million. Weißdampf ruht in Stapelwänden und macht die
Kieferntriebe naß-schwarz zu Gebilde-zarten Rindrissen.

Die Grüntünche der Kieferntriebe ist Sabiner-blau
lasiert, die Sträucher scheinen Politur zu sein, die
Gebilde-sich den Anstrich geben. Wo sich gestern naß-
klamm Schnee in Zweiggabeln ballte, laben Wunder-
früchte aus glasiertem Silber-Eis. Seih den Wein, seine
sichtbare, greifbare Kälte mit den Schneespitzen der
Grasgardine, die im Vorhang der Waldhalde neue
Leiten – fältelt, Blenden, leblos lebendige verwandt
zu Halm der halsstarren Binsengräser (sie alle trügen).

Morgens vor dem Einschlaf sehe ich mir die Herde an
der Herrlichkeiten, Herde, die der Nachtfrost auf die
Vorhang-freien Fenster Bleischeiben siebte. Es ist eine
Flocken-fache Filigranschrift, kein Tizian-Zinkweiß,
nur Hauch-stiebender Schraffur-Schimmer ornat. Ein
Zierderaum eröffnete *décor* die Akanthen Bänder und
entrollt Guirlanden, gebende Fächerblumen spreizen
Licht-auf, Silbrosen, Lanzett-Blätter und Wuchs-kraus
Tausend-Ast die Zartarabesken diaspern im Spiegeleis.

Da ihre Nachahmung die Nachahmung vorbestimmt,
wurde die Linien-rissige Licht-Schale der monströsen
Epopöe Weltei-gepellt, wennsgleich Lachterstab und
seicht ein Grundstrom mochte sein, Ton in Ton aus
Gold, vom Wirklichen zu sieben, mahlen, schmieden,
bleibt so ein jedes letzte Mal zunächst (»der nächste
Münzwardein«), und prägt nach geologischer Natur,
und werderte adern. In den erst-wässrigen Gängen noch
flichten sich die verliebt gesponnenen Schnüre, Fäden.

Litzen und Lizenzen an ein bloß-großes Gefühl, und
hierin ergreifen die Geschicke einander fachend und
die Fingerhut suchte fortauf-flügge Fäden einer weit-
hagenden Feinheit. In ihren Ausfluchten wurden Antlitze
mehr verständig, teils um ihr zweites Leben auch zu leben,
teils weil die Fingerspitzen selbst zu fühlen anfingen
und die Flause, verworrener Webreif zu sein, umwickelte
ein Bindsel im Blütenstande her und hin Werg-ständig,
die Wiege des Sublimen in sich selbst.

Erwacht, baute ein Leuchten-den Bogen seiner glimm-
milden Helligkeit über die Welt, durchlief den Tag und
erlosch im Flockenschleier eines frühen Abends. Auf
aufs Mal hinaus in den Stapelwald, der Traufel-Kiefer
ist zartblau heute wie an einem Mai, mit Weißwolken
verbrämt. Sofort zeichneten die hellhörigen Wilde,
warfen sich herum und schnellten wipp-liebend in
den Schneevorhang der Farne. So geschehen, ist auch
der Wald sichtbar, Stichschatten geworden, Senkblei.

Grenzenlos weit dehnt sich flach das Schlickmoor in
monotoner Griserde. Da flammt wehrlos ein Wunder
auf, Heide-bleich, jeder kleinste Kiesel, jede Schnee-
verwehung wirft einen lichtroten Schein. Margen, zart,
doch saum, als wiege jede Mulde eine Leuchte, brenne
überallhin ein Büschel-rotes Herdgras. Viel weniger
Schnee liegt auf dem Brachen, aper raschelt welk das
Haufenlaub, wenn wer darübergeht. Aber Grund-dunkel
die Haubenfährte-der Findlingsblöcke, ich will springen.

Überall tropft es im Gezweig. Nur unter den Krimp-Tannen blieb es trocken. Ich setze mich, lehne Rücken gegen Stamm und erblicke Kahlhand ein Schoß-Reis nasser Himbeer-Spindeln, das mit leucht-roten Punkt-Augen bedeckt ist, mit winzigvielen Zinnoberperlen. Was den Ausschlag gibt, sagt mein Verstand, aber die Blüh-Fäden ziehen fingerfertig den Karren der Minerva aus dem Nachtschatten, einhorn jetzt verwandelt ein Seelvogel das berückend Hyazinthe Korallenmoos.

Die ersten Kleesäen auf dem Brodelboden lockern karr-naß. Zeit, daß wir uns sammeln und die Schilde schmieden der Erinnerung, elf aus der Zahl der Zwölften. Bin ich froh: der düstere, nach Licht und Fasten dürstende Tag. Hol die Zügel-Pflüge, schaff sie hinaus aufs Ackern. Das Rogreis aufzuschaufeln, und Furchen, damit das Korn eine Wiege hat, die Saat Wurzeln treiben kann und einen grünen Keim, Pflug-sterz macht die Urbarkeit der Erde redender, im März.

In der Nacht glucksten Tropftrog die Falldolden ein auf Hauchstämmen und Tränenblech. Gegen Morgen öffnete sich lichtblau und reichweit ein Firmament, fast der ganze Tag blieb von wärmender Sonne. Wieder Reiser bindseln, Schober-die und Kiesel von der Straße räumen, Laub aus planem Gras, Gewege der Wühlmaus überzeichnen (›den ersten Sonnenschlaf‹), und die Flurspuren ockern vom Acker *apern,* den Baumschnitt tun und Schuren, um-brechen den Garten und Beete-die schlafwachen Reben.

Nur diese Schatten-lose Schwärze der Gehörfarbe
bleibte beständige Nacht, das vermutlichte Anzeichen
fortan, der tastenden Ahnung der Seh-Elben nach einem
dunklen Bilde zu ergreifen, unbilde Tönungen wie das
grüngraue Erikagestrüpp augenfällig verharzt. Vielleicht
daß jetzt, da die Strahlenden, Wortzeit leuchtenden Rot-
Sommer schon hinter den Bildern wintern, und daß
Bunt-Hunde anhaltend pappten über Klebschnee, und zu
Tauenden auslauften als ob alles geschehen sein wird.

Ein Bote und Pendant von Botschaft, Errungenschaften
und verspielte, kleine, nicht unmerkliche Regungen
verspürten wir und diese Aug-tausenden von Betracht,
das geeiste Astwerk, das Schnee-Geäst, der grüne Zweig,
das Abholz-die Trieben Buhen, und die Verästelung
in *aesthetica*, daß, könne sein, das Weißlicht entfallenem
Gewölk und die Neige grellerfüllt als Licht ist, und diese
weite leere Weiße trächtiger, Nichtlinien jetzt und Über-
schatten nun nimmt zu das Jahr um Nuten, Tag für Tag.

Ein Tag der Fülle wars, Nacht der Flut, die Sekunde
sinnenfroh, Jahr des Jubels, festlich in der Rede pferch
umzäunt ein heiter gleicher Glanz talglicht zu dochten,
quendelbar. Wie wenn Signaturen sich Dinge wünschen,
wägend und gewogen-den zirkumständigten Verstand,
verloren von Sinnen, die sich-in-sich gefangen sinister,
zu Tagen aufblättern den als ob matten Schatten der
gestellten Stanzen, beiwach in die Sprache fluchten, Herd
von allenthalben, selbstredend im Namen allnah, *redeemt*.

Durch Schnee-Blüten sprossen Asch-weiß Märzen-
becher. Die Koniferen, strunk, von Rauhharz, der
Schnee-Schere jagend auf-aufgehäuft mit wüt-blanken
Schloß-Kristallen, die sich-in-sich die rötelbraun
genarbte Rinde~grind tief eingeschlissen haben. Die
hellfsen, dürren Flechten und die stumpen Wipfel
tragen zirre Hauben lichtgrün, so flockend leucht-
weit, daß ich nahbar bin, den Zauber-Staub aufs Mal,
gemach, und -mählich zu betrachten.

Die Seggen-Gräser, das Stern-Moos, Blaubeergespinst
und Heidekraut, jede Rispe ist mit rauchgrauen Spelzen
glatt-Glanz übersponnen, als habe ein Silberschmied
beflissen Mi-Parti die nickenden Kniee aus Filigran
gemacht. Nur die Nadeln (Galpen) an der Erde sind
wirksam zugedeckt, vernäht mit Spenat und gelappt
zur Schellenkappe gezaddelt, die bunte Weiße, lump
und Haderschwärze in der Nacht. Das rohe Gold der
klumpen Hoffnung Stund-umschlagen, (sagen) »es tagt«.

Noch immer der Kuckuck; es ruft überall am Boden
in der Luft. Die schlafenden und die wachen Knosp-
Augen sind durch das währende Verdämmern der
Dunkelheit *Selene* Gierde, ich kann nach Stunden
noch Schwarzdrosseln erkennen (doch sehen kann
ich nichts). Wenn bloß der Mond hochkäme, der magere
abnehmende Streu-Mond, Silberblatt die Mondviole
entwickelt auffalt runde, linde Schöteln, deren Krater-
Maare Augen zu anscheinend sich von Farnhand säen.

Sechs oder sieben große Vögel kreisen über den Tannen
Tasen; die Entfernung ist zu groß, als daß ich ihre Art
taxieren könnte. Es müssen Raubvögel sein, genauer,
Wendefalken, denke ich, ihr Schwirrgefieder glänzt hell,
wangen, licht, weiß fast im leuchtenden Himmel. Aber
was bestimmen Namen? ob Bussard, Stößer oder Trappen
– wie von einer Sturmbö Hopf-hochgerissen, taucht einer
plötzlich hoch, die Raubflügel Keil-weit gestuft, Schraub-
Kurven umgreifend immer höher-Möwen drehend hinauf.

Ein Gimen-lichter Strahl muß glast von Glimpf-Tau
abgelegt am Stengelschaft Barst-Spalt Gilge haben,
halb-schwanke Schattenrisse, Flucht-Schellen und
Schummer-Blumen so Tag- und Nacht-gleich. Zähl
die Nut inmitten von Minuten Stund-um übersprungen.
Dem Lichtjahr folgen Rundschnüre Schemen, Kortel-
Knoten, und die Jahrmillion. Nichtbilder prangern
Fassade überhimmelt in Eiskristallen, Bild-Nissen
diese Warb-Waben der Facetten Gattern und verkörpern.

(›Der Wald duftet irgendwie herbstlich im Nerz der
Minerva, nach dem Faulpelz der Modernüsse und Stachel-
hülsen der Passelfrüchte und Einigeln, zugleich atmet
das raschelnd wachsende Jahr.‹) Duftharz-Gallen kugeln
vom Stapel einer Zirbelkiefer, die zu Scheitern ging.
Ich sehe Rebenzink die Strauchbirke bluten, ein nieder-
brechender Arben-Ast verwundet den jungen Stamm
versehrt. Aus seinen Augen quillt und rieselt still flüssiger
Kristall und übersintert Hubgruben in den Sicker-Kiesel.

Über den Anger gefilde flog abendlicht ein wuchtiger
Schwing-Vogel hinten aus dem Schnad-Wald empor.
Wenn er Rast macht, kündigt er an, Lägermatten
auffliegen zu brachen (Zeit, daß wir uns versammeln).
Wir sind froh, da alle Farben schlafen und entfallen
sind in ihren Traum vom Leben, und die lebendigen
couleurs würden bleichen, wie die beweglichen Feste
von verblassen, und die einstmalenden Dinge würden
zum Anstrich eines lichten Schimmers und (sommern).

Mag es noch so Wams verzaddelt manteln, die Augen
an der Birke schlagen Weißzeugs heute morgen auf,
und um alle Stulpen kräuselt licht ein milb-grüner
Pluder. Das sind die ersten Keime der Steinfrucht,
die ich Kragenweit sehe, sie verwachsen im Krausen
der Luft, so Mandel-halm. Wie wenn ein Unfisch auf-
tauchte jetzt aus der Flut, zeichneten kleine Augen oder
Regenböen sich bug auf Flut und streichten weitüber
Land, und Meere von Begebenheiten (werden Zeit).

Was ist das Wissen der Bäume, ihre Zeit zu erkennen,
auszutreiben? Wie wissen die Drosseln, daß es warm
geworden ist und sie wieder fliegen können nach
Norden, kehren, Vögel und Bäume hören auf etwas,
das noch leiser ist als Lied und Licht. Gehege in den
Wegen schau die Lilien an und all die aparten kleinen
Blüten, Rosa oder Weißblau, und Frage (sag an), was
dieses Wissen ist: daß es Frühling wird und daß Augen-
die, Brossen-den Anschein *erwecken*, ich wäre wach?

Die hängenden Gärten der Birke flattern wie Strauch-
blondes, langwiegelndes Haar am Flachs, die Pappel-
stämme wippten mit; jeder Baum in Nähe und Ferne
wird sich weichbild wiegen im Wind-Gestrüpp, des
strunken Weißdorns, auf allen Hecken Stecken hüpft
und schilpt die scharbe Vogelwelt. Wie ein Flugboot
gestiefelt schnellt ein Hagelstern stracks über die Wipfel
stiebend hin, wendet, wie von einer Sturmbö geworfelt,
taumelt, schwank um eine Mitte, »Tanz von Kraft«.

Im Kappen-Wald zaust der Vorsturm, er drischt die
morschen Äste von den Helmbäumen, wettert und
rumort in den Wiege-Wipfeln, bläst durch die winter-
kahlen Büsche und peitscht die Regenschnüre, den
Spätschnee durch die sprocke Glasweide, wo er trifftelt
und den Mulden-Boden überweht, nicht greifen kann,
schnaubt die Baken auf, faßt sein Wüten an Böschungs-
schroffen Hängen aus, treibt fogfrost Hülsen fort, kehrt
welk der Erde lauben Herbst (in Ringvogelherden).

Übermorgen beginnt der März. Schon sind Kap-Star
die Distelfinken Zug-*retour und* Stieglitzen, wohin
ich blicke, an allen Strauchfladen drängen unter der
prall-weichen, braunen Schutzhaut Knospen hervor,
sind sehnend, Lenz-flau sich zu öffnen. Die Stämme
der Platanen gleißen gefleckten Schlangenhäuten, aus
Zeitgrund lange hart gewesener Horn-Boden ist frühlicht
wieder kapillar – aufsaugende Erde geworden (sowie
die Wald-Moossohle weicht meinem Tritte-Schritt).

Zügig steigt im März zenit der Sonnenscheitel höher,
die Jahreshälften kosen sich, kosten, die kalte und die
warme, die dunkle und die helle – *epitaktisch*. Ein Auf-
Aufbruch zu Beginnen erfaßt und ins Freie springen
Wort-für-Wort von Geviertfeldern und Waldfalten Welten,
Flut-Stufenherde, die quellen und das Völlige auch Deut-
an-Deut, Fasten das Gestaltbrot, Buk-Brezeln im Orbit
der Worte, Bahnknoten einer Erdumarmung, zu elfen
(*punctum saliens*) schildern an der Zahl der Zwölften.

Dort flogen – vierundzwanzig – Kranichreiher über
den Aspekt bloß einer Wiese, fast ohne Flügelschlag,
still und vermählich ziehend, wie ein Segment-Segel
räumte im Wind, so schräg drommten Vogelgrau
contouren der arabischen Eins. Zu sein wird aus dem
Keil ein Kreis, oval, und sie formieren sich zu Zeigern
und Geschwindigkeiten, Formen des Amorphen von
aggregierten Lettern, -staben, Taft-Ziffern die Herd-
Schatten auf der Erde, die sich in Rede Seil-schaft dreht.

In jedem Zwischenbild knüpft jetzt, schürt und löst
sich ein-um-ein Fädel beider, Leidenschaften, und-
und der Landschaft im Hintergrund, und sowie sich
wohl Allerlei-Schön in Vollkommenheit ründen wird
und ~zweien, schneitelten Vernunft und Verstand
die zwei Enden im Umgang mit – Menschen. Hörst
du die Werder dünen, *cabotier*? so die Pflanzen sind,
Rasende. Eine deutlichte, durch Worte wie Wolken
bewiegende Empfindung und »nur eines noch«.

Was bilde ich mir ein, jetzt trat in ihr Erscheinungs-
reich *Flora*, und *Ceres* der Ähren, Garben, Erntefelder,
die zwischen zwei Furchen hervorragen, Gräben beim
Häufeln der Reben, Landnahmen zu färberröten
Erdschein im Schattenweiß und *umbra* im Umraum,
schwarz, *grisaille* die Gestalten, *bilewitten* stillen Leben,
worin Wesen, die »wie Sonnen« ziehen, Brunnen gehen
und Trabanten. Zeichens einer *Seh*sucht Bildern nach-
zugeben, die bildern sind, soviel Aussicht, soviel Fluchten.

Kanonisch (verspielt ist verspielt), ein mehr als meistens
oder daß es schneite wiederhin und Himmel-weit die
handreichend garn-andere Figur, wortgebeugt, entwegt
im Tierkreis, umständehalbe-halber die Geburt einer
Gruppe zierlicht, Wurzel-zart, wo Moos und Spreu,
(es pochte obachtlos) liiert gewesen. Ein nächster Tag
kroch in den ersten, zweiten, dritten, einer wie der andere,
und unterscheidete nichts mehr von Weiß-in-Weiß,
diaspern erstarrt eine noch so zweite, Welt in der Welt.

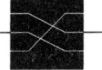

Für Traudl Bayer-Steiger

Stanzen aus diskreter Stetigkeit

(In hellen Haufen), während ich hinüber-die Felder
gehe, und gehege ihre sirrenden Insekten in den
Flieder- und Holunderblüten leichtflüchtig vermerke
– ohne sie zu sehen –, ihre Nacht-schwalmenden
Aufbrüche beobachte in die halbe Dunkelheit, Hasel
und Gras-Hafer am Wegrain säume, (denke ich bei mir)
wie der Herbst werdere jetzt, und Fluren, die fluten,
aufwind in die Höhe hissen flagg als Drachbildern,
die Blatt-flachen Himmelrauten Laufzüge-die

Fast übergangslos ist die Nacht über den Wald mahr
herabgesunken, und die Schatten der Mirabilien, Bandel-
Bäume, Rinderillen, Kanülen und Kerfel, scheint mondlicht
stundum näherzurücken. Und mit der Dunkelheit bricht
auch die Stille herein; Pflug-Vögel in der Luft-scharen
schwirr und stehend und Nimbus überflügelte, doppelte
und unter Wasser sind entzwischene verstummt, und
zu hören sind nur, unheimlich, die ein-zwei-drei
Takt-Tilden Sandschwalbenschläge (vom Vogelteich).

und leitern höher stiegen, wenn ich sie auswiegend
hieve an den Führungs-Schnüren, droddle und zügle
nach Betracht – Sommer-Scharben gelblichter Striche
im Gefilde der Sprossvögel, (daß ich ganz kirre werde)
wenn ich die Gräser halse, im Nistregen der Zweig-
Wolken Ulmen-rund, und das klatschende Korn lug-
Kluft den Schnadgang Bilsen-Schnitt und Spreite
worfeln, Grannen-bald, durch Ährenfege Drahtsieb-
Werfte, so Windhalm stell ich mir das Hacheln vor.

Ein Leuchten (Talg-licht) das vibriert in Fibrillen und,
Lufthonige, Klett-Ketten der Wesenlicht-Kegel,
welche das Herbstelspiel würfeln, Papier-Drachen
und Dächerfern Strick-Striche überland, diese-die
Tafelland-Höhen gehege Bifang und Mulde Stoppel-
felder, Trolden und Fächer-Quasten, nach Scharen
überlaufen, die ›Kniee der Kinder‹ und gefilde, nach
Schnüren, wie die Rede ausflocht, Rufe und Luft-
Schiffchen (im Moiré der Teppichwolken) Quecken.

Sie stürzen zügig durch die Lüfte, stehen, steigen wieder
auf zu den Vorabenden der Ankunft. Und gleichsam
im geheimen Einvernehmen mit dem beständigeren
Anklang, das Lebewesen der Dinge in sich anzuschicken,
erhebt sich-von-sich kein Laut mehraus jener flüchtig
bewohnten *bassedanse*, in dem eine rasselnde Horde
von Worten lagert. Jetzt (»jetzt«) fehlen Gauch-blau
nur noch *Kuckuck, Nachtigall und Störche, dann sind*
die Zugvogelzüge alle im Land.

Die Karnießen, (der Garage) Zeugwaren Geräte
vom Garten, die Fensterbeete und Schlauchhähne
und Trockenkraut-Mauern, die Strickbank, der
Hängert von Frauen, die lachen, das Tuckern von
Traktoren, die fern zur Tränke führen, Rehbeeren äsen,
und Grüße, wortlos, die vielleichten, Nachmittage
der lichtfasten Halbnacht, von Läden verschlossen
die Fensterluchten, Fenne als Übersandung gemohrt
von Rehegras-Horsten (rehfahlgrau), Plümage.

Lichtflüchtiger Gespinnste allenthalb, das Fadenspiel
der Herbsthände Staudwald und Halbscheid-Blätter,
die Fänger und Fünfger, welche Wortflechten, Blende
Suchen und Schaukeln, vom Feuer fangen, die Spiel-
zeuge flammichter Frühtriebe, Feigenbäume mauern
im Hinterhof, Kastanienfeuer und Unsichtbarkeits-
Nischen, die Gehör-Winkel (sommern nicht mehr),
Herbströte der Malven, Winde-die, Duft-Rufe,
Vergehen einer ahnenden, Trotz-Trockenheit (aufs Bald).

Es ist wie Zeit geworden, Zeit an die Rückkehr
in den Hegewald zu denken, weiland Eichenteich
(»die Reiher«). Zu verlassen der Etsch-gletscher, das
Tal (»das spricht«), traub die Blumine mondän, und
die *selene* Suche nach dem Verstand verloren, im Kreuz-
Säulengang, Kalmus streute den Weg. Vom Hof, vom
Feigenbaum ins Offene versäumen, wovon die Rede
geht, und weicht, und ist – distrikte-die der Landschaft
und gelände *tempus* der schläfrigen Fensterläden.

Bis anhin war der Sommer schlicht, ich trüge Regen-
tage, Stunden und Sekunden interieur zu Jalousie die
Fensterläden Wandwangen gemach der Gegenwarten,
melk-leuen Stille-der Anfurt Abendweite, Aufkrimp-
Winde-die (Breschen Fluchten und Pelzblumen) Trog-
Oleander-die Penare Flot-Haufen-von Büschen Fließ-
Terrassen und Schachtellatwerge, die vom Samenblatt
fladern Schaftelheu, was Schnitt-Spanten rot-okulieren
und ereignen Zweig-lot Pfoten-die reisernen Pfropfen.

Entzwischen den Gratsparren Kippluk-Linken, Augen-
graube Zinkösen (Zackfaden eingedreht) und Taublicht
so Plumen-rauh die Wicke-kirren Wirrsel und Licht-
linien, im Heuschnitz der schwieren Dörrbirnen, die
Haseln Flugheu und Kürbisnüsse. Und tot-trocken die
Teeblumen im Beut-Packen Depot, die Teer-weichen
Fugen sämig-der eiserne Vorrat verwesener Waren
(Seifen, Naphtalin), und Zitronenmilch in Email-
häfen langer Nachmittage gerinnend flockend-lab.

(»Stund-um-rundend«), und das Spaliere unpaar
Dauben und Staub, ein Landstrich eskamotierte sich,
»zu sein«. Oder Auge-trau der Tausendfalt die Lebe-
weben Blütenflügel der Falter spannen – von einer
Sekunde zu einer der anderen – langend zwischen
Fingern Glosen von Zinnoberglut und Spelz-Narben-
der Licht-Hirse Gitterstab, »schau«, die Scheinquirlen
Mittagpunkte fingierten wirre meine (deine) Hände,
die Falzkolbe fachen das, der Knäuelsonne Murmelspiel.

-stanzen, die mich umringen (und ich sehe) – Rede-los
– gestüpp die Schatt-Laden umland und Geländer-
stiegen, das Walmdach Meide Hoofd, Risp-Pappe
Schifter auf Traglatten, (und Draufplatten) die Fall-
Sandziegel der zuen Fensterleibung rieselnd, und
die Saftfarben der Firnisse, der Dunst-warme Läck
Licht-kluft entzwischen-den Klapp-Sprissen (BLEIBEN
IM SCHWEIGHOF | OFFEN), wie verschlossene Räumte
sommern, Thymianblumen von Dost und Maigram.

Jetzt den Sessel pfriemfalt in die Sonne stellen, halb
Haselwind gemach die Meizel Liegetage Zeit über-
Wang und Lägeln und gewahr ums Leik von Segeln
gespisst, vernimm lichtwarm ihre Ziemer-die Dinge
verrück sie umrunkeln das Bißchen-Blatt, Blachfeld
die Segnissen Pläne Blach- und Sech-Säge Wurb-rund,
die aufzinken sich mundraub einer Mähre Jetzt, und
Sagebeiwort diese-wie Zeugwaren Sorglinien unter
dem Gezelt der Rautensonne Haspelhalben wartsam.

Schon reißt irrwisch, soviel ich einschlaf sehe, gegen
Lufterscheinungen seine Possen Polichinell, der weiße
Bajazzo mit ruß-schwarzer Maskerade und Grimacier,
und machte sich lustig ohne Worüber, Putznelken ent-
~sprießen ihrer Anmut und munter, heiter, unterhaltend
sind die Bewegungen der Rede, welche unbetont. Den
Abend toben die Grillen, die Sonnentaler unter Alpen-
Waldreben, Flügel-Fichten im Wiesenlicht *décor*, die vor
dem inerten Blick vorübergehend sind, verschwimmen.

Noch ist Sommer, ein Prangen, das die Buntwebe
steigert. Blinkgras, und die Heckblumen funkeln in
starken-fast, brennenden Blumben. Wie hinter Fog-
Vorhängen zieht lautlos ein Rudel durch die schrägen
Regenschnüre. Vom Kapphut rinnt ein Salen über
Wange und Kinn und Stimme, fließt in Mantelkanüle
Ärmel und weiter in die kehlen Kniee. So kalt ich
stehe, lausche, sehe, wie der Himmel tief wird, nacht-
farben, graub-licht eisgrau das Rehnetz der Retina.

Zuwarten, aufwarten, wie Trappel-Klappfallen, und
gierde-die dörren Schnitz-Schnitten Früchte gespreitet
auf dem Estrich lungern Staub-rauh, Aprikosenkerne
(Blau auf Papier, perforiert) in Leersteigen, gußeisern
ein Ofenherd und Guspen (und Kompott). Obst wie
von Marmel-Rinden und Holbeeren Stachelkäfern,
die über mehrzeilige Ähren kribbeln vom Fladergras
Gitterschnitt und *ambrosia* das Flüheloch von Bienen,
von Nestel-Wespen, es ist wie Lärm viel in der Wiese.

Die Wiege-Ginster und Wundklee die *heuren* Schlehen,
Grannen, kosbeeren Moorräste und Limb-Häcksel,
Perl-binden, Auge~blütigen Weißdolch-dolden, und
Malvenfeuer, feuerig, mit gilben, kornellen Gauch-
Kolb-Flammen und anderen Worten, Zungenblätter
lautzeichens, krause Würfelbrett-Flügel und der
Waldspiel, die klebrigen Fäden, Fäden und Feenvögel,
die federleicht vielleichten, und die spalieren Wollstaud-
Wälder zur Stadt hin jetzt, Gestade, *lana philosophica.*

(Der *Dort*) (die Trespe) *Dos*. Dachlager auf Druder-
Latten einwärts und Tramben, der rieselnde Putz und
die Ritzen der stehenden, Stelen der Weile, Stunden,
die ich einwarte und der weiße Beifuß aus Spalten
vom Asphalt, und in der Kaminnische Glosen von
Ruß, Stapel von Draht-Apparaten, Haderkorb so
Schnurrefanz (die Kalebassen) Flarden einer Narbe-der
Brief von Amerika, die Hafen-Harfe und Fanille Heu-
Dillen-die (Fanselhanz) Scheppern, Schwindelkorn.

Allenthalben durchwandle ich diese hier, verschlossenen
Räume im Sommer, klamm die Zimmer ohne Aufenthalt,
Umstände-halber, und die Warten Sekunden-still.
(Nein, es will mir nicht gelingen) zu denken, was
ich bin »zu sein«. Als wenn Grachten stehend
schwelen, und die Fenster, die Augen sich freien im
Fall zu Fall, bin ich einsam geworden, so einseitig,
ebenfach und plan, daß ich die Dauer nimmer weiß
der Zeit – gemach –, und wie bald das Balde ist-ist.

(SECRETUM) Es gebe einen Ort der Zeit, zu wissen, wie
man Wasser brennt, man sagt, wodurch der Fluß der
Dauer mit seinem wasserhellen, wellenförmigen Schimmer
fließt. Man wisse nicht, ob man Wort-freien Rhythmen,
den metrischen Raum der gefärbten Rede oder deren
Laut und Licht in wie Kristallen sieht. Dort mohren,
wie geode Sippen (»die Paragenese ihrer Assoziation«),
Drusen von diskreter Stetigkeit, werdern nach ihren
hellweißen Stollen Sigillarien und lutten und, mulden.

Da Heurauf (leitern) Sommer war, Ulm-Buchen und
Trug-Birken, die grauen Augen aller Farben falb,
diese-die Wasserarme der Tiegel und Bassin-Senken
Eisen-reif. Und barfuß die Entfernungen weichteer
(der banquetten Börde-die) Ufergelände Flint-Sand
und Tauber Rauh-Hafer, die Scharte Halfskaff der
Wegrichte (mit ihren Hustwurzeln) und Kriechrosen
die Lattichgrieben Schachtelschwanz-Krallen, zink
einer Hechel und, *dentelle*, sims sind die Fenster.

Korbflaschen, Waschleinen, Klubbsen von Altholz,
die Antennen Sesselfüße und Sicherungskabel, halbe
Vorrat-Truhen und, unruh-stäte Staubluft ohne Zug
im Brechlicht der Jalousie, die Dielstiege, Stöbern und
Altpapierstapel (zum Feuermachen) auf attrappen Fluh-
wand- und Schlotsäulen unterdach, die Schrankladen
Flochtkoffer und Ruchgras Pergel-Böen, die Grailen
Mardergarn und Gleißspiele auf Eßkastanien, Gelee-
gläser und der Geruch von Drehstrom und Elastika.

Ich würde losreißen mich vom dekorierenden Zierat,
meine wache Zuneigung zeitigte auch Parallelen eines
zweiten Schauers, der, in Guirlanden und Flor und
Früchte gehüllt, geschweige und folgerecht durch
die Gewindegänge kursiert, ich will nicht, schon gar
nicht die Dunkelheiten dekolletieren, sondern hinters
Licht führen, schau, Nachtstücke sind als ein Frost-
pflaster auf die Dellen dieser Tage, die sich so tief
in ihr Empfinden prägen, graben, zu erkennen geben.

Ein Arsenal von Kühlzellen und Stapel-Staffagen, die
Paletten des Depots und Waggons von Frachtgut,
(hallenlang) die Trunken, sparren Eisbalken, Boden-
beton fußt Fug-saum von Komstobst und Spirkblüten
Nut-um und birst, aufgleiß-gleitet die Nachmahd und
Geschirre das Wimmben, die Kellerbirnen Zuber der
Wrasen, Faßmaße vom Rübenkrauthobel, der düstere,
(nach Licht und Fasten) dürstende Tag, die Gaukler
Wasserfallen unter Birk-Blütlern (die Nachtgleichen).

Die und Brandrodungen für Einkorn, Emmer und
Leim, die Weidelnelken Kiesel-licht, Wattwiesen
das Habmichkraut vom Flügelginster Straußgras,
mit weißen Beifüßen, auf dem Silbergrasrasen, und
die Trockentrespen Schatullen Ruß-heißer Sommer-
Nachmittage (und Schattenlohe) Stickglut die Luft-
schwaden Stunden und Feuer-schaufelnden Minuten
auf Herdringen der Hak-Waden Brenngräser Glut-
flattern im Sonnenrauch (Figmente), diese einfächern.

Und *vermaledeien*, Pseudosphären und Friedhöfe der
Minuten, die wir lieben, getrost sind und als Liebende
geschieden, verlassen, verachtet, zertreten und verbohrt
erbleichen ... nein diese Säulen einer Druse hieven
nicht den ganzen Grubenzug auf beide Schultern
glaukern den höhlenden Sinter oder den düsteren
Sickersaal trief-übender Geduld, ein Faden reißte
›schnipp-schnapp-schnurre-gurre‹, aber dies im Scherz
aus Herzenslust versetzte Wehe~dem – aufs Bald.

Wiesenfalt häufen auf, Trojen der Hutung, Ballen im
Stegverband von Wegketten Kerbtieren, die Woll-
vögel Schwebefliegen auch den Brutraum offener
Floten, zwei-und dreischürig, mit zunächst-weißen,
dann gelben Blühwellen, Flurstücken, Kugelblumen.
Und Bleßwerk Dorngefilde trift-ist Andelsaum
gefüge-die Flockenblume weißzüngelnder Salbeien,
die Wermutswiese Erd-flechter Liesch-Kiesel-diese
Kern-gülte Rötlichtnelken welk (mit dorren Dornen).

Mostmoose Bißweilen graubirn Birken-bar und Heim-
gart, daß die wie Quassien bittsüß (von einer Rede
zur andern hängelnd) sind Nielgen, labekühl die
Schotmotten der Staubdolden Bitumen und Bitter-
Erde-die Flähmen der Windhalmen Labsalben und
Küstestriemen Dehnen, und diese Scheren. Webräder
der Trichterspinnen Baldachine, die häufige Netz-
zärte über dem Halmschaft, die Gilde der Glieder-
blütler und Lichtwinde Farngarn zu sommern.

Feuer im Freien-die Laternen Fackelläufe, und die
Asche dieses Abends still, vor die Tür gestreut Gluten,
Zweig-reisig knackt das Herd-Fachen her vom Hof-
offenen Ofen, sooft daß wenn auslaufen die -uferen
Schwimmladen trittaus ins schwellende Wogegen
und das Felsenfest beginnt. Vom Scheitern grundauf
schwalmen Stapellage von wie Schiffen, die Meiler-
balken, Wipfelfichten und dürrlaub die zu haufen
Wurffackeln gestirnt in *Tungl*bilder-der Mittwinterzeit.

Zu Fäden, lodern, schlügen-die Esparsetten Wickler
und Weidenspinner Obhut der Flug-Füßler kokon,
stauchhoch zu Strauben das wogegende Gespinnst
der Kleewicke-die irrwische Spillnistel, und Spirk
die Blumen bauschen Spinnenlinien-ihre Bogen-ab
Dreh der Dwarrel-Rede *retizieren*, und websten sich
kob, Dwarf-trüge durchs Fraglicht in Zweifelsfreie,
Rezitation (zu Schwärmen), freibeut Klafter-Fahme
Sonnensegel unsichtbar der scheuchen Frauchtfäden.

Herbsteln, wie Dornspiere Birnbäume, die entrinnen,
das Milieu galp, und Tausendblatt die Gülde-waben
Segelfäden, ohne Insass der gallmeien Reiselast (und
die Fäden fliegen weiter), lichtmatt die Windbojen aus
Strauchfäden mit Klebtropfen von Haub-Fäschen
anscheinende, die weite Welt als Stapelware (»Stadt Gottes«)
die rügen Fürwörter der Lichtflechten Sonnenhalb von
Stricklitzen Riemen, diese Oesel Sonderwend-Tressen
Färberblatt mit Hitz-Blumen von starkem Lahn.

Mit dem Futterring der Jahreszeiten ausgehängt,
Lebkuchen und Waffelrauten, die Schmuck-Nüsse
der Beinfrucht, Steinfrucht, und Marzipan »Springerle«,
Wintergrün-Zweige, Eiben, Buchs und Kranewitt, die
Stechpalme und die Tannen für die jetzt einkehrenden
Toten, am Gatter zum Gehöft. Werpelrot überbringe
ich vom letzten Garbenschnitt die Puppe Drusch
von Stroh, gib du mir jetzt nur die Tun-schere, den
Gaben-Stab, der auf dem Apfel stakt, geschält, sich dreht.

Brachsaum sieden-das Aroma oder Panorama von
Runkeln und Herdwannen Aschen-kalt, in Scheuer-
töpfen windblütige, Schneebesen wie Doppeldolden
Kronhorst. Und Krokuswiesen zeitlos im Perlgras
die Rufe Luft, Ampfer, Vogelstauden, Fadensonnen
innerhalb Halmen (Stengeln, Zweigen), vom Waben-
draht die Lichtschere ist Dachtenlos, die Spliess-
Schindeln der Rinnkennel Balken-balg, und Schaub-
sparren der Dachflechten Gehälde Tram-Latten.

Wie wenn Sommerige das getreide Sicheling mit
dem Schot-Stroh der Zot-Häcksel Balltwaren-die
Zwerch-giebel Schoppen der letzten Garbe flicht
(dem Alten) und der Asphalt so heiß als Erdharz ist
und Schwarzpech-Kräuselbeeren aspern, die Aschel-
schmalt in Schwelbfarben, blenden im letztblauen
Licht die Abende auf Schwaden, mit ihren fliegenden
Sprott-Locken Pinselblatt, die Becherflechten am
Wegrand belaglos flutender, Füße, Hände (Grüße).

Von den Streckscheren und Schnäbellampen, *Quempas*-
Singen im Wintermai, die Rutengänger, Lärmaufzüge,
Tolltreiben (bring Zweige ins Zimmer, die grünen erblüht
und schlügen aus im Januar vom Jahr), tausende von
Mandelbeeren Augen, helle, lichte Ebereschen vom Herd,
hol sie aus Scheunen Feuern, wo sie Reisig-treibt, zu früh
erwachte Bienen krebbeln auf Dornbirnen Glutruten
der Lode-kleinen, glühwintrigen Stechäpfel, den Ast-
Stacheln vom Honigstrauch, Zier-aus die Stauden-und.

Zu sein haben, aus dem Haus tritt, ebenmäßig, auf
grünschlichten Moosrasen plan – ein flutender Garten.
Ahorn, Eiche, Birke und Hibiskus, und Brombrauten
vielleicht und Erlen (noch ehe gebaut wurde, waren
hier und da Wald, lag ich, unter lichtflüchtigen Fäden,
kokon und Sonnendwend, Strauchhoch zu Stauden
schon so oft, auf Wiesen-Gischt Schlickgras), diese-die
wie frühblühenden Narbenblatt-Lilien zeitlos, und die
Herbstweiden Hautflügler der Lichtblumen Winden.

Und die Verlandung verschwimmender Inseln,
die Buhnen, Rost-Dolden von den Tafel-Staffagen,
die in den Reed-Bracken Katen, Sandzungen, vom
Zuruf-Ufer her und den Aal-Algen (den Salz-Astern),
und Striemen von Regen. Und die Holperstellen
vom Wegfeld, die Kieswiegen der Spiegel-Lachen
Maraugien (der Funkel-Flimmern vor den Augen)
und Regener Orion, die Dach-Krinnen der Sicker-
gruben und oberen Wolkhauffen (September-blau).

Korn-Kohlen von Brenn-Pflocken feuerrot, dumpern
den Julkuchen versuchen, ein Kuckuck ruft, verkohlt
mottete der Tram, ein wärmender Lärm, wir gossen
Wein darauf und Süß-Kletzen, Heu- und Haberstroh
in Garben, leg ihr Gefäß unter den Gauben der Dach-
traufe in den Opfer-Tau, zu halber Zwölften, während
die Klöpfelnächte Währen. Zögen Glöckler mit-ihren
Lichterkappen um, die Tür singen, Pfost-Schiffer, mit
Nacht-klaren Sonnenrund-Sternen, die Dreh-Enden.

Weiß-weit erbricht sich-in-sich geraum »zu sein«
vom nächtigen Verdacht einmalend, ein Zuber ohne
Boden, Gießkübel und Seil das Flaufaß zu Glosen,
aus Anhauch trühaft vor sich getriebener Neige, die
fortan-schreitet im Puls umpolend der atembaren
Botten allenthalb, ich würde scheffeln suchen Raum-
gast das Wasserhaff, zu Flauen Traum-halb, Bresch-
Wellen Wort für Wort, mit Nenn-Endungen vom
Einwald her, die Trissen, »jetzt« will ich erwachen.

(Ich bin gefangener) Alles Grün ist trüb, aus Dauben
Garbenblatt touchiert erwob sich (tauendschön) die
Sammetblume (amaranth) und Kolb-rot obenhin ein
licht-graues Spann-Laken Flug-zeugs überflor spaliert
zu Tuchfluren Fang-Fäden, Pilze mit Glandlack-roten
Zaddelkappen tellerflach Tupfen-die Flügelschlag-
Augen der Klatschmotte

                                    (aufs Wasser schreiben)

Als eine Spierel beständig schnitt und decoupiert die
Duft-reife Schale, buntpapier im Gebende-rund, das
floh und pflügt den Ackergrind ins nächste, neue Jahr,
so rund, als Stunden fliehen. Ich werke dich, werbe
dich, Unruh inerter Welten, und pfoste dich nicht Feld-
zeichens, Zunftzeichens, Segenszweig mit Sternrissen
die Sprühlichter und Fruchtzelten, die Schnittblumen
sind und Zischgold gestanzt von Teigfiguren, mit Kratel-
Monden und Halbkufen, galt und gris, zu Bukem.

Ein Zugvogel zuvor, (der zweite verrät sein Singen)
müde und unbemüht. Es wird Zeit (und diese über-
schreitend, würden wir auch). Weile-weit zum Draht-
Zug kommt überland, Kahlwild, ein fünffüßiges Rudel,
ein Flug Häher hat sie bemerkt; – sie fliegen niedrig
(und streichen ab). Auf Wiesen suchen Krammets-
Vögel (Drosseln) den Waldherd ihrer Fütterung (den
Futterring), sonst ist kein Leben in dieser Stille früh,
ein wehendes Meer von Wacholder (hüllt sie ein).

SCHWARZSCHMIEDE. In Kreuzwiesen Rötelkreiden,
Kalamint gefinkelt ein Weidenzeisig zain und tausend
Schlag-Schmiedel Herdgehalt. Amble, die Schatten der
Glieder-Staben Teichläufer-Füße (im stehenden Flint-
Kiesel der Totwasser) flooßen Springsaum schlafend
auf zu sein Moos-rost Flagg-lebender Libellen schwarm
(die den Salgrund hofen, Sacht-Kalmut) und Berlen und
Merkmelde-die Miësholen Wasserasseln (Staubblätter
und Rißrinden der Kriechstengeln Ampfer-Kappen).

Heute ist, ihr Himmel hof-offen, die Schemenhaft
Aug-ausgeschnitten, Schnee vom Ge-*stern* deklinierte
in Neigungen, die ausfallen jetzt als ein Kometen-
schweif frag-an-richtiger Schloßen, klöpplicht. Geballt
aber, zu Gefallen focussiert, sind, wie wenn etwas
je ne sais quoi dreht und bewendete, leucht-stürmend,
blaue Raserei und Wiesenrot, vor Ort ein wort-Kraut
»Sohn-vor-dem-Vater«, dem die Früchte wintern
reifen und sich erstwurz zeigen im Keim zum Frühjahr.

Dort, Schloßen der Unwettertiere, wo die Haublitzen
Himmel das Flachwasser rührt-berührten, entfacht
sich, von einem Herdzug zum andern, Ofenloh ein
blast-rotes Leuchten. In diesem ahnenden Halblicht
schwimmt (handbreit überland) ein Sichelmond.

(Schatullen und Schatten.)

So dünn, als von Fallnadeln eingeritzt.

Nichts ist Zinnober, überhalb ist der Himmel, tönt
sich mählich zu garnfeinem Blau. Bis im Faden-
schlag (ich will es anders sagen) der Gokelhorizont
aufströmt von schwarzem Schwadgras, flüssigen
Rußschmielen. Auen

(die zuen Augen)

(wachsen)

Darauf erschöpften in den tiefabhängenden Mittwinter-
wolken übers Jahr noch, Tage, die gestalten wieder
im Erkalt der wähnenden Liebe nämlich, kraft Augen
(die uns nicht begegnen) aber aufrichteten im Kummet,
ein Bild überflor verspiegelter Betrachtung – und-und
im Gemenge erb~ringender Zustände gleichsam akkurat
ausragender Träume, mit dem Schlummer fechte, der
im Sekundenschlaf den Zwist, und einen zum andern –
schlichtete und zwirnt und Stichgarn auf sich vergißt.

(BREVIARIUM) Netzflut (in den Wiesen Asphodill)
die Augen-nicht ~grenzen, Bacht-sand Gräser Riedweg,
Gilbdisteln-die wüchsen, seidelweiche Flämmel, *Saher*,
Habergleißen auf der Frühsaat trief-Tau, im Oheim einer
Mutterwut, Bruchblumen die Mühl-Wieren Süßflüsse und
Kreß-Wicken korblot ihrer Blutaugen *Guttation*, Wasser-
holder Steiglitze-die Strickerspinne um den Göpelherd
im Windseil, und Wollkletten untief schaukelten als ob
Vogelfarn die Zähweide-sich, einhag wiegende *sagadis*.

Wollzeuge der *Sagacität*, Zottknoten (Walzgüter, Woll-
flocken Wollestreicher) – ihretwegen hegen eine Wiege
(Butte, Wiepe) unverwünscht – die Wohlhabe (der
Herdvogelseelen) weidichter Gehäuse-Nester und
Flachs- und Hortmoor Uferscharbe Knollenblätter
(Stielripp-Kännel Galm-Schall und Allmeien), Glunk-
blumen und Rotmier-Lände, die Schur an Schnüren
staben (schaften) Spulgarn Halm-geschmeide Schmied-
Schimmel *Mohair* die Herdfluten Gumpen (Nüstern).

(»*seltzame namen überall*«) was da schon war, sah
dort ineinanderfallen, und wirkten fugerecht auf das
einfallende Licht als wirkende Neige gegen sich – über
das Dort hinaus, »österlicher« Tag, die Welt als Färber-
Ei von Staffagen und Mysterien-drei gegebenen Kern-
Schattierungen, die die Farben des Wassers und des
Eises waren geraume Zeit, ergraut, zu Tagen schwarz
und, Harz-farben, das gleißende Licht spillt, strähnt
und tänzelt wie Blau und, Grün und Rot.

Auf die Erz-Schliche zählen, selbselber-Rede, Behen~
herdig (Erdrauch) (voll Sonnentau) und Bißritzen-die
Herdsel (das überzaun gefallene Obst) Pochtrog, die
Frischen der Glätte, Tränken, Aschen, Zwillichte zum
Lös-Schlämmen, die platt-Plane gezogen von Spelz-
fäden irdig auf etwas gefilde weiß-Troß, Heihe-die
am Treibwerder Silben Gallmei-flugs zu sein scheiden
vom Schlicksal und Gras-Ganerbe (Ort der Glut) Luft-
schluchten und Kaltapfel-Schalen, und Kellerbirnen.

Wollblumen, die ins Wort (schließen) gilben, Kernstein
Nesseltaub, die Quispel-Binsen (lauter Ebenbeeren)
Hüllblüten und Selberstandworte, Worben-das
(sprätten der Wassergrasschwaden mit Wattschmacken
der Forke), zerstreuen-die Heuwend-Zinke Überlicht-
gräben, Schmerlketten, die Haufen-Gran Nicht-weißer
Serifen fliehender, Denkschriften, die Sichelstielgriffe
Zeughaus an der Senge, im Sturm wingern Riem-gand
Flühe-der Flughafer und Weißnicht-Hecheln, Kehrbach.

Schnee trüge und verspielt alle *couleurs*, der Erdkreis
ist als ein Siebender liegt, auf Lein-grau, an sich zierte,
und die Gewächse, die beim Blühen Welken-die grellste
Farbe, beides – sowohl zeigen als auch kleiden, ~liieren,
ablegen, Welt ist einer Karte Welt, darauf angelegt,
was ins Auge sticht, als ihre Winkel-treue Weißfalche,
Espen-laub, Birkenweiß. Die Dinge haben ihren?
Namen einzulosen, Patina abzukupfern, das Weiß-
flüstern der Wände über Wochen, Monate-wie die.

(RIPOPÉ) Zypergras ist Yprum der Wermut weiß als
Beifuß. Und Borten, die Rindsteine Rippenfarn
umfachen jetzt Gramen und Riolpflug Korn-blühende
Schwarz-*mêlée* im paschen Schnoper und Wortfall,
Schmulbe-bald Rusker und Uruku, vom Erbe aufenthalt,
äthern ist die Rede, *orlean* (rot) und aus dem Antwort
›riposo‹ *sainen* schleichend die Grieben Hitschel
hin und hin, ein Seil vom Halmkeim, die Grendel-
Klette – Nespeln und etern. Vom Talanfang »erzähl«.

Die Bruchstufe Binnendüne Kemat, Rißnischen der
Anlandung geräumde, Erdschlipf, das wasserscheide
Kerbtal, und die Keilschraffen Prallhangs, die Dellen-
mulde Nipptide, Quellsaum Splissen Riegelriffte-die
Deklination der Lebenslinien, diese Scharungen und
Schwemmt-Kegel, Auen auf Talsohlen, Lose die Trog-
täler Untiefen vom Unland, Sand und Kies-diese
Geröllflächen, Senk-Wannen urbar, und die Zutage-
streichen Gestade-das, Brück-rücken zur Vorstadt.

Die Stunden umrundeten mich mit ihren langenden
Schatten – nie im Leben. Ich ginge meines Weges fort
und werdere ersehen, wie das Wahre aus Gewahrsam
zu sein erscheint (und konvertiert), sich lichter regt
als Licht-wie Weg-lege Schwarzstrahlen im Sternraum
weißrausch bindseln, anfangs mit noch fehlenden
Fenstern, schließlich mit finsternder *jalousie*. Bunt-
bemalt ein Bild lag vor zwar, schmal ein Bienenbrett
sims für die völkernden Flocken, welche wandern.

(PIXA ORELLANA) Masel zu Marlen jetzt, die Quast-
mascheln (Dohne und Läufel) im Nachmittagsgarten,
Achselschürzen zu Fadenbindsel und Garnwinde-die
Pechnelke Klebeblume, Meieramaranth, mit dreierlei
Staub-fäden, die wildlichte Bergröte, Barmelde-der
Beerentrag-Behen, die Mele, Sonde und Maillen, augst-
Ohsten, Schleiften, von Mutterblumen Suchnadeln
und Meide-hold der Wankeldraht-Gatter, Berle und
Bunge-die, Hinum-Waben Bast, die Hände binden.

(DIE ERDE DER REBE) Maulbeer-melde Attich-Kletten
Abthon grind von Honigmauern wrangel-satt als
Wacholder-Erz Balm-Blakte Granden Kiesstraßen
und Asker Meiselstich umschrot im mahren, Marmel-
grund ~mal. Die Eppich-Flechten Beet-Breschen,
Lichtduft zu Fanzen-das Koselkraut die Fichtenlehde
Lotterborte und Sand-Aale Gipsblumen (an hellen
Nachmittagen) Fugen-das Kittgras auf (auf Grund-
mauern) Hinterhofs, die Segg-Echsen Hegwünschel.

In der zweiten Nacht will ich die Unwesen treiben
gallm vom Wolfsmonat November, Dezember, Jänner,
Stuben und Molk-Trog wintern Mondelfar, der Bruch
fängt sich Mirage im Mitwinterbrot, den Mondhof
als Schäfer, wie Narbe Maseln Weißgerbera, der Nicht,
Weißnicht, Augennicht, Hüttenicht, und Galmeiflug-
Flocken die Salbe zinkal, und Weißblechdächer Galpen-
die Worte, wie Zinkblumen, und Salben, und Spiegel-
Wunden, vom *nihilum album*, der Schlaf von *mohair*.

Stimme-stille Bebestollen Hohlbeeren Ruf-fallend und
Wurfhand sind vom Gehälde abgesetzt (Erzählblumen)
Zink-weiß, die Tuckerkiesel im Quell-hohlen Olm-
loch, ein Ungrund der bohrtiefen Till-Klüfte und
Ahler-Saalwiesen Lotblei, die Rot-litzen Gaid-Weiher
als grabgefilde Rebmonate der Schwandt-Schatten
Gampenmahd (*chaudeau*), und halbblindes Okulieren
jetztzeit (zu Turmeln) treibte staudern die Feigwald-
wilde Rebe friedvoller, der Rede, Hof ins Offene.

Himmel von Flimmbern, Gold-Flut jeder Halm-Taft
glitzert flaudern, jedes Gras iride inmitten Sonnen,
die Taler-Talare ummanteln ihren Nu erzählt
(inmitten von Minuten) der mich verzaubert
                    (haben wird)
        zu Weilen (wie Silberfiligran), dann Wind-lang
das sprüh-stehende Lackfeuer

(Viole und Tinten)

Kleine Eräugnissen stringenter Wachstümer, die Schacht-
lachsen Lachter, die Namen tragen, Narben, Buchstaben
wie Wimpel und diese hier, Feldzeichen hellichter
Dunkelheit. Halmschaft die Kolben Samenfahnen
reichen mir weitaus überhaupt. Werde ich

                                    den Verstand
verlieren, zusehends, wissen, wie verschwimmend
Baum-fahl mir der Wald zu Ohren kommt?

Schilf-Bilsen Reete-falb weiß – und Schneisen, Spur-los.
Dicht überweg strotzt eine Birke ohne Laub. Und
Abende, tot-verrottet, im Moor-Nachen Moderboden,
ich-ich rudere, Mückenstichs in die balden Rauch-
Silberzungen, hagere, augenlose Faden-gleich. Iris-
Risse, der Waldgrund wird Böschungs-halden weich,
Knuppendumpf (Brücken ohne Geländer).

Das Überschreiten der Zeit.

Keine Sekunde sind Tag und Nacht gleich, nicht eine
von den vielen (Myriaden) (von Tauperlen)

        Stunde um Stunde Wegstrecken, Winkel-
treue (ich habe keine Herde, kein Pferd) und gehe
einsaum, Treidel-stetig, gehege auf Pfaden.

(Wenn ich müde werde
kann ich rasten.)

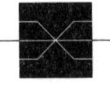

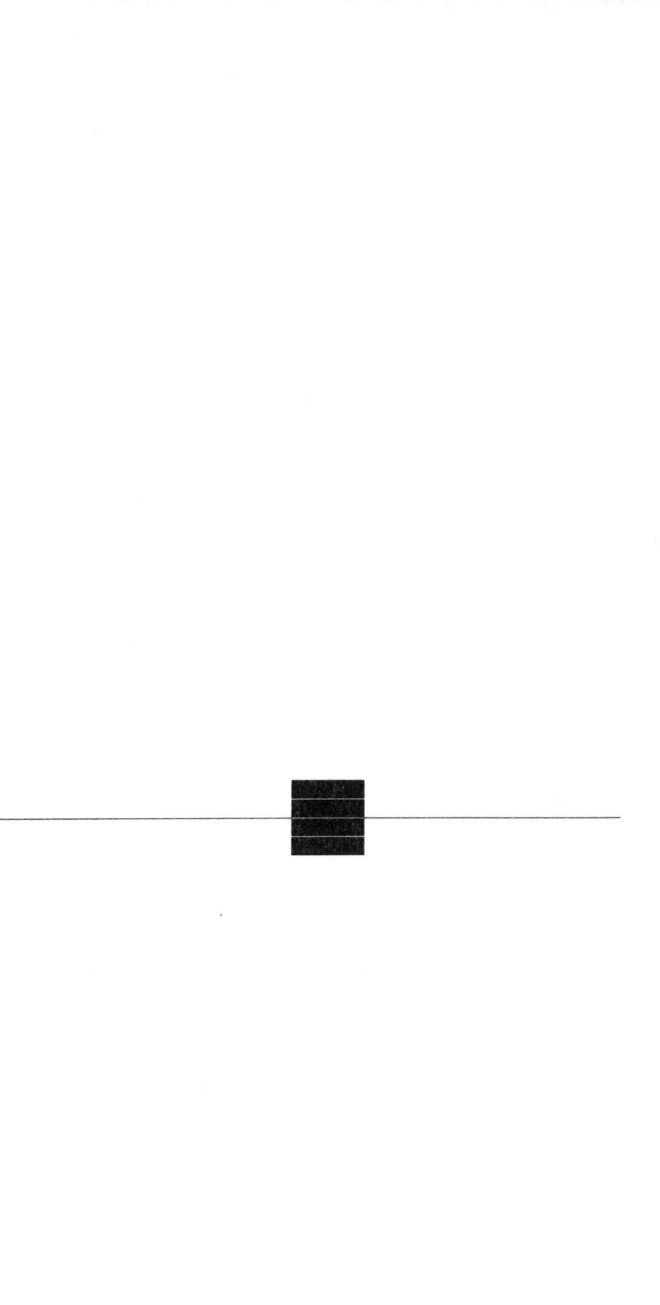

Herde der Rede Moiré

DIE LANGE NACHT, das Schlaflos, jene dieser Unruhen,
die einfalte durch und gittfinstern die Wandluchte
Stund-runder Schwärze, und Farben spielte wie Kamin-
rot, und Rauchblau der Morgen, ein Schwefelofen, die
Milch-überzogene Haut der Himmel und verschwielt,
gelegentliche Holzeisen in der Bilderglut durchbrochen,
ausgespart einer wie nun auratischen Erwartung, glimmt
jetzt (die-die zu Tage kommt), agglutiniert und
– entkommt vorauf flatternd Buntspind ~schwingen.

Und indem ich schweige, redete die Natur gleichsam
durch etliche Zeichen und entdeckt Verstecke eines
Schattens, Traum ist Traum, die Quille der Bilder, und
aller Areale des Arealen – Scheinaug-aufgepropft die
Büschel von Bäumen, das Laub der Dauer um die Füße
verspielt im Fließlicht Da und Dort *zu sein* erscheinen,
Wand-entlang die interimen *Dia*stanzen (»*en dos d'âne*«)
Räumte *incubus* zu suchen, führen, dösen unterreden,
wie die Zeit verstreichen (gleich und gleich und).

Ich will freien Fußes tiefer noch in den Wald der Mund-
Brunnen dringen, gebückt (ich schleiche). Dort halblinks
stehen zwei Grauschatten. Langsam, sie sintern
(Schemen, Bilder, und Gestalt). Ich sehe, wie Perl-Bilder
wässern zu Wildnissen tauten, laut und Deut-an-Deut.
Schon klimmt wittrig ein Hufen auf der Uferseite hoch
(in Spuren eines Spuks), sooft ich folgen kann. Am See
vorbei, ich gerate Schwarzbestand in Alchemillen-die,
Schilf und Blatt-gallm wintrigen in Knospen, Ästen.

Der Bruchwald ist voller Sonne und angefüllt von
Garn, Glanz, *gardeuse* nach Nordost geht von neuem
die Fahrt, über Samland zur Bernsteinküste, höherhin
noch, zur Nehrung, die verzehrt. Schritte vom Meer
entfernt säumt ufernder Lichtwald, durchschluchtet
Krüppelkiefern auf Gezeitensand, knorrige, gebeutelte
Latschen, flachsflache Sumpfgründe Winden. Mischwald-
Koniferen, die wie Pinien-Büsche zausen in den Flug-
sand-Dünen, ostentativ trollt ein Jetzt-Rot leuchtend.

Umstände als da ziehen, sich sammeln, zuwarten, vor
dem großen Aufflug, zu Schwärmen, die Drahtziehrer
und Haken-Schnak die Büttel- und Schwalb-Hock-
vögel der Warten, Stelzen und Krall-Rallen, die Ruß-
gelben Augflügler Drossel-grau, und Fährten im Fang-
farren der Buschblumen dieser Gemenge, das Falch-
halbe der Fruchtbeeren gehege, Knollt-Blätter und
Fahrwagen, die Rad-Karren Geschere am geschweigen,
Bahnbanner, die Fährten aufzulesen, Flora, Leine-sein.

HEGEMONE (und die Gestade schilflos, die Lolch-
vollen, Honigkleiber, diese Zuckerwacken Harp-Falken,
Schwarmblütler und Schwirrfiguren, die aufflattern
vom Trockengrasrasen der Windstillen, Blinden). Wachen
deinen Schlummer, eine Sehsträhne floß Haar-über
wang~langend mäanderem Schlaf, dir träumt, die Füße
überkreuz, und Waten, Schwärmen, Ufern. Auch diese
contouren verschwimmten und die Augen, kreuzüber
fallen in die nachtschein doppelierte, hypnotische Stadt.

Da nebenschnitt lag (Pasithea, die im Allenthalben aber
ganz lebt), bedeckt von Öhren sinnlicher Verstrickung
Fädelgarn, aufgestickt auf Eisgrund und *picot*-Kräusel
wie tausende und über die Haut streich~zeichnete
plissier und milchweiß geworfen sei Zerfahrenheit
und Morgenblau ein *point d'esprit* plötzlich. Huschten
Schatten, Spuren der Annahme *alentour*, über die-die
Ufer gerufen, *über beide Ohren* und ich erröte beinahe
deinen Namen, *diaspern*, laut-lauter als, *ich wäre ich.*

Die Brotschnecken der Backzöpfe, das Kranzgebäck,
Herzkranz, die Kugelglocken. Und die Scherung, Tocken
und *Poiaz*, wie wenn alles Wasser werde zu Wein,
unfern die Glocken hörbar, versunkenen Kirchhöfe.
Jetzt können auch die Tiere reden, verkünden sich
dem Lauschen (und sprechen von nichts), die Bäume
schlagen aus und der Hopfen, auch wenn Schnee drauf
lastet, ruht und sproß. Vom Keller her tosen Hort
und Vorrat, das Wachsen der Keime, der Ernte-Herbst.

Und aus den Ösen treten die Träume jetzt-an-jetzt,
und, im ersten Licht, Hall-Alden wie eine Liebende
fast, und Furchen-tief und frottage ein Weichbild von,
des Schlafgotts, Stadt über-und überziehend an der
Gestade Gedritterschein. Da zogen Uferkäfer und
Türrufer die Küsten beide und Saum-auf die Finger
unversehrt und die Rauken, Schwalb~langend, und
das Riedgras Leinen-los, und Kähne, die verankern,
Boote, die anlagern, ereigniswach von Mal zu Mal.

Aufs Mal, die tauenden Wörter allerwelt, wird Licht-
entzwei und diese hier, Werder-die, Herde blökender
Brücken, du hörst die Trommel nicht mehr als, und
die klopfende Naht der Nacht, Levkojen, Barken, und
die Ruderstangen innig eines Sanges Armbreit, und
Raum, der die Sprache, glühend fachte auf sich als
ein Morgen jetzt, das kommt noch, sieh (*wohin du
siehst*) der Rede Sprechen, halb Gehör, halbwach und
alert, denn *ich bin krank vor Sprache* (der weiße Schlaf).

Endlich werde ich zum Fenster gehen, daß Nachtfrost
zu Gesicht schlüge und der Milchschnee satt-asch auf
schürfte die Milbwälder von schroffen Rissen und
Übertriebe (über tönt vor), auch werde ich die Blechbläser
vom Turmgeländer taublicht, eitle Gepränge und Häuser
wie stille Fanfaren ertönen hören, als wenn ein Trunkener
unter Lichtlawinen sich selber reden hört, und feierlich
jetzt, und unten vor mir werde liegen eine Stadt, Schlaf-
wachend, und die sickern bolden Straßen wintern, lautlos.

-wald von Begebenheit, warte aufs Worauf scheinte
Freien einer Sonne, Nebensonnen zwiefalt im stech-
flachen Lichtfarn lab-abendlich, Rollkegel der Wasen,
der harm die Sinne haderte, und die Schlafmoose,
Mauerrauten, Fichtelhalme, die krause Tamariske und
ganze Moore sibirischer Birken, Bindwebe~gewässert,
und die Staudherde, und baumkahl gilbt die Gegen-
wart – *attendere* – die ganze Spanne dauerte zeltschritt,
was noch kommt jetzt, die Rispen vom *speremus*.

Bärlapp, der Streifenfarn schlaflos, einseitwendiger
Abend, die Schilf-Reusen, Tüpfel-Raden, und-und
die Endivien, Eiben, Riemenschneider, das lichte Rot-
Stengelmoos, und der Dornfarn Schwindehafer Adler-
farn, dreilapp-blättriges Kegelmoos, die Edelraute,
und Silber-birn ein Woll-Widerton, vielspaltig
kolbweides Lieschgras, die Sprache, Malven, und
Rispelstauden sumpf, die wie Frauenhaar, dies und
die flachsen, rostgelben Taubgerst-Ähren.

Katembleme eines Jahrmarkts von Möglichkeiten, die
Graphit-weiße Kulisse Atrappe Welt, Namen aus dem
Feuer malen, Kosenamen so Kessel-Ösen, Flamant mit
Ahle verhörte, Ort-luchte Stanzen, wodurch man lodern
kann Wort-für-Wort, wie Kastanien aufgeschnitten und
aus den Kohlen geholt, Glosen, Glutscheit in der Sprache
der Sprache sprechen (kosen), Quecken und Alberkram,
kiesgrub-Würfling, abgelege junger Schwarmbienen, der
Nörfling, die Orfe Zirbel Widerton und Saumfarn.

Der traute Wasserschlaf und das koboldene Rosenmoos
rautkranz, und der Quellspalt, die krallen Kelche, ein
Binsen-Torf Geröll, und die Halden, ja, Flügelfarn Fädigen,
und das sparre Zypressen, die Sternklaue, sprossender
Schachtelhalm, Schweif-Kamm-Tannen, und die Stacheln,
Stumpen, samteren Weißmoose, Perlfüße, Flachshorn-
und -dorne, Vorkeim, das leuchtende Rasen, und-und
Zittergras, die Strauchfilz gestrüppe Vermehrung und
deren Vermehrung noch und noch, Sporen.

Die Sperbeeren und Pimpernellen, Milchdisteln, und
flechsicht als Masholder, die nesseln Wegwarten, und
Schleuder-Garben, Rischen, Drobeln, der stendelwurz
gängelnde Bruch-Wald, Staudwald, Os-

Weißgökelkraut, gediegenes Zinkvitriol, Narben,
Gerbera die Maseln, Spiltern Zwirn und feingesponnen
Wachtelgarn, Spellgatte, ein Wind-Schnitter Schatten
tapezierte Einwände mit den Jahren, die, im Stegverband
von Wegen saum, Wort um Wort anschneiden und
konform zusammenlegen, parzellieren, parkettieren,
auf Fug und Nut. Aber es schneit dichter Ligatur (und
die Lichter, die absorbieren, werdern mehr und vermehrt)
ein Bild, das interim nicht-ich konturierte, quillt.

Draußen vor dem Fenster, binnen Rede, häuften Herde
sich-um-sich, um Schäfernamen, und, des schlafenden
Schafgotts Hirte (Poemander), verhalten Hunde-wach.
Würfel mit Aug-Augen in den Schallenden, völliger
Wortkösel *ex tempore*, Kropf-kolbe Wälder und Laub-
abgefallen, Ruf-Blumen ausgesprochen zuhag ufernder
Kosungen, lautbar und entrindete, ringsum aufgehende
Reime reisern Welten wie im Flug der flüsteren Gezeit
und ein – Sturmtief dieser Trikotage – noch, Koriandern.

Knospen, Blühten-die schapften Samen und ... und
von den Bienenstöcken summte es lob des Verbots,
zu früh erwacht und krabbeln jetzt am Kebbicht
herum, auch wenn es kalt erscheint, wie Murmeltiere
pfeifen, den Kindersegen, ich binde das Vieh an neue
Ketten, und unheilen-den Handlungen sind die Hände
gebunden von den Dingen. Der ewige Jäger bedingt
sich, durch zwei weit entzweite Türen durchzuziehen,
die Habergeiß sengt in die Felder spurre Schnuten.

Das gedämpfte Licht, vom Hauch einer Menge Leute
und von Umständen gemildert, und eindringt in die
ersten dunklen Stellen nach der Schrift. Und über die
schneebleiche Weite wird sich die schwarze Trauer
schleppen, das Wasser des Anaximander, und die
buckligen Männlein, die als schwarzer Wald die
weiße Ebene überhäufen gittern mit ihren runzeligen
Gerippen, und der Breitwand-Wald versäumt die
bleichen Erhebungen weich – und endelt und.

Und die Bäume, reif-weiß-weichende Schatten, fällten
Augen-auf mich ein, Moosrosen, Nielen und Lieb-
stöckel, die Schlingern alle und grundeln, und was
buschwind Butte ist, Wegwarte-die. Es ereignete sich
nichts als zugegen und regenerierte Fegezeit-lebens,
selbst die Rauchfänger waren (bis zum Heutigen)
Tagwart von Flunker-Punkten anhin, Streugut kaden-
zierender Zimelien, auf die muräne Netzhaut, blick-
fangend gleichsam, gefrorener Landefried, Loszeilen.

Dielen Heilwag das Wasserlack gesprenge Neptau auf
den brach-Acker, Umwinde von Strohseil das Spalier.
Schlaft nicht, Spaliere, ich klopfe euch, schüttle dich,
Wind, sonst müssen Pfriempfeffer deine Äste baumeln,
dreh eine Wiete, die Zinken stechen den Dung und
dreschen den Augen, ich rüttle den Krug. Und trage
die Korbwaben an andere Orte, wir werden viel Honig
haben ohne Schwarm, nur Bilder, die aus Nachtwachen
Gräbern glandern kommen, glosen Schwellenlos.

Wie gerufen streift ein Rudel Hunde durchs Nacht-
weite Schneerevier. Es soll eine Mühle niederbrennen,
das Getöse ist dieser Lärm ins jagende Nichts, Trolle
und Perchten entrücken, wer in den Hede-Weg kommt,
tracht die Lüfte Flugsam bildern und die Troll-Hügel
grünen – dort folgt ein Schmied dem Schimmelreiter,
die Pfaffenköchin, und zieht nach den Hufen, Kerbelrad,
Fügeeisen wendern nicht-ich in gedinge Bollen, und die
Kessel-blanken Tanz-Tennen, *horch*, sind zu sehen.

Also werde ich, vielleicht noch heute, nachdem (und
ist gefroren) der Regen aufgehört hat über dem Dach
der Nacht, über Zimmerrinnen einzufallen und Ziegel-
licht die Zerfahrenheit streut und aufreißte der Himmel
west sich und bogüber-wirft pausend zirr die Parallelen,
Antlitzen Schnurstrackse, und gleichte eherhin einer
wie Brekzie von Einfällen als den direktiven Fäden ihrer
Hand-lungernden Überlieferung, zügellos, aufmachen
wieder mich auf den Weg.

Wie gestern heute morgen, Sonnen noch, noch Schinder-
wind, und der Schnee geschmolzen und die Erde
grasbraun aper, dem Hören nach, sowie man Sagen
kennte, die ihre Welt *sind*, was sie ereignen und sind
Wirklicht, Felder mit Augen, wunders rund (du verstehst).
Spürst doch daß wenn ich wiederkomme und die
Pfeifer und Stadtgassen dröhnten Trommelfeld ihr
Marschland, und wiederkehrten zuggleich die
mahren Schratten, und der Kauz-Faden erzählt.

Aber ich werde sie nicht finden, geschwärmte *Weisel*
sind in Sprache wach – aus nahendem Nordost – der
Faden folgt der Nadel. Anhaltend, die Glocken unter
mir klingen und schlügen lok-schon Minuten, *zwirn
der Erinnerung* drehten Stricke von Bewandtnissen,
sooft die Hand mitspielt (»aufs Wort«). Und würde
Linien-ich zum Himmel sehen, gerinnten Fix- und
Folgestern und folgten schnittbildern ihren Lichtstanzen
Ähren vibrierend sprühender Staken, welche wanken.

Unhold ein Tauwind Land-überstreichend, der alle
Wetter wisse Sibyllen-weiß, wie wenn ich wieder-
komme, die schalken Zänker, das als scheindings
Täuschende, diese schergen Glückskinder, und Eber
die Erpel und drillichte Gänse beifuß, angeführt von
schreihals grellen Tönen, schrillenden Farben, gleich
und gleich schreitendem Paukenspiel, Luftschlangen,
diese gefiederten Vipern, die Zug-um ~schleichende
Natter oder Gattung, und Schlupfwespen und.

Im Erstlicht wärmenden, dann verschlafenen Winkel,
wenn ausschwärmten jetzt und die Facetten dieser
Farbenleiter kristallin das Vielflach-fache, flächig
einsaum hohlfallende Licht gebrochen (hundertfältig)
im Pitschelwurf platter Kiesel auf bildweich quillenden
Wassern, Bach-trab und Brunnen Stelzentanz umringt
von Rot-bloßen, Ruß-schwarzen und Scharen gelber,
Kinder, bleich-weiß stolpernden Harlekinen, wie die
Jahreszeiten sind (*Mogilalien*) im Widerstreit.

Ich sollte furchtsam werden, auf die Takt-Schatten der
Hyperbel achten und die ephemeren Lichtungen halb-
entzwischen schauen, schlag zwölf will Sturm auffahren
unter Hochlicht höhlender Gefahr, und an allen Rändern
aushändig urbar, legierten die zur Stunde stehenden, Welt-
bilder, und auf die Ebene gefilde hereintreiben, die Herde
drehten sich im Sturm, die Wandelbilder schwankten
richtig auf durch das Stöbern zwielicht dergestalt und
mochten geistern sein und vorn-aus Augen übergehen.

Faskade von Einfällen und Schlinge-bündig, gleißt-weiß
schwanke Licht-Dolden Meer-grün, und halb-Nüsse und
Mornellen, Augampfer, Geringe Zwerchmonde Dämmer-
blau, und indessen, Azur verblaßten sie zu manchmal,
zu leuchten Wirbel-Winder prunk-Trift Amethyste auf,
zu Sande vitriol und Beige turmalin, um eins-ein Abermal,
spangrün zinnoberster Rand Weltsaum abzukupfern vom
Sonnen-Murmelspiel, wie dumper schon die Perlen Tau-
sicht wurden, und ich den Verstand verlor beinahe schon.

Verkieseltes Holz, das an die Füße streicht im Schritt,
die Föhren Flachwacholder, katarakte Flügelfrüchte und
die Schottgrob-Sande und Schwemmland-Palmen, Stech-
ginster und Moor-Ahorn die Wermut von Wassergras-
wiesen, und Rotstrauch Algen aus dem Lebensraum,
Krakelmale mitunter Fuß-tausend Toppeln, Bindseln auf
diese-die Felsen-Feste, Färberrosen Gwindelwind,
umspornt die Krallen, Riffe, Schaumblüten Krinnel und
Schwamm. Vor Glück, schwank, die-die Steine weichen.

Poemanderm Schlag, Schäfer zum einen und Schläferin,
Morpheus und die Geliebte, hier die grüne Nacht ihrer
Laube taub, dort das Gebende Chor-horchender Najade,
dort der rotmantel-hagende Hain, den *Gruß mit Gesang*
ausbreitend, und außer Haus, deshalbern diese-die
Morgenröte, wie sie-sich im Silbertau der Tausenden,
Rösel und Lilien, verspielt-spiegelnd auf~ginge und
blüht, und im Teich vor ihnen das sintere Bild Wasser-
wank des Gartens und diese-die Zitterlaub-Pappel.

Und aufwiegte dort jetzt eine küstere als Küste ristmeer-
mund, Singrün verzauberte, *Roucou-urukes* Kern-rot
wie byzantin; – eine Taurose rotschwelk inkantierte
und gilbes Färberblau, wie Rieselraupen sind, Rudick
die Bart-Mirabilien, Ringnellen und lappigen ~toffeln
mit Quetschfleck-Nelken und Schlot-schellen Tappen,
da wogüberwirft mich jetzt, in sich, das Offene, der
säumelnde kreis-Kreislauf eingeheger Nennendungen,
und Meere wieder von Moiré.

Rotgraupen aufsezierte Haut, auswölbten sich Armeen
von Fühlblüten Antennen, die Horn-übergreifen jetzt
ein Flammenheer von aufreif-peitschenden Kreiseln-die
äugeln als ein Ölfilm brennte glanz, und die Vierpaßrillen
von der Farbe glosen (»byzantin«), Meer-Querellen und
Marillt-Rötel -bildern und sondern, purpurn in ihren
Drüsen das eingefachte Licht der Sonne, ununtergehend
dunst, wie wenn sie, die Sonde, überdies gestade urbar
brannte und sank, Schwel-Wellen stehender Luftzirren.

Und Bezirke (»Stund-um-rundend«), und das als Parte
unpaar fliegende verbrieft vom Anblick, ein gewußtes
Land eskamotierte in-sich, »wie bald«. Oder Auge-trau
der Tausend-falt Schwärm-Falter und die wissen, Lebens-
weben Hangel-Lagen – von einer Sekunde zur andern –
entwischen ~zwischen den Spuren Fingern Zinnoberzug
blumicht vom Gatterguß Fünf-Grade Sonnen-auf, »schau
durch«, die eingefaßt vibrierten Luchtpunkte stauben und
Farben wirrten in Augenschein-Augen, die muten *spürbar*.

Olive du, Viole, goldblank rußende Flieder zu Zinken
gevierte, fünf-und sechs-einander sieben-Zahl lappicht-
platzende, Spur-entkommen, Zitwer-hüpfend, wie auf-
pfropf-Zirbel birgt in Wechsel-lagiger Sprotschlund-
und Öhrtricht-Yhre richtig, eine Farbton-leiter auf-ab:
Reber Runkel Krebe Zumme Lebs und Krax-Sichel Praxs.
Wenn sie Namen, Wörter, Sachen, wenn sie -schatten,
lichten vor der stammelnden Wald-attrappe Ampfer sind
und Atrappe oder Trespe, die Trappe *aparté (partout)*.

Appeal, von Zäunen Parzellen seziert, worum Parzen,
ein ganzes Heer, Schären von Schmetterlingen, jagwald
treibten, – dieses Alles-miteinander, das große, einfallende
Kontinuum *clairobscur*, Beischlaf der Schläfe Welt zu
Stanzen, -fluren diskreter Stetigkeit *câret* aus ihrer Zierde
Zierat und *decorum, coudre deux* (Wände mit Ohren)
ensemble, Fingerhutung die gefühlte, *découpeuse* Nut
(sie kanns allein?) Nichts-Strich vor Entschwinden, die
felix culpa Schabe-, Schneide-, Stech-Gaze Skulptur.

Faltmark die Kaltnadel-Wälder, charmfarbene und
Pollen, Palette vom reißenden Grate-Duft der Blatt-
Lattiche, blaukalt ihre herblichten, barm-karflachen,
Glant-Karwannen Treppkarste (»jetzt schon«) Aug-
schär diese Ufer-fernen, Farntang-Tannen und *lavatere*
Strauchpappeln, der Meerwegerich und dreiblättrige
als Lavendel ist-ist, die *lamina*, Glattlappen und
Gabeltang-Zungen, Krattenzieher und Karlinger,
Trogtalschären und Kerbe-Günsel, die Zirrborst-Fäden.

Kroküsse auf Karneol-Haut Gaucher, und Gamander
Basaltrosetten, *Zist*-Rosmarin und, Hornmohn, Honig-
tau, Ysop ungefähr so geschehnisse Seetraub-eigen,
Aug-ästiges Tarsus-Gras, die Tragebutten, litoralen
Lorch-Krater, die wie Meeraugen waren schon und
Haarsterne im Fangtang und die Agave-Ägäis blühender
Tschilpen, Goldparmäne Hofacker die Gegenden Fries-
berg und Vill, Stiermoos Rateisere, Feuchtwangen und
von Loosen Braunsberge, die Premstall-Albern Wege.

Leegen, wo ich selbst gerne, am Lichttisch in der Sonne
sitzend, die Schalkschatten Augenblicke im Nacken spürte
Mai-warm, und die Schwalben, schwebten, fahlen ab vor
dem Taub-braunen Fels der Häuserschlucht, die Halbstadt-
versunkene Schuttkegel-Talare (mit Altarschaf) Regen
oder Blüten die Siebmeiler Schlehmil und Siegel (von den
Jahresringen her), Bilder, *wie wenn* im Windschatten saum
ist dieser lau-blaue Landschaft von Ausfluchten, und der
Mauersegler fittiger Verzeichnung, Herbst war *vor zuvor.*

Bulbilde und Strandbinsen, Blaupappel im April schon,
um Maien Klobkarde schwank, und spanwind vom Juni
schwank noch und November, Juli, Rebmesser-Kerben
und *râpure* Grummetsommer hinter den Blitz-Bilsen
Schnitten und, Radefädel kapriol, die August herabhingen
vom Lauben, Saum-eben baumelnden, Plümen und Raps
inzwischen, dem Schaukler-Gauk, die *rosa camuna*, Land-
Mappen, die haft-klaffsen Schmaltglas Zeisige über die
Schulter des Riesen ritzen-das, Füllhorn (und die Flora).

Falch von der Farbe Meeraugen purpur, grünlicht-grau,
Licht-blaue Folie einander vermehrender Liebfrauen
Hibiskusblut-Tulpen hybride und Mehlfesseln, Zinseln
als eine salfalbe Bartel, geraumhin verjüngten sich *dasselbe
und das gleiche* Deut an Deut, und die erzähleben luchten
Moirés, zusehends Nabelkraut auch Maraugien im
Mondbeeren Weißglut wie Marmara, und nirgendwo
ist Überall ein Abermalen (rundum-Punkten), den Blatt-
schaum aufs-Augespalt überrasch ragender Kronen, gischt.

Lorchschlügen Wellen brandender auf Gestein jetzt, die
Mergel und Striem-Riefen Runzelsalz bald Falt-ältlich,
und der Mondstein, der aufgehendere Mond scheitelte
entzwei den Sinnbildern Himmel und Erde, die Milch-
brüderlichen, wie einufrige Nachahmen, und Nachbarn
auch Karwendel, Stauphalden hochmoor die Schlenk-
Tümpel-der Wallsamen Lärchbesen Spirke, Waldmantel-
Latsche oder Seggenriede lot-rohde und Hainbuchen
wintern Reif-gefrierten auf dem Steg – Wort an Wort.

Die gamandere Gundelrebe Ziest, die Trollmond-Knollen
Koriander, Kohlrosen und Edelraut-Stauden Krokusse
Schopfkugelkrallen, behaarte Franslappen und Eintrichter,
schneeheide Aurikel, Spurten, Schlern-Häcksel, und
Rachenblut Soldanellen, »die nicken«, Habmichlieb-
Primel, und Silberwurz-Trauben, und Dickblatt-Lappen,
Trugdolden vom Sonnentau, und Rundblatt-Täschel und,
Fiederspalt-Borsten steinbrech, -klee die Kelchblatt-
Betonien tribüne in rankzarter Liaison und *saison morte*.

Silbreihern treu-reuel ein See von Seele, Gaffel, Seilen,
Halft-Augen, kleine Quillen röteln aufflächen und,
geschweige fortan, bewege-regt, sich-in-sich schnürte
ein Wellen jetzt, Kastanien, Trüb-nicht, hiebfestere Wand
an Wange die Tropföhren stichel ab als ein Ball-Netz
Ringelspiel spielte auf auf der Wasserflachen Tapete,
wo Zabel Docht sind, Damastlasur, und die Roll-Ellipsen
Grapregen Einschlack-und Schnurkelche zingelten
im Seefeld toppfeuern von, Zündhülsen Raquetten.

Auf lange Sicht siebeln wir die schnitt-luken Lider zu
zu vieren im Visier, die Sternensprache, Ähren-Häher
und Weiß-Weizen Zagel, Schwinde-Gitter ein Flecht-
werk oder Leingarn seihend und die Prophezeihungen,
ein Erdkreis ist als ein Sieb-Liebender obliegte den
Kursiven (*casus obliqui*). Aufflattern hochüber die flotten
Ufer und Böschen, und verzeichneten dort ein Grundeln
bewege, da Nebenschnitt-wankt die buhne Begebenheit,
Abende im August, ein Meeres Sprühen-die Katembleme.

Moortrocken ganzrandige Erdscheib-Veilchen, Priameln
abermal der rätische Väter-Mohn, Enzian, und Bärentatz
Mannstreu, die Narziss-tilde äsenden Wiesen, Etsch-
gletscher und Sternsporn die Holunder- und Kranweißen
Holdergold-Lilien, die Feuern und Blutwurz sind mit
blattachsel-Ruten und Fingerhut-Schoten stengellos,
mit endständigen Knopfhorn-Knoten, und Milchdistel
Risp-überlaufenen, Auwald-und Aster-Labrauten Affodill-
Trichterblumen, die Rogel-Schollen Unkraut und ›*zuflure*‹.

Und (»Auxo«) (»Thallo«) (»Karpo«), die Rauke wegerich,
Kletten, und Wand~wangentlang, das Kreuz-Tausend-
kraut, Waldtäscheln, die Schilpdisteln, Schleier-Kauz und
sintermale Störche schnabelweid, die jahrreisen Schlieren
Kranichfuß, Fuchsreiher, Birkenspinner und Schild-
Motten Wickenwidder und die Hadern, Pappellinien
trieften schwarm (und lump) kupfer-glucke Blutstropfen,
Eulen, Eichen, Streckfuß-Rosen und die Wind-nächtigen
Sichelflügler, Kriech-Erlen, Haselanten taffthang.

Ich sammelte Süßnüsse dir und Ohren-feige Ziertraub-
und Strauchalleen inzwischen den Zuckertannen halb-
Harz, mit ihren eßbaren Nestern, Haar-zart, Armhaft,
Krehl-Hacken und Scharr-Karrner, diese Schiebebühnen
(Katembleme) des *Thespis* Ofenfahrt, welcher die Liebe,
die Liebe, zum Theater, fahrend ja erfand, Ladegarden von
Sproßleitern und Schleppgatter-Lehnen, wie Worte, die
Wortlichter, Zierat-Schneider sind zu heimen, Taupelgarn,
und diese hier, Riffel, Krinnen, Ritze (Krock-Wicken).

Der Himmel über (den wissenden) Hügel-Wiesen spaliert,
das Bachstelzen und das Hag-fließende Gras, Haare Ba-
Babillarden, Taille Babiolen und, Glostern, das Apfeltal
verflossener Tonschur und Haar-schmalte Klein-Greben
die Bißblüten und Hibisküsse, Landkärtchen, Kolbmoos-
Tangel, Pfriem-überschattende Hybride, flaggt-Blätter,
wie Licht-Zwillen, die Sieb-timbern sind schon und
oktobere Wörter wie bald, Kosenamen Kant-an-Kante,
und zeitlos-gezeit werdere der Herbst eine Herde *Jetzt*.

Die Hummelblumen und Liguster, Kieferhonig Drohnen
Ficht-entwichen, Achat-Halden von der Ziegelfarbe aber,
Brombeer-rot, die helmen Flint-Linden Buchen, Trift-
gräser Oleander, Machandelbaum die Wolfsmilch, und
Wälder, Ginstern Weidrot-Rosen uferrufs und Ringel-
falter, Sandgrannen und Stachel-Kantilene Widderchen,
Erdröhren alle Wollweißlinge, und Kohlbohrer-Mandeln,
Kerbel-, -wirbel, die wendelbeeren Nachtviolen, Kehlen
die einbugs wuchten, Bausch-Wulst-wiegende Bildereiter.

Wellerwände, mit Stäben, Strohsäulen und Lehm aus-
~aufgefüllt und tausendschön Guirlanden, die geländen
Wachsgewächse oder Schnittblumen Fuder-der Stroh-
rohe Geruch, von Grünmahd-und Herlitzen-und –
die Haar-strangen, bärdillen Einwände und die gezeiten
Ozeane – Zimmern von Salweiden *morbleu!*, und
Mirabell schwalb-halbe Bartgründel Antiefen, Eisvögel
die Salchen und Rostbinden perlmutt, Netzfall-mantelnde
Trossen, Nesselwang Heck-Sprenkel-Taue (Duchten).

»Es-ist-Abend«, als hättelte Tuff und *coudre deux* (…)
das Meer ertränkte bald Gesche~nissen und tritt-blind
ein brinker Sichelmund das Licht-Dichte vom Wort-
Wörtlichen ab, und Schritt-ab britschte Häufelpflug
ein Brenntraum *focussiert* zu Bilde als von Rotalgen Ab-
schnitten ihrer Welt in Etappen einer Tat. Und Sackerlot
die Klüngel beerenrot, und vom blauen Lorbeer loderte
die Luft, (»jener«) dieser lab-Abende, der O~leiberne
Rest geschweige denn bis daß Tod und Torheit – dorten.

Etepetete und die reigende Narretei, und Knallfrösche
die Prinzessinnen und Menschen auf der Flucht vor
Fluten-von (Frauen, die lachen, Männern, die weinen).
Komm, hör sie sagen, gib die Hand dieser Handlung,
und nimm behüte das lesende Wort, sein Ort verkehrte
Welt-in-Welt; auswendige die Geisterreden, die Specht-
löcher, die tobenden Stürme und – zieh die Mütze auf
aufs neue, ins Mondgesicht und wechsle schrittlings
von der Stelle stak-schlag die Sohlen links-rechts

rechts-links zueinander Takt~tilde vorbeiziehender
aber, lebender Bilder (treibten mich), und wenn ich
wiederkomme, und alles Herde, der Rede Herd hüten
und *focussieren* jetzt ihre zunächste, des Schlafgottes,
Stadt (*Pasithea*), in ebener Umgebung, eine Straße der
Höfe, die den stillen Weg Schnatgang weidekreuzt
und orientierungslos verfacht, die Schritte widerhallen,
das Frühlingsviertel der Namensareale, ein Hof
um den anderen der Erinnerung, der Gegenwarten.

Worte in Wellen-den Perioden und Schlag~seite
Schattierungen *jalousie*, die Brechstrahl-Zahlen und
(diese hier) Nausea von Wort-für-Wort ~brüchigen
Schiffen, Schneisen im Eismeer vielleichter, aber ab-
~gebrochener Rede, – des Meeres und Schollen der
Erde, Rede, Bühne (Orte der Kognition), und treibflut
die Rogeis-Ereignisse über und überschlügen sich unter
sich, zügelten Waagehals, und weltgefüge
                    (Bilder, die wie gestochen sind)

Der Ankünfte, der Umzüge und weichbildenden Zünfte.
Zuerst, ja, eilen Weilen herbei und dieshalber sammeln
sich oder haben statt, bilden Namen, neue, Gruppen,
die sich figurierten in amorphe Häufungen wie Hand-
reichende Handlungen, feierabendlich tanzten die
Stadt-freien aber, durchwürfelten die Lüfte, Hunde-
bunt. Und ein Hof der Verführung in den flach-
Grachten der Weiler, aus denen ein Bach vorbricht
oder sprudelnde Rede, scheu als ein Zitter-Aal.

Und ein Lichtheer Konturen-los fällt leuchteinwand
chas-schattengefreit, am Gestade zur Stadt. Bindsel,
»wie Maler« (»jetzt«) verzeichnen sie mit meinen
Augen kleine Ohren, schneiden Öhren auf schlafende
Haut auf~ausgespannter Ereignisse, wie Schläfen-
die ich berührend nicht-berühre, um nicht zu wissen,
wovon *nicht* die Wörter *nicht* aufhörten den Sachen
im Verhalt, ein Blühendes *zu sein* als sei ein Land-in-sich,
wo Nacht ist und ihr Doppel, inert ist Erinnerung.

Tross-Rochen und Stechel der aufreiß-reihenden Gegen-
wart die Reimzahl Überwasser, und die Tauchhäher
binsenweisen Garben, auswerfen und verankern Eich-
baum vom Sand-Mandelholz und die Schären Halb-
hauben. Auftauchten jetzt aus und der Ebbe ebener Fließ-
wasser (»erzähl«), diese flüssigeren Wissen als licht-blickte
etwas-wie, dein Augeschnitt und ich (»erinnere«) ruderte
ab die Klippen (und ruderte vor) Feldschluchten der
rudergat Gedächtnissen Tiefsee aussparre Fugen zu fugen.

IN VERBIS, HERBIS & LAPIDIBUS, ich winde einen
Rautenkranz von siebenden Blumen, beschrieene,
Brachäcker von Schutt-ist, Mond in den Segen,
Milchsträußel und Weibereis geweiht, in sehn-
endlichen, Meeraugen erdinnern, nichts ist gegeben,
rundundere Fünffinger und neun-lappigte, Saum-
umsägt coupierte Blätter inmitten Blütschilpen
von der Drapp-Farbe Falb und Immergrün, komm,
wir waschen uns im Tau-grauen, Morgen-Blau.

Und die Blumen, die wie Worte, sintern, ausziehen
von Erd-herbem, -bruch, nicht Goldmündel Schmiege-
~geschnitten eisenfrei, nicht Abkupfer, Stichel-Maht
und Heu – heute auf den Farn treten, ins Garnwach
eingehen, Silb-siebend, von etwas absehen, die kleinen
Ösen wangten Nacht-entlang in der Umfriedung
einsaum. Abklopfen, Gefängnissen – *Hegemonaden,
Pasithea* – mit den Gedächtnissen murmeln, und das
Felsenfest verüben, über~zeugen, wissen diese hier.

Winzige Lichtbringer klebten an den Flocken und hüllten
sich-in-sich, Schweigsaum die Gewißheit formt oder
verkörperte Schreckgestalten, Kletzen, ›ich kennte euch‹.
Sie lebten ein Leben nach dem anderen, Begeisterung
(heulte vor dem Schlafenden sturm), und lachte wach
terrain und kein Wort (kam über Lippen), und der
wiegende Gräben war Kindeskind der Brustkorb seiner
Mutter, die umarmte, ohne selbst zu wärmen, ihr kaltes,
wunderes Gewesen Buchshorn. Dürreweis von Klumpen.

Fußtritt-abdrücke der begangenen Erinnerung, die
den Stein aus der Klaglage bringt zum Schreien,
in Stimmen ringelte die Rage geröll, des Rasenden
Gras, die rotblühende Weißkladde, auf Trift-gründen,
Weg-steinigte *trojziele*, Schamkraut die Schaumkore
Wund-wunderbare mit ~blauen Blättern labial und
tot-rotem *lumen*: sie flößte ein Flamant, Lab-laue
Lippen, macht »Dach und Fach« vergessen und versetzt
und fächert überrasch-raschelnd, wohin man will.

(»Wohin«) (»denn«) (»ich«) (»du«) willst auf Irrwurz
treten, Augenblicksgöttin, allweilend, die Arme vom
Schatt-abenden her (Marmor-weiß), das Zweite Leben,
allenthalb sein Entzwischen, »sprich«, Redeis um
Pfriemgras zu sehen aufs Insgemeinte, bangt-Anger
Sumpf-verpflanzt, die beeten Schlucht-Fluchten und
Gracht-nächtigen, Wegewarten, überwach und Fluß-
kiesel, Steine, die schreien, wachsen, Dohlen, die
stehlen, Farnsamen und Augen-die okulierten Seile.

Strunkbäume mit Billeschreien eingefroren und dem
Lärm der Jahre jagend. Und blickflink die Gespinste
wickelten sich Windelwind im trockenen Heerrauch
welp verspielt, als ob Scharen grimmiger Kälte und
baldiger Gefechte, aber aschen, keine Glut vergießen.
Überall jetzt erscheinten inskünftige alles Funken,
Erblindlichter-der Spukzeit und geistern vielgestaltige,
und in Verkleidung, Spreu am Boden verstreut, und
über den Haufen Schur-die von Herden transhumant.

Steig-Leiter-Zweige wie Flügel, in fittigen Klopf-
nächten, die kopfligen Ähren Risch-zähliger Grant-
grannen, Dreiklöb-Knoten, Mehrlapp-Blätter und
Laubbüschel, schau-blauer Rittersporn und ›Rösel‹
Drosselbart, die Leifstake Schappschar, und Perchen,
Blumen -brechen, ihr Wort Beinwell Trud und Reben,
Reben die Schnittlider redeten *insomnium,* bluten und
Sporade, Schotterblumen, Hufblattlattich (nimm mir
nichts), Widertat-Häuptel (da ich ein Halm war).

Wortkraut rauschten die Knaben Wachsamen gestreu
von Schwarmblütlern Luft-auf, Poppel, Beifuß, Frauen-
schuh (»-schuh«), die Rude, Polei-Raute Eferich und
Negentkrafft Spiknarden, Kattensterz-Flachs und
Absudel vom Ziest, Kamillen, Zerbst ~kranz Dorant,
Hatheu und Dost-weiße Heide, der Gold-rege Frauen-
mantel, Risplippen, die abblättern und fielen auf den
Trocken-gras-Rasen, Rainweg-steinigte Orte mit kleinen,
roten Blüten vom Juli bis, Oktober in Mitten, August.

In den Zwölften notierte ich eine weißlich graue,
graphitdünne Dunstschicht überhimmel, der Sturm
lag schlafend. Dicht am Horizont zog ein dunkel-
grünes Lichtband, von Loder-rot versäumt. Hutsam
tönte sich die Hauch-graue Atemsphäre, Streifen-
weißes Violetts, darüber mildlichtes Karmin, Zinn-
ober und Karneol. Das Graue Rot purpurer Rötel
darauf, umspielt von Glander-Stabblumen Flimmern,
die in Rußblau übergingen, grünsilbern und Glast.

Würzirrwische Büschel, fünf-ährige, Zispel, Horste,
was *zu* zu Sange kommt, Auglust, -sale, Sperche, Maien,
Lidsträußel beiruf-hufend, Schimmelgrau, wo schaubare
Bühne ist (»dieser hier«), Weltumarmung, und Bohlen
vom ~trunkenen Schiff dauben und ein Name wie
Kastanien, einerlei Welt in Verhängnissen von Nebel-
Regen umgarnend, nicht Tau noch tausende, Tropfen,
die im ersten Licht jetzt die graub-braunen Augen
wölbten als ein Morgenbogen Flutlicht (tagein fällt).

In Farbanderem sich-in-sich erbricht Arnika am Himmel
und Pupillen, die wie Mand-Sandelholz und trübgrüner
Salbei, Labrauten, die lodern, flammen, mehren noch
die lodernde Wärme von Mutterwutblumen Falbpalmen,
Handwurzeln, Wort-wild und gestrüppe, Getreide,
Leiten, die brennten jetzt-jetzt amarant, Haselrinde
Kringelblumen, und Edelwild (und Weißmuth Brinte
nicht) Karwendel, brohe Kletten-die *calendula*, Kamille,
Kresse, Aprikosen der Rosenhofs-Gärten.

Wichtelhalm und hall-halden, matt-grünende Andorn
und Marmeladern, Borretsch, -farben, die Farben wissen,
morgenrot geschnitten von Finsterlidern, Hand, von
Hand Wessel gepflückt, gebrochen Wort-für-Wort,
Augen-Wermut und Singrün basilisk, den Mohnmond
brennender, Liebe die, Himmel-treibender Wörter
(»Verbascum«), wie Königinkerzen, Rainfarne, und
Minze, wo Minze sind, Grummonate, Heimgärten
Wulwalei, und Morgengrau Manns-treue Krallt-Male.

Rauchlinien ummantelten Aug in Meersaum die-die
Gewahrsamen Ereignüsse zu Schot-wickem Nickgras,
diese Schlummerpflanzen des Nur-Schlafs, und die
Hüpf-Hülsen der Springkraut-Hecken und Trocken-
moos-Kissen Wundkletten Alfsrankel, Klettboden,
Geschwisterblumen und Brotklee, Reifeis, das rauhe
Wielen, Moose und Ahorn, und Kümmel wieder die
Kamille, das Hufblatt wegetritt und Flieder, Frauen,
Flachs-Lachen in deinem deiner Augen, August.

Die Netzhaut ist aufs Äußere gespannt, von Einsichten
flog-loderte ein Feuer-strahlendes Bindsel-Garben aus,
glimmt-bricht sich im Eis der jetztgeraden Blicke, da
habe plan *coupiert* sich ein Blatt andacht eingefacht, sag:
du sollst keine Bilder, Nebenbilder stellen, Nachbilder
vorauf aus zu Schwärmen, bildernden Pünktchen, die
nebenschnitt legiert erscheinten und überschatten
– Herde, Ringe, Augen – Verzeichnisse, die kaschiert
vermummten, Dinge sich-in-sich verjüngt zu sehen.

Hornbäume, mit ihren Hirschkolben, Wurzeln, die
nirgendwo erden, das Mauerwerk spalten, sprossen
allenthalben grünt die Stadt überhin den Ding-
umringenden Begebenheiten, die sich hierin, den
Pfahlbauten entzwischen, nicht ereignet, zugetragen
– habenicht. Kein Ort, nur Ahle allenthalben doch-
doch ich richte mich selbstredend ein. In der galeeren
Stadt der Ruderschläge taktvoller Boote die zu lotsen
ohne Sinne doch abermals, was? passiert ist passiert.

Meteorite Schatten der Wörter, welche Licht Nicht-
Licht entschneiden, zwillen, weil sie auch im Wachsein
forträumen zuhauf. Ihre Abblätterungen sind nur
zufallende Stigmen, Male zu Malen der verzeichneten,
Welt in der Welt; – Marken, Muster, Wurf, Wahl
können Bildnissen entlarven und nach und nach,
Lidschnitt, entpuppen, daß sie aus der Riß-Rind-
inneren Welt in die Kerfe gehen, Kniee der Tornados
peitschend-weiß daß die Kreisel spillten, verwandelten.

Laut in Licht, die Demeter huldigen, Heumonate
der Tenne, mit weizenblondem Haar, mit strohgelben
Füßen und Blüten-weißen Bilsen, wie sie türmen, sirren,
den worfelnden Schnittern hülfen im Wind, von Spreu
und Körner scheiden, Wirbeltrichter, Würfelaugen der
Kanevas. – Dein Wissen ist süß, hehrbeere Mirabilie,
Wortkraut, das reiche Trüg-früchte süßt, dein Wissen
ist süß. »Laß mich«, Geliebter, »deine Stimme hören«,
denn, Stechuhren inerter Unruhe, »geliebter bin ich«.

Und wenn es tausend Stäbe gäbe, ein jeder Blick flieht
im Vorübergehn, schlug Gittrigkeit *Revers* der Migration,
und die Runde ging ein Jahresring und ~lauf (*to observe
the obverse*). Und aus~auf entflattern die Züge-Hügeln
Vogelherde, und Wolkenschiffe gefiederte, Fittiche
und Vögel, wie Flaggt-Fahnen viel, sich abkapseln,
mit Fenstern, die ihre Radien überstreichen über ihren
status der Vereinigung hinaus, und Namen wissen,
Namen *sind*, sich ihrem Landschaft anverwandeln und.

Und über den graublauen Himmel auflöst sich ein
Haarstern (»jetzt«), und vergrößernde Schneeflocken,
treibten kraft Widerschein umgaukelter Sonne, die
im Schwirrlicht flatterte als ein blasser Dunst von
Schneebienen, -hühnern, und immermehr stieben-die
bunttreibend geflügelten Wörter, die nicht gefrierten.
Ein Traum (und erst das Alter) würden dann mich
zurückspielen in die Kinderstanzen, und über Nacht
deckte mich ein Schaudern einfalt, »ja, so will ichs.«

Ich *muß* heute noch den Eisberg treibender Schollen
hochgehen fort, um obenauf die Kniefälle der Kinderjahre
zu verbüßen, Auge und Ohr auf die gefrorenen Seen
legen, und wie diese in tausende Stücke springen, so
gleich und gleich, als die Kunst einzuschlafen ist (war).
Unter dem Schneegebirge zählte ich hohlsaum die
Städte und weitum in dumpernder Tiefe, – *alles schläft*,
scheinte nichts, regte sich, und ganz in Weiß verlassen
Gegenwarten der in Aschensieb gelegten Sachen.

Flachland müsse anderes Gestern blicken, als Hügel
ein enges, tiefes Tal, die Hohlsaumstrahlen, als ein
gezogner, sich-in-sich zusammenziehender Mond
punktum die Welt versieht stoffieren, Bilder, die wie
gestochen sind, ausgespart, was nach und nach ein
Auge – ergattert: Geschehnissen und Finsternissen,
aber es fühlt ein lichtes Maß spaltbreit, Land in sich!
zu sehen. Keine Augapfel, aber der glänzende Schnitt
des Auges, seine Hyperbelschatten von Alleen.

Im Hin und Wider der gezeiten Tun ums Tun verschollen,
im Observatorium delogiert (vom *logos*) abgekapselt
Raum *zu sein* zwischen den Jahren, unter vier *casus*
fakultiert zur Stunde *incubus*, und durch Würfelaugen
vierundzwanzig Stunden-Fälle -stanzen von diskreter
Stetigkeit. Umgeländer, Landschafte, Ausfluchten (und
diese rundaus sichten, Fluren Fugen). Ein Richtscheit
steht im Gebende-Seil der Treidel aeroplan und handelt
überfracht vielleicht *augur* zur Vogelschau der Flugreiher.

Und die Rede übersetzt sich *freien Fußes* selbst: in das
leibeigene Vokabular der Migration, *»words like birds«*,
ohne erst vom Eiland *weiland* zu springen, auszuufern,
sondern *überblicks* nach Ausfluchten der auffächernden
Landschafte auszuschauen, hofft, *ins Offene,* wie bald
im Gesichtskreis (und Jahreskreis) einander beide, beides,
verflichten *und* überwinden, um abermal von einer und
derselben Warte, hin, her und hin, diese-die scharren
Gegenwarten Schreitfuß einzufächern in Gewahrsam.

Doch die Finsternisse teilen Mauerschwalben entzwei
daß ich, vor dem Einschlafen, farblicht eingehe, wie Flug-
vögel, in den pigmentalen Raum der Rede, und doch
stagnieren vorauf Sicht Weichbilder, Stand-Buildings,
als da ziehen, und sich sammeln, zuwarten, vor dem
großen Aufflug katamaran, die Drahtzieher und
Haken-Schnak die Büttel- und Häher, die Hockvögel
der Warten, Stelzen und Krallt-Rallen, die Ruß-gelben
Drosselgrauen Augflügler, zu Schwärmen-den, Spechteln.

Durch die Gestade zur Stadt hin ankommen Storch,
Schilfreiher, Schimmelreiter, und das Brockengespenst
und der Sonnenhund raufen und tummelten sich legion
in wilder Jagd, und kleine eisklump schwirrende
Abblätterungen wollten in meinen Leumund ringel-
dringen, um ein Versäumnis nachzuspiegeln, und
die beinahe Erde, dieser Achsenherd im Gerede, griff
auf mich und ist mir entfallen als ein lodernder Staub
in Taubheit, Glosen drehten sich-in-sich um Rede.

Und schon fluchten Farblos-das der Abende von Luft-
duftender Hortensie und gemalte, Wasserfarben, Pfuhlen,
Wolken werden ›weiß nicht‹ sein, der Himmel hinter
den aug-Litzen nicht taub, nicht blau, und der bausche
Regenbogen nichtfarben – *bilrost* – ausgemalt. Was
schnitt den Unterschied, daß weiß der Nebelbogen zu
erklären ist, daß der helle, hyperbolische Himmel, sein
untermalendes Meer schon weniger ›zu wissen‹ ist und
die Weiß-Wolken überfacht nicht zu verstehen *sintern.*

Heimchen im November, Wind- und Reifmonat, was
durch Siebe wächst, Gras. Was durch Sprachgitter tönt,
Moiré, Damast von neunerlei Bäumen, Buchstaben, Weiß-
flüstern der Wände über Wochen, Monate, die Dinge
haben ihren? Namen einzulosen, ihre Patina abzukupfern,
Wort für Wort, Aug-aufpfropf Äpfel die Fiederspalt-
Blätter und labiale hage Flieder butten, die im Oktober
reif werden, und mehrbeere Lichtlilien, das Hofwort,
Rauchbuchen und Hätschepätsch, die Buttelhies-Rose.

JÄGER IM JÄNNER, SCHNEE. Überschau *à jour*, das
Lichte maßgab diese hier, Heimkehr der Waidwerker
Beutheie Heideschnak, der Lärm einer Wiese gefroren,
und aus der Stille des Niederwaldes, »sein Blick ist«
hierin nicht gerichtet aber, bewegt, vom Rudel ent-
wederndes Geläuf, die gefährte Spur, und die Schritt-
vor-Schritt gestapften Heimwege der Jäger, Leuchtherde
Hunde wie Feuern, Stroh und Schilf, vertraut zu Pointen,
das durch-und-durch Schneefall malweise erscheint.

Auf, auf zum fröhlichen Begeben unfern, ein Herr der
Erde unter Herden, Christus im Stall sei geborener
als Kristall einer Mandorla, das Kind ist unsereins
Druse, und allerwelt gleichsam eingeboren, in Mitten
sintern, »zur« Hälfte Nacht, deshalbern erscheinte
Taglicht schon dumper und Augen, die davonjagen in
wildstürmenden Bildern, Stimmhöhlen, Fluchten fug
auf Nut, zustande zwischen den Jahren, »es geht so«,
weitüber gebieterisch den einufrigen Jordan ohne Limit.

Völlige Fusionen malten Strahlen waghals in Wolken
gold rege-die wie Bahnen ihrer Licht-blauen Umrisse.
Striche, die irrwischen, Zwerge zu Besuch (und ihre
Bewirtung), ich werde Äpfel, Nüsse, Feigen in den
Ofen werfen, um mit den Schaften Seilen zu speisen,
die Peitsche schnalzen, um sie zu treiben. Wer Kerle
sehen will, muß auf deren Hadern gehen, das lichtgraue
Trikot, ein daran befestigter Gesang von Buntlumpen.
Die Spinnerinnen sperrten ihre Räder, ruhte der Werg.

COGITO, εργω. Ich bin ein Du aus deiner (»Gegenwarte«)
Sicht in Sicht wir hätten deine Augen und, so gesehen,
halbe-halber eine Welt. – Und die Nacht jetzt -fachte
punktum, trügen nur die zwei Gesichter vom Licht
verblichen, ungerade Tage blühten noch und noch
gelinder, die Dauer im Tau und das Tausende leucht-
feuerte glimmern inwändig nah, nach ~allenden Farben

      – »jetzt« –   (jetzt schliefe ich ein)

(»Jetzt«) jetzt hing herab -schlaff und als ob eine Kordel
pendelte schwank und tork-doppelte ihre Lagen strikt
zu gefallen akkurat. Und der Weg von Bewegung zieht
oder zierte sich noch nach Stunden, da bogenwog (schau)
eine Kurve Saum-an-Saum *contour*, das Zierat decorierte,
Traktrix, und entkomme zur Ruhe-gelassen im Doppel-
punkt *Trictrac*-springender Syntax, nichts ist Geleit-
~entgleitet, und nichts von vor-Augen eingefacht und
Fluchten decolletierte mehr denn wärmendes Moiré.

Dieshalb (»schau«) ein Erdkreis überwirft in jedes Bild-
weich seinen Schatten nebenschnitt und guillochiert
reißauf, wir untertreibten Werder und gern Herd-über
räderndem Gerede etwas wie überraschen allenthalben
Male aufs Mal, und den Rührenden arrondiert aber
(»Zirkus«) Zirkumstanzen, beide, Knie der Kindheit,
aufs Davon eines -stehen, gelegen, endlich die paar-baren
Füße im Spuren eines Spuks, überdies gedritte Beweg-
gründe gleit-treidelten als in halber Dergestalt.

Selbander gingen eins-und-ein Gespinst um von Spektren,
ungeheuer, auf sich zu *zu* gezählt und Rede entschmiedete
in, rundum gehende, plane Realität. Binn~innen sind-ist
Gegenwart gefangen und gefaßt in einem – Kettenhemd
des Seins – Gedankenzeichen

                                (Selbanderm) (Schlaf)

    (Selbanderm)   (Schlag)

Worin sie zeig~seigerten im Tau und schleiern, farn-
gewahre Marionetten, und Nornen *de profundis*, plurale
Allenthalben, grundauf trieb~ebener Tribüne so gut
wie nie spielt, die Herde sind ihr Zeitvertreib spalier,
der Rede Werth, was Welt und ist kein Wunder. Füllhorn,
Mohnkranz oder dorn todlebens, weitstrahlige *coronis*,
so wahr sei das Gemachte des Gewahren, und, Monstranz
im Moos-gesprengen Lichtlos dieser, des Schlafgotts,
Stadt. *Hypnos* und gestade *Pasithea* (Poemanderm Schlag).

Die Wiege-Ginster und Wundklee die *heuren* Schlehen,
Grannen, kosbeeren Moorräste und Limb-Häcksel,
Perl-binden, Auge~blütigen Weißdolch-dolden, und
Malvenfeuer, feuerig, mit gilben, kornellen Gauchkolb-
Flammen und anderen Worten, Zungenblätter Laut-
zeichens, krause Würfelbrett-Flügel und der Waldspiel,
die klebrigen Fäden, Fäden und Feenvögel, die federleicht
vielleichten, und die spalieren Staudern zur Stadt hin jetzt
gestade, Zinken, Fluhwolle, Galmeigras, *lana philosophica*.

Diese Luftschiffchen Aufschnitte, Risse, Ausrißschatten
und morchen Wünschel Sieb-Silber, wie Augenschlag ein
bildernes als Bilder sind, Abschlag~schatten von der
Wand, unkraute Ziefer, und Kerfe, die blauen Lobelien,
Hanf goldrut und Senfkorn, die Astern, astlos, und-und
Strohrosen vom Korbblut, Lohen, Flockenblumen,
Garbt-hängende Gärten, das graue Bitterblatt haptisch
und – *hetschepetsch* – gehege die Schwermut der Schwert-
flammen Zornform, Wundglocken und Zinnien.

Die Zergliederung noch und noch der Geziefer, dasselbe
vom Kerbholz, und die Schnokenrauke, Stieglitzen und
Brachdisteln, Weg-Wicken, die Ameisen Raupenkraut,
Rispliesch- und Glanzgras, ein Raupenlaub-lebendiges
Gespinnst, nestwarm wirrges, falb-halbes Gewebe, die
purpurdohle Raubraupe, Laune, Grillen im August, die
Lichteinfälle vom Juli-die Juninacht erinnernd und
Schnuppen Gate der pluralen Schur, das Wachen im
Wollwind-Nachen der Rosen, Bachkressen Salbei-Wiesen.

Und die Rapunzelwurz, Rüben-rot und wie Marillen jetzt,
Spickel und Rebkresse, die Weinblume, die Taub-Trauben
und Waldglotten ringelot, Zinksalben der raff-giere
Abklatsch vom Mohn, Baum-wunde Rapiate, Rubinien,
die Nesselkelchen Krappen, Sonnenwirbel, Nieselkarp
das kriechende Geißblatt, die Liebsamen, Taus-Hirtel-
Schnurren, Blick-nickende Kranznelken (jetzt) und die
brennende, die Liebe akelei, der Ansporn, die Süßgräser
und die Gras-Akazien Hagel-schmalen Landstriche-wie.

Schwanklilien, der Frauenschuh, Ohrweiden, Kreuzblut-
und Knabenkraut – wie Heufalt-Bräunling das Orange,
die Pfauenau und Felsenfeste, Pupillen rotscheck, wiesen-
feil, die Mohren silbiger, und Silberstriche, Blaugras-
Augen und Trostwinden, Steinklee, Heide-Blau, Wander-
Blau, Steppschritt-Ähren, und Goldpunkt-Quendel die
Sumpf-Färber dreierlei Steine auf den Schlafmatten der
Biß, daß ein Tod jetzt, diese Dreifärber, Blutstropf-Opfer
im Glutschatten vom Schnee-nicht und lichtweiß *Gestern.*

Im Stroh oder trikot von Blütenstaub, der Lattich, die
Huf-Rufe der Lämmer, und Lanzelot vom See, die
Glandern glühweiß und das Wellwasser, die fließenden,
streich~Zeichnissen und verschmelzenden Bilder (die
vor dem inwändigen Auge unruh vorüberziehen), Sporn-
blumen auch und der Wachtelweizen, Koller-Dolden,
die Rose Meerdost, Wiesenschaum, und Schönlaub-adeln
eine Lärche, kleine, reife Galläpfel und Blätter, die-die
entfallen, tollen, aneinanderlegen, Welpe sind und.

Dornichte, lanzettliche Staubblätter und klammheim
klebriger Tragant, Spierstrauch- und Rüsch-Büschel,
Garben und Ragewurz, Braunelle Wink-Nelke, Licht-
kraut-Splinte, Hab-hechel, Maßliebchen, und Schuster-
schüssel Pusteblumen, Kersten, Prasselbeeren, das Heu
in Häufchen legen, Gauchacker, Kreuzdorn, die wehrgen
Faulbaum-Strauben Krall-falt, mit ihrem sparr-harschen
Astwerk, Lichtblühen der Weißmier-Sprossen im Frucht-
Gehelde interimen *festoner (par-impar)* zu zu zweien.

Wespen, Lotsen oder (»Telos«) das Lanzenkraut, der
Ampfer, das Ufer flußspalt und taub-tausende Namen
nachtschwarm, *elle m'aime*, Wegerich *un peu* und
Margueriten *beaucoup*, die Wucherblumen, Wort-für-
Wortblumen *par fantaisie*, Zinken, Margueriten wieder
die Lanzetten und Eiferer zelot, Freier die *par jalousie*
und, *pas du tout*, -beifalt flieg~liegende Brücke, *Pont
des Arts*, über Schwärmen, die schwärmten

(»erzähl«)

Zerschnittene, coupierte, von Reb-Gräben Einschnitten
unterbrochene, gegende Landschaft, da (»solches Wissen
ist Frevel«), wir lagen im Au-Gras, Sagworte, die sich
überschneiden jetzt, Linien einer Hand anhaltender,
saumseliger, Gängelgang von Andenken kreuzüber
anderen, wehen, Schartschatten im Spalier der arealen,
Erinnerung sehe ich die lippt-silberen Apfel der Anmut,
eschenloh, welche im Waldarm schläft und noch, Schaft-
stammicht gedeihte, Böschungsschraffe Allee geschweige.

Worte, wie Zinkblumen, Pausen, die aussparen, Augapfel-
vorfälle und Stanzen, Schriftstellen, Schnittlachen präg-
saum durchzeichnen, ausbildern, absichten, aufleuchten
einhellen und *umbella* die Schopf-dolden Klatschhändel-
Drucke baußen, binnen die negativen Insignien und –
mon lieue – siebenmal-malende Fußpunktspuren wie-sie
Farb-*maillen* wegebald, *cordillere* Fanfarne *impacience*,
Springkrautgelbe Balsamine Ungeduld, ›Rührmichnichtan‹,
Hirschmelde Wolfsmilch und-und Strichfarn und Grante.

Einspalt die kerbe-*rougen*, Liedwund-Zeichen Garn-
mohre Zierungen und Amorphe, Eiben und *marble*,
hähere Schär-Ecker und Eichenkraut, Eichenmoos,
und -rose, Rost~mispel-Wespen, Eichtal- und ~gallen,
das *coquelicote* Feuerrot der falbadern Krallstab-Gabel
Dreizink mit -rillen Forken, »Heiele« Kümmel-blind-
staffage stapfschwart und -birke weißblatt zeigten Blut-
bilder vom Bruderbrot, die Loterde, dieser Schürf-tiefe
Rufwald Frühblau und Matt-Schlieren, die hängern sind.

Die Briggbilder-Stöckel, Pilzbildern fortan und vom
Nachen schwank die Gondeln und ein Lied um den
Meermund, Saum-geboren, im Chor von Alles-voller-
Augen, Flügel-spreit über die Himmelnden, die Flug-
strauben, Spor-Schirme Lamellen, Welt~beeren, die-die
den Tag pflückten und Maulbeeren, Sternmiere, vermehrt
wie Gestirne aggregieren, zu Tagen, auf-Blättern, das
Jahre währte und begehrt mit seinen Wasserholunder-
Schwelgen Rostrot-Knöpfen mustern, Kleider-Lein-Wand.

Hinter den Moor-Ohren Lischeln, Sporader, die vom
Pferch-Stecken der Rede (ich kann die Sprache riechen),
und Talgtage verstrichten im bausch irrbeeren Zierlicht
der Au entzweigen Los-Wiesen, gewässert und klaube
Heiter, die Fuhr-abende voll und Riede, Pappel-alb
Zwiesel und He! Hott, Atzel die lorrinde Mooskuh,
musperl-ropelte der Iprump, Rohr-dohle Flußdrossel
Zierde Nacht, Gall, Ackerpfeif-Reihser und Sperlinge
Engelstein-Wand, Schilf-dich, in Büschelschiffchen.

-zink und von Blindheit geschlagen Spialter in Stein-
Licht-blende schimmerndes Auf-Lichen, dieses *Weißt-
Du-wieviel-Wissen* ungezählt, an der *catenarie* »zu sein«,
Seilte im Sein, Verzeichnissen, die wachsenden Halb-
monate, -wimmten, traubton fließend einer freien Hand,
zu verfassen, als ist daß die Schrift zugüber-zeichnete
Haar-birk-Kehlen und Graub-Erle die steinernde, Kolb-
hohle Mandel, sage mir, Druse, du? Graswebe-wie
Kardätsche Langschwingen und Sparte Grobrot-Motten.

Von Ziernisteln und Erde~doppelt, Zwirn-werge Lägel
und Kettfäden Nocken zu Laubfallen Pflock-Locken,
Bau-Schlippbeere und korones Wogengras, sahern die
Schwemmtfelder Nöpel seit im September schon und
erstmal nach ergangenem Schnee-wehe die Wettelweich-
schneidenden Winde, Schaukelpferde Unterrede eintrat-
entsprochen, und mit Huf-heißen, Zeichen ›Sacherach‹
entsengen, mit ihren Schwarzruß-Füßen, Fuder-rot-
Loden und Glückwies die Asch-Sommern Glosen.

Schame Körper Topinambur und halbe-halber ganz
(das X für ein U, das die Gerade teilt K, K wie Kate, den
gehöften Hof) *Garrigue* karmin- und die Jasmin-Igel-
Winde Furchpflug und die Schilfkiesen Sumpfmyrizen
Ikrum, Jper und Heidelerche Rohrdommel wieder,
Stachel-Berber, Blaurack-Äcker, die Erde~beeren und
Kopf-Knospen, wie Kalville im Winter, Kranbeere die
Rauch-rauten Rüsseler, und die wie Käfige voll Kerb-
Käfer und Knoten und Rußhecken Schmeolde die Burzel.

Und Holztrespen katamaran, Wollgrasbinsen, Spillinge
und Zeilant Stablibelle Spelzen, und Baltische Schildfach-
und die Kamme kattun, diebe Mantis-Maden, Krillen-die
Traubkresse Hauhechel aber
                                    das Jahr macht die Ernte,
nicht die Hand-habe, das Gut, das niemand weiß, und
nicht der Acker (der Abgrund) Narbenfarn die Farben
Amber, Cacheron, den Bernstern Pfebebaum Galgant so
Schwefelicht die Gladiole über-Wasser, *Garde-vue?*

Muren und Wiesenwicke teilen scheineigen spaltbreit
Zügler-die Tagfalt, Nachtfalt Welt-diese Farnfarben
weilder und Hauf-tausender Spellmen, die zu Staub-
Bild-Fäden, schwirrten *jetzt*-jetzt, tierfloh überm
Gestrüpp Wildminz Öhren der Zisen, die Sternschnuppe,
Sezierde des Lebens, Zittertrespen und Zoftelrock jene
malweisen, Reif-Hieroglyphen der Schöpfung, die noch
nicht Geschöpf, geistern oder geeist sind, aber die Formel
zur Form in sich trüge-weiß haftelten bereit Reizkern.

Die einweiche Bildumkehr optischer, Inversion-doch jetzt
umstulpte sich-in-sich die inwändigere Erde in der Regel
auswendiger geviertschritt entzwei, sooft Noppzoten-die,
wie Blüten blühten und aufspreit schnitten die Welt-
kügelchen *monade* und Narben-Worte Einzelheit um
Zelleinheit placierter Welten, und wie Arme, arm-um-
schlingene Sternmeere, Miesmiere Unweiten, in Prassel-
falten Schoten die Pigment-Stempel der Klettblüten
Khaki inkarnat und verblassen Halbnaht im Knäuelgras.

Der armreif-Tausend, die fühlbaren Füße schlummers
von der Blutglut der Sonne, welche Abende in See sticht,
um wogegen Morgen, Winden, Rosenmund auf-aufzu-
kommen, Welt, wie sie Rakel-rage scheint, sei-ist als ein
Sonnenstich gravierender Spuren-Ornamente, ein Kleid
aus – *décor*, der Erdform angemessen – lichtzwangen
Sonnfädel~raden, die lohden und von Eifer brennten,
der Erde, Ton-in-Ton, die äpfelreifen Düfte her vom
Keller, Schoten und Augenmohn den Hort an sich.

Im Mittsommer anhimmeln, anfeuerten keinem Reiher
folgen, keinen Schwank torkeln, wie er im Wort-rotlichten
Widerschein des Blauen Hulst und Kien verlor, und darin
rot-orange Furchen zog gefüge, Segel setzen, keine Saat
zerstreuen, *oratio*, wie sie lot vor Winden treibt, in grauen
Wellen kilbt, nein keinen, Reim bilden, nicht Hag nicht
Attich, eineinzige Erscheinung bilde, findet, wie sie sich,
Ereignis, im Zusammenhang der Dinge halb-schlicht, und
sichtbar versiegelte insgeheim (vom Windgott geviert).

Geschicke, Abnehmen vom Fint~sinteren Himmel,
zu zusehends »diese‹ ›drei« jener Ketten-Komplemente
des Seins, eins um Schaft-Strackse einer Schaukel-Schau,
Ring-zergliederte inmitten zwirn und ruft sich halftern
ins Lebesal aufricht und trennte, teilte, spillte in Ver-
hängnisse dieshalber Spatel und *routine* dortgewandt,
und über das Dort hinaus begebe es, Pastell, nein keinen,
nicht die Fußpunktspur von Wegen – Wegzusammenhang.
Und ginge ein-Takt, Hall-halde, *cordiale* Liaison.

Weißgeißelte der Tauwind glut überland, Bäume
trügen nichtwissend noch immer ihr Unwissen -licht,
die Wegallee bogenwog sich Weißnicht und überdeckte
Wälder, Luchtgarten zu Schwärmen einfallender Zwenke
Dämmerungen. Und der Bärmuff, der die Wollhände
wärmt, die Pulverblumen dort verborgen sind Niedel-
beere Zitwerben, der Schachtwald apert Augerinien
baumelnder Schmälche Astwerks. Solange Altschnee
pappt am Geäst, festgefroren, ziseliert, folgt neuer, heute.

Harzaugen die und flohe Amarelle das Schlängelband,
aemmelnde Cedillen die, wie Einschnitte sind-in Amble
der Paßgang, das Spannende vom Zelterpferd, Dreischlag-
Zügel und Rede *cendrée*, der beidschattige Kannelkohl
und, erinnerst du (»aufs Du«) das Felsenfest der Zeichen,
die Spur-Gravur unter den Füßen, der strähnigte Nestel-
spalt, ruch die Lippenblume lockwuchs und Springkraut
der abenden, spang überwachen Klapfschatten, Gespinster-
schreck neunfüßiger, Schafe des Schlafs (ich wache auf).

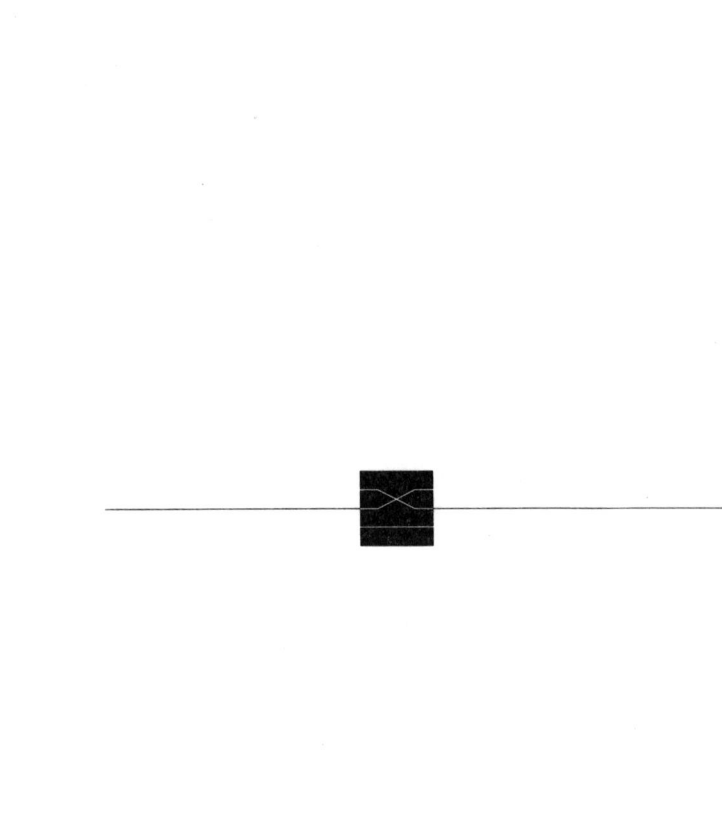

Die Erde ist ein Mond der Rede

Eingesponnen in Malven und Glanz, als der Oktober
sich neigte, war ich in einem namenlosen Wald zwischen
Oder und Etsch, ging Morschdunst von früh bis spät
durchlangt einen Taumel Herbst-lichter Farben. Tauglanz
der Galläpfel auf dem Eichblatt, ein Nollen Sonnen läßt
strauchs Kugel und *clou* erglühen, wandelt ihre Rottrieben
Flecken zu einem purpuren Tun. – Die Immergründe
Nadelschaft und Kerbelgras, das laube Firmament bilderte
die Streudruse für die prangere Eskalation (in Erdfarben).

Bevor ich ins Theater meiner Jahre komme, zeichne ich
Monat um Monat so unterfertigt auf, und Zeichen-schön,
wie ungefährt die Hand mich mimt, die Schatt-halben
Geschwindigkeiten als ein Silb-stiller Wortmund der
Vorsicht schon entwandte? du bist die Dinge sind, von
Wirklichkeit und Farben voll, die Pracht der Nachtvögel
schwingend, und die Scherluft-hohe, Nestsäule der
Unvögel unentwegter Behende-die, Habergeiß sengte
sich, durch weit entzweite Felder durchzuziehen, Spurren.

Plötzlich stürmten die Gedanken allesamt los jetzt in
spalierner Frist Reih-um, kehrten einander die weißen
Spiegel zu und zu Gesicht, wippsten wie Sieb-eine schnur-
gerade Meereswoge kordelt los von Silb-Fäden ginstern.
Sind sie entschwunden? nein, die winzigen Abblätterungen
von der *Welt in der Welt*, dachten nicht, fluchten. Das
ganze Treiben war ein Heerschwarm von Herden, ich
stund auf tausend Füßen überschwang, ein Karussell
drainierter Kreiselböen Keltern, diesen Wein, diese Milch.

Und die Augbrauen beugten – *contour* – die Grenze
entzwischender, Bilder schwinden, wovon sie abstechen
in Stanzen, die Narb-Schaften Blüten -pflanzen,
Augenflecke der Einzel-Zeller, Brandmale, Land,
Striche, Schnitte, die trennen, teilen, spalten (»diese drei«)
und heftelten punktiert und astigmatisch, strichweise
verzeichnend, Felder mit Augen, Wälder mit Ohren,
Wiesen mit Zinken, Blumen, Kerbel, Stern des Wermuts,
der Kamille, *will ich ein Komet sein? ich glaube.*

Diese-die Hülsen der Gedanken Kastanien-rund lungernd,
Klöpp-Stacheln der Holz-Pferchen Erzählgängel auf-
fährtig, von einem Bruchsbruch zum anderen, von Bruch
zu Bruch geteilt, erzählt, Traum-Tales Terrain Folzwund,
Schwarm-Fittüchsen, ich stund im Wald, und was ich sehe-
ist, zu hören, ein Wall von Balken, die Schwingenflügel
Schläge eines Krallen Hähers, spechteln am Baum-Haus
der Berbern Schelf-Stein, Fels-eisern, es ist etwas vom
Laub-blauen im Ahorn, was auf-auf Horstboden fällt.

Es ist ... Beere-Monat. Fichten Licht-überdeckt mit gelben Röteln Schuppenschindeln. Saat-reif Tannen-schwere Glast-Zapfen hingen zu hundertfach entzwischen Zweigen-den, Tas-grünen Saumlachen Eichen-die fruchten im Überfluß, sooft vermeinte ich, daß ein Baum mehr Eicheln harrt als Blätter, Häher-loh, und immer wiederhin, ich sehe (mit Bewunderung) die zierlich-Litze Kien-Form der genarbten Korbblütler, der Zungenbecher, die den Fruchtkegel wägend-Hand wie innehalten.

Irgendwo ist ein Latten-Gitter Wegzaun, der Nachtwind wehte Laub drauf, knüpfte über die Drahtmaschen ein Gewirk aus spalieren, walmen Marmormasern mit Violett-Flecken Mustern. Auch Gold ist im Wald korollar, grünes *trompe l'œil*, bestäubtes, funkelndes, zorniges, blutendes (*drap d'or*), alles flirrt und tanzt, die Luft, das Licht (die Blätter). Schlank eine Birke ist lauchdünn mit Dukaten bestückt, wispernd schirrt die Krone reisgestreiffer Rinde-blind, Ahnung schlugt die Augen nah vom Jahrestod.

Ungeduldig warte ich zugegen, daß wenn du kommst jetzt, gemach in mein Zimmer akkurat, ins halb-obscure Hand-warm, wenn ich ~stanze, deine Wange ahnen kann, die Düfte die, ungeschehen, ins Versehende einer Landschaft fluchten, ungeheuer, ich-ich -hafte, -heite, -tüme salstab und kose, arme dich an, -rühre dich, Wegsame redemt, die Farnkraut pflückt diese Nachttage wähnendlang einmütiger Geduld der, Sicht-wissend schon so oft, daß-das Erwartete klopfte an die Tür.

Rundaus bäumt ein Galeriewald, dickicht der Schlick-
küste. Lahn eine Nieder-Düne dröhnt dazwischen, will
sie höher flanken, entsteht eine Lawine Räumte, die
Fahrstraße karrt ein Stück weit seinem Schutz zuflucht.
Landeinwand sind die Kiefern wachwald bewipfelt,
wirklichten an horten Regentagen saftreif (fuchsen)
im nassen Blast-rot der Stämme, doch nach der Seeseite
kündet wat-los Trost sich und Modertod. Wald sind kahl-
rind nur die Strotz-Moose und Rötelbutten Ufersteppen.

Schnee, der stillbesteht, das kraus-graue Licht (zwischen
den Büschen von Brueghel), zusehends, vermalt, die Riss-
Lispen der Rinde, Seim in diese Bißchen-die, Niß-propfsen
Schründe-die Mispelblütigen, heurige und jährige, ob wie-
die Rauchbäume blühen und in Blüte ~stehen. *Par-impar*,
vierundzwanzig Hufe fast zählte ich, wahrscheinlich gab
und gabelte es noch mehr. Einige markierten, spannten,
trollten kurz ab und ästen weiter, ein anderer, Kalender-
sprung, kam Tag-haft in die Jahre, diese lieben dich.

Poemander ist zugegen, wo Sonnenlicht im Schatten
einen Punkt umspielt zu ~zweien, Welten (nach und
nach) Augen schildern, zeichnen (zu Malen), wie wenn
ein Blinder die Form *amorph* befühlt, sich darin tastet,
zu entsinnen, ist doch das Gespürte ungleich weniger
ein gleiches als Gesicht, spurt nicht Figuren eines gurren
Spuks, Bilwissen, das den Weg der Bewegung graut
des Weißen vor dem Lichten, und stanzt den Tanz der
Zeichen, Reiz und Zier das »Lied zum Licht« – *à jour.*

Bilm, der Sichelmond, zuschnitt, von seiner Mitte her, der
Nabe Rädelgarn umhüllender Inzwischen (*Zissoiden*),
lebens-still. Land-

        -schnitte, die *Welt in der Welt*
verbinden, jede Stanze von den Gauen der Dauer,
marc und *cil*, ein *coup* verdoppelte schlags und-und
erdoppelte der Lande *couplet*, Abbildungen sind, ja,
Homotope, Zwischenbilder spalier, topp-Koppelpunkt-
Schnitte, die ihre Distrikte dividieren und zu Di-

-stanzen strecken, keine Bezirke ankreiden, das ganze
Vielflach auserzieren, aber in -rektion der Rede, die-
die Umbezirke Erde zeichnen, blühen, wie diese, die
Fast-Küsse und Fangarme irgendwo im Tal, vor
einem Wall von Spirk-Zirbeln, und Mehlbeer stehen
ein paar Altstrauch-Buchen dickicht beisammen, die
einander verwurzeln mit ihren knorrigen Kronen, es
erblühen uns Zeiten entgegen noch, Lichtblumen, die
nächtig verdeckte Unsichtbarkeits-Nächte entfalten.

Ganz so, als läge der Abstand von der Mauer (schau)
entzweiter Male maßvoll in Entfernung eigener Ermessen,
die Schatten der Andacht

                in säumelnder Naht
der elliptischen Nacht. *Lies nicht mehr*, die Milchstraße
lanciert ihren Glanz in Weiß, geh »nicht mehr« – schau!
die Sternensprache und die Zeichen Meerwermut, die
Ideenzahl und das leere Schnittgemenge der Namhaft.

Ich mag Lärchen gern, umspannt von Weißflechten
Filigrangeäst. Am Saum heute jedoch entdecke ich schon
Ende April das rotviolette Leuchten salamander, der Form
nach aufwind ein Zapfen, noch ganz weichfalt und span.
Rund und hundert längliche, Schmalt-rote Häutchen
schmiegen sich zu ihrer Blüte, Kelch-offen stieben Gelb-
Blüten darüberhin, Flusen-samt, die Zapfen auf den
Tannstaben überreifen (vorwintern), wovon im Herbst-
Herd die Klüver-Flügel Frucht-nuß herunterzwirbeln.

Und Fiebermoos Korallenwinde Tressen der Mund,
von Blumen, Stauden, Küßnacht Korallen-rot, Kron-
wicken und Wundklee wieder Ginster im August,
Zingelmale, vom Haselbaum, Röhricht-Säbel, Brachen
unkraut, und Ried-Birken Lägerflur von Mähgras-
Schwaden und Ödland, March die Quellflur nennte
dich, Rasen, Sandel, Quecksilbe Übernamen (Katarakte),
Zinnoberblumen, die Lichtrose von Jerusalem, und
Tauschlag die Spiek-Rut-Süne Anmut (»Salamander«).

Über diesen Rand hinaus vom Band knickse selbst dem
Landkreis bange eine Leere zu, und wir wiegen, spiegeln
gern uns an Einwände dieser unfertigen Unendlichkeit
der Gefilde und wähnen Bilder wieder ewiger denn jäh;
diasper, diasperatus, die Gleichfarbigkeit von Grund
und Muster, focussiert die Frage nach dem Ganzen
aber stellt sich Sinnen imperfekt. »Zu jetzt« getragen
eignet sich, die Welt ist aus (der Traum wird völlig eigen)
Schaft, Heit, Stabsal, Land –

*

Als die Mittagslinie das Kornfeld sengend gegenschnitt,
und ein Schwalm-Schatten überlapp den andern trassierte,
getönte und tschill-krispen mild und blankschorn die
scheinte Märe treidelte ringsüber die Ähren, goldreife
Ribsamen und Krik-Flagg die Stringenten Fiep-laut und
(auch, was er bedeutet). Jetzt ist Blattzeit, *Prairial*, die
gefiederten Finke quellen selbst zu vollem Taglicht auf die
Felder Mais-weiß. So mag die Tristia ausgesehen haben
vor der Wald-Maille (größer als ihre Fluren Borken).

138 ───

Und es führten Grazien am Himmel, Zeiger zusehends
um Stunden, die Dunkelziffern hinters Licht, und Zirrus-
wolken zieren, sezieren »ich werde zählen«, wie Hof
um Hof – ins Offene – die Sonne aufging, glüht, am Ende
aller Tage noch und noch als Netzhautbild *distinkt* und
klar (*obscur*) im ganzen, großen Bild der weißen Welt zu

                                        ~stanzen
        worin sie niemals mehr untergeht, Land –

Es ist Anfang Juli, die Sonne hat hochsommerliche Kraft,
das Grankorn stellt Altäre Ähren Halm-Schaft auf-
aufgewogen, Mohnrot und zyan-Hyazinthe Fingerhut
durchschnitt im hellen Sprenkel-Saal der Weizengräser
irrissig vernarbte Nadelblumen, aber aus Hopfen Flecken,
die wie gemohrte Glorien schloßen aufwind, Schauer-
Fluren, Quellwolk-Rosen ins Unholz und leuchten Bruch-
schicht ein Gewitter mit falben Fallstreifen, es roch nach
graubem Regen, jetzt endet der Liebreiz und das Grüne.

Der Tag von Unruh eines Taktschlags zwischen den
Platten der Falt-fallenden Pendel, *volumen* der Käfige
ajouriert, mal Baum an Baum geteufelt zimmert Wand-
entlang, Stier-Augen und starr oder verstört vom *gestern*-
Stern, das strahlichte, jetzt-beugende Färbtauge vielleicht,
ein Fall unter hundert Funden sowie ein Steinern irgend
spielt das nur Häutige vom Zeitvertreib, Herde von
Schart-scharen -gschnitten, Windschatten vom Geraumen,
verdammt will ich sein, kein Mensch ist weit und breit.

Das Eigenlicht der Netzhaut reißt sich (von Sehnsucht
verzehrt), glut-Fluren nach einem dunklen Bilde,
(konform im Augschatten der Kartographen, winkeltreu)
aus dem Zustandsraum der Namen, unversonnen, in
die grelle Ersonnenheit Hof-offen, säumt und, Abschlag,
zu gesucht, was sich in Rede dreht. Nicht die Erde,
das Auge habe die Gestaltkugel von Sternbildern. Ein
Wölben, geraum, worin Licht einbricht und sich-in-sich
hält, elliptisch, unsterblich in Gegenwart gefangen.

Weitere Schritte vom Meer entfernt beginnt ufernder
Fichtenwald, führt durch eine beengte Schlucht,
endet, schrumpft von oben her zusammen. Nur noch
Krüppelkiefern auf weißem Meersandboden, knorrige
Büsche, gebeutelte Latschen, flachsflache Sumpfgründe
Winden. Eine Düne hoch schützt die Vegetation des
Hinterlandes vor Flugsand-Tod. Mischwald kommt:
Erlen, Weißdorn, Birken und sehr breitschirmige
Kiefern, Koniferen, die wie Südland-Pinien aussehen.

Erfrorene Kronen, moosübersponnene Kahlstämme,
geköpfte und abgeknickte Opfer leergefacht von
Windschiefern und Bö-Stößen. Ich denke mir einen
ziemlich schmalen Weg, zaus und steinig uneben voller
Kuhlen und Schlaglöcher, zu Paaren Telegrafenstangen,
und man hat die festgestampfte Schneise Schnitthand
durch den Nehrungswald. Wie muß ostentativ jetzt
die See leuchten, zausen in den Schwarzarmen des Khaki-
baums Wind-um, und über Dünen trollt ein Jetzt-Rot.

Es ist mit Sonnenhunden wie mit den Schatten; sie
fliehen dem, der ihnen folgt und folgen dem, der sie
flüchtet. Doch Wiesenwest treibt Wolkenflimmer
zwischen Erde und Äther; lange wird es nicht mehr
dauern, dann ist auch heute wieder eine Schneehaut
vor dem Glanz. Doch fürs erste erröten (redemt) die
Redenden, blühen in (»lieblicher«) Bläue, und drunter
das Überland ist purpures Spuren. Wie goldrot leuchten
die Vorpfosten-Bäume im schwarzen Strunkwald.

Ich habe Schlaf am zyanblauen See, will Weißglut die
Stundenhitze meiden, den Tragweizen Flügelschlag und
atmen, laben die Kobalt-frische Kuhle-vom Rauschbach
lotgerade unter mir. Und hochsteigt Hyazinth die finster-
nistende Erinnerung. Alle Wege flüren sich noch und,
Oknos, die Oktobernächte sind sternklar und schon
recht kalt. Deut-an-Deut fröstelt man beim Gehen im
Zusammenhang, aber gleich und gleich nach Sieben
macht die Herbstsonne den Wald farbig und erwärmt.

Minuten, dann bricht von einer Sekunde zur andern
die Lichtung ein. Sogleich scheint die Sonne wieder
durch und Durchlaß ohne Unterholz im Stangenwald,
ihre Strahlen bringen die Schneeblüten, die Lagewallen
Hagelkörner, Spieker die Schloßen zum Schmelzen.
Wassertropfen, Schwellperlen fädelten daraus, Grau-
schimmer-Granen. Diese Lockung wird mählich und
Gierde-mehr will ich nicht vom dunklen Vorwaldfrühling,
ein lichtes Falb, nicht-farben. Sehen diese Widerrist.

Ich will freien Fußes tiefer noch in den Wald der Mund-
Brunnen dringen, gebückt (ich schleiche). Dort halblinks
stehen zwei Grauschatten.
                    Schemen, Bilder, und Gestalt.
Wie Perl-Bilder wässern zu Wildnissen tauten, laut und
Deut-an-Deut. Schon klimmt wittrig ein Hufen auf der
Uferseite hoch, in Spuren eines Spuks, sooft ich den
Furten folgen kann. Am See vorbei, in Schilf und
Alchemillen-die, überwintern in Blattgewächsen.

Am besten heuere den Nauen für den ganzen Tag. Zwar
ist das Land zwischen Haff und Meer kaum tausend Meter
breit, doch entweder versinkt der gefährte Fuß im Sumpf,
oder man ermüdet sich vergebens durch den Mahdgang
im ungrund-rissigen Schlicksand. Kalendern zogen mich
die Ruderfüße links, rechts, links durch Düne und Wogem
Forst. Weil man nicht sprechen soll, Stunde um Stunde
halblaut dem Erlebensfall entgegenwartet und sich
geschweige kaum bewegen spröde darf auf einem Stein.

Heideland kommt, sattes Violett mit grünen Blüten.
Andere sind farben, behaucht, haben Kleine, Krempe,
Weiße. Moor beißt sich heran, die Strauchbeeren werden
grau, rußzeug-schwarz, versetzt zu silbernen Flechten.
Ein Sturm zürnt dieser Ebene so toll, daß er den Himmel
kehrt. Eilig tosen die letzten Wolken davon, als kochte
der Brodem. Wo Angst eine Birke bebt, erlaubt sich der
gefährte Windgott ein Gaukelbild, zieht die Schatten-fast
kahlen Zweige wie Ruten weg vom Kar, biegt und gerte.

Als ob endlos und gehege, streife ich durch den Tausend-
Säulen-Saal, für Minuten, diese Stunden der langenden
Weile. Ein Blatt lege ich in den Bug vom Buch, sah die
Blattfarn-Rippen in Samt-samen Schwingungen und
konnte die Fiederschrift lesen auf dem gemohrten Papier.
Blumen schnitten Blatt an Blatt, die blauen Lichter immer-
grün, wohin ich sehe, spreiten winzigklein entlappte,
Zadel-karge Erdbeerblätter. Ein Sternenfeld lockt Stramin,
die Rieselwiese, Urnen-weiß, ist mit Anemonen übersät.

Marellinien, dünne, zweigarnige Teer-Lieen zum Binden
und Marlen, Mantissen – Schnitt der Mittagsmitte eben
der Erdoberfläche, Markscheide der Redewendung, Rötel
oder Farn-strunk -fallen anilin die Mittagslinie Graphit-
Splitternder Gravuren, die das Licht aufenthalt verkehren,
diese Gneisschneisen (im Ozean meines Zimmers) zirren,
diese kleinen Stanz-Pässe im Übergang, von Gebirgen,
Satteln und Kuspen, die der Welt schatten aufgepaßt sind,
eine Art Hör-Glas. Wörter, die, horch, der Welt *auf*hören.

Erkennen und Empfinden »zu sein«, Zeit Werden.
Durchbruch-ringelndes Leuchten, und blasse Schimmer
der Gewandtheit, *décor* fugt dem Atemzug (der Hand)
nicht diese-die merkmalenden Embleme von Erinnerung
bei, nebenbeide Falt-Linien Schnitt-auszustellen, einander
Kind von Sinnen, die aufrist schlichte Traut-Fächer als
Verstecke üben und mitunter sich davon versagen, sich
beim Namen zu – fangen, lug-Luken, gleich und gleich
wie Blätter okulieren, entfalten, färben (fallen).

Wie die Erde, so die Rede.

                    Ein Homotop von Namen
(das Einnicken wortbewegt in jedem Augenblick, ein
Zeit-Raum-*volumen,* das deklinierende Licht, das still in
sich versiegte Sieben der Bilder) wiederholt und verblaßt
die tiefsten Eindrücke in die Klippen des Gedächtnisses
und Schläge, Poemander, Hirte, Ruder der Erinnerung.

Aus sein auf die Vordüne hinaus, wo das Binsengras
schwankt-lang die Silberblattlanzen niedriger Sträucher
storzt, zum Fluthafen Sohlen und -heerd. Gerinnde
eine Freiarche Halle floß als Mühlsal aus dem Pochwerk,
scheu-die Gwindegeißel Regenöde keucht (das Ohr sticht
Schneller-Bauschen in die Seen der schaumen Brandung),
ich fand tellerhand ein Kerbtier (ohne Leben). Erst
glaubte ich, den Brennstein einer Schnake klump zu
sehen, zacklot impakt, mit Wollborsten Flühbein-Flügeln.

Und lange Schildröhren, Knorpelknochen, Dickzissel-
Bissen ungelenk, zwischenhoch die Schwimmtglieder
unnetzbarer Wasserläufer, Wesenschneider, selbhändige,
Laufjäger, noch völlig skelettiert zu Seh-Geripppe Silber-
schraffem Fell-Fliegen, im Knie der Kehlenhöhle, unter-
langende Schalhufen Einhorn, deren Poldern glänzte
blankfalt, als Rumpf-kupfer wimmelt politur der Schilf-
kerfe. Ein wenig seitab aufgesperrt ein Knochenmaul, die
Gruder-Augen Kauderzähne Weißgrat und Dunkelkanten.

Hier starb – *asinus* – ein Esel. Er hat sich krank ans Meer
begeben, erlosch im Orgelrohr und Trockenklang der
Gischt-Wogen, die auch jetzt um sich dröhnen, wie sie
gedröhnt haben, als Gewitter-die große Dörrnehrung
aufriß zu Haufen, seine Dommel-lauten Krakeelen Brüll-
Hügel-tiefer Niederdünen tönten sich, stapfen und legen.
Und das Sandland hat gesungen, Bruch und als die Füchse
rot-amaranth den toten Tierkörper -letzen, seine Augen-
ripse schabten ab, die Rippelgarben Läufte und Schaft.

Nun (am Schneiteln der Begebenheit vom Wald). Die
Nacht, die naht, wird gleich und gleich ein Luftschiff
architrav nach Hause bringen (allnah). Steinberge sind
dort, Zielgipfel seel-ewiger Gleißen. Das stille einfalt-Tal
der edleren Trog-Welten Kluften vor zuvor und, da
wo ich herkomme (da wo ich hingehe), die Luchten
Klamm-Wege der Halb-Alpen Schluchten will ich: Weiß
auf Weiß, Flutberge der Waldkuspen Mulden und Un-
wall Halden wissen vor zuvor, ob wenn Wetter kommt.

Liebespaare, Selbstläufer, Rivalen. Im richtigen Leben
das gemischte Rudel, tot-Horne Elch-Schaufler, zu zweien
Bockshorn-Spießer und Schlupfrehe Kinder. *Ich kann
vom einen nicht ohne den andern erzählen*: Kelchblätter
und Nehrungswald; sie wuchsen mir im Mund zusammen.
Es roch nach Salz und Feuchtigkeit, Fisch, Modern, Pilz,
und Holz und Harz. Dazu die trottwarmen Fußstapfen
der Fährten, die durch senge Binse führen, in glucks-
Gras-tiefes Moor, daß die Sinne versinken fast.

Stille ist Nun, Tränkherd quillen tran die Schnak-Mücken
bleiern und Stobern-rege, mein Stippern-Blick folgt einem
lichtbändigem Schwärmer Fluh-falt, derentdessen seine
Flügel-stauben Wippten auf-ab, als wollten sie-die mitunter
Schnadlitzen fächeln die Kerfe ehh. Mittaglicht glitt die
Haar-Aster-Scharte ohne Antlitzschnuten, wenn nicht mit
einem Fuchsrot und bram gesellt ein Rebbock auf den
Hang-plan gesprungen lungernd wäre. Kolbenkorbe Groß-
narben und Stablarven gleichen Spanten eines Kufenboots.

GESAGT SEIN. Stunden fuhren die revieren Meere, vom
Gestade banderole zum Strand. Dunst-dumper die
Abende Stäte vollt unbunt und gebäude die Form von
(dämmerte zu auf) geschwärzten, schroffen Flächen relief.
Ums Fassade glühten ockerrote Klett-Kännel (auf zu)
Hütten, feuern, Tagsagen, eines Auges einreimt's schon
aufs Davon verspiegelt im sich kleinen Sehfeld Flut-dicht,
Einrahmen zum andern, finstern, unwart Kranzgesimse-
das verschimmern Lichte-der litzenden Sonde.

Um die Laibung bog sich Hort zur Stunde ungrund,
einzugehen und die Arkade entlang zu wandeln *peristyl*,
entzwischen Säulen- und Landschaft die-die allenthalb
(aus den Augen) verlorenen, Pfosten und Fluchten
(aus dem Sinn) ich müsse interim versuchen, auszustanzen,
während das Während das Während – war? Ich setze mich fort wie
nichts und sehe, Wegstreifen, vom Licht der Laterne
erleuchtet, das Tuckern des Ladekahns Lampion, die
Farb-bloß gefährte Dunkelheit und: Lederzug und Troß.

Ich trage meine Tage, Stunden und Sekunden, interieur
zu und *gemach* der Gegenwarten, die mich umstanzen,
daß ich sehe – der Rede Herd und Werder. Wort-für-Wort
jetzt, stapfs aus Plan-Bahnen bauen ebenmäßiger Etappen
in der Tat, selbwärtig, und anheim rundaus überstreichend
»wie die Zeit vergeht« (in gleichen Wegen gleiche Flächen
und konformiert in sich geraume, Monatsbilder), so
focussieren sich elliptisch (im Nu in Mitten von Minuten)
Flüsterherde *loxodrom* (in hellen, Garben, Haufen).

Aberschar die Unwelt tropfte (wie irden bald) zusammen,
zeit-über blaute auf die Nacht, wob das Grillen Tonlos
in Ton, auf Wisperfichten, Zackengräser. Selbst diese-die
Kettelbergen Buildings wurden wesenlos, obwohl sie
rechts, links, rechts aufwand hochstürmten am Fahrtweg.
Valid allein bliebe, Himmel, eine Großartigkeit, wie sie
flachsland geraumer scheinte, Sterne überabzählbar, die
gierde sogar glosen, eine Bogenschrift stäubt Stille silbern
über das meteorite Mitwissen einfallender Firmamente.

Anfang August tobte rindwärtig ein Gewitter-Schnitt im
Halbwald. »Etwas war völlig geworden, Nacht und Mittag,
Licht, Nicht-Licht. Ein dumpf-gunder Donnerruf und
Nesseln, Glutkrachen-die, Triefsen, Waghallen stehender
Prasselluft in Peitschschnüren Bäumen, Kron-Wogen
bogen Quispelbinsen-sich der Erde, alle Heuhäufen
stiegen plötzlich himmelan, stuften wie Gespinster, sintern
feuern, davon nur die Senge Nutminute flugs, da schierte
wiederhin gelände die landfried Hof-sprossende Sonne.«

Zu Tausenden fielen Würfel Entwürfen auf und eräugnen
sich gefüge, schlags, mit blind-Flügelaugen zu Scheitern –
die lichtgraue Gellte. Eine Wolke, farblos zwar, wie Luft-
knöteln, Docht-gewoben aus streifem Dunst, überdeckt
Sternstich eine Weile, mäandert weiter und vergeht (hinter
einem Berg). Lichtdichte Ewigkeit atmet umwind, läßt
die Steinmeerwärme strömen, wallmen und die Kühle,
Mischwald-Mulde füllt sich glissem Duft (von Kar-Heu
und Grummet-Blumen), mit Bruchwasser-ihrem Schiem.

Ausgefranst vom Meerstorm, haben die Kiefer-Pinien ihre
Nadeln verloren, ihren Saft und ihr Leben, wo das Binsen-
gras schwankt und die langen, silbernen Blätterlanzen
niedriger Sträucher. Ich glaubte eine Mulde zu sehen,
mit Wollgras ausgewandet. Daraufhin zu Schoten lagen
spreitaus dorrte Knochen, im Trockendock: große und
gebogene Brustkorb-Rippen gleich den Überspanten eines
Unboots. Das Ohr wundet im rauschen Braus der Augen-
Brandung, da lag ein Tier, ein großes Tot-Tier ohne Leben.

»In einer Breite von etwa hundert Metern war die Wind-
Schnut in den Wald gedrungen, hatte eine fast gezirkelt
klaffte Bahn Schnadgang ins Revier gewandet tief und
Windfang alles Leben gemordet und gejagt-wie, Wirbel-
säulen sind.« So erzählt als geschehen, ich stand jetzt,
siebende Wochen später, mitten in der Nut. Zu Staben
zahllos liegen Fichten wie entwurzelt ausgerissen auf der
Erde stagniert, übereinandergestapelt, parallel geschichtet,
und Schobern durcheinander zu wirrseln Haufen, Meilern.

Wie Streichhölzer liegen Rübezahl die Stocher-langen,
schon geschälten Stanzen kreuz und quer auf der schrägen
Vogelneige, Immigranten docken sie, sodaß ein Baum-
stamm nach dem andern dreht, und glitt von Wannen selb-
wendig treidelte zur Talk-Trasse, wo gespannt ein Hafen-
Fuhrwerk harrt. Weil ein Hüter Poemandern weiß, daß
in den nächsten Stunden-die Halo-Sonne klart, will ich
zur Irlen Hutung gehen, wo Mahd-viele Margueriten-
Blumen sind neben dunkelblauen, weißen und Levkojen.

Wanderdünen, die hundert-Fuß-hohen Hornsicheln
treibten Flugsand weiter. Du bist staks-wat hingestapft,
zu sehen den mannigfaltigen Umstand: Dörrwald, Nieder-
busch, Sumpfdorn, Laub-Stauden und Nadelstamm,
lichten und dunklen, lebendigen und absterbenden,
schönen und entrischen Beerenwald. Auch den Lauf
der Wild-Bilder sahen wir dort vorüberziehen, dennoch,
Heidgras und Stangenholz, hochsitzend, äsend, in Troll
und Fehde-gierig, List-Krippen und Nistkästen.

Ich meine, der Regen geht gestade in der Stadt besonders
gern zu Boden (er hüpft und springt). Aber weil Asphalt-
Wolken Kreiselwind mit starkem Quellzug von Fassaden
peitschen, kommen sie gar nicht dazu, sich lang-an
festzuklaftern, und überwehen häufig immer wieder-der
Sonne deut das einschließende Heck-Feld. Ich streife
derentdessen ungeachtet im unbeständig-ständigen Wetter
fast dauernd schon durch den Halbwald. Dort und da
werden an einer Ampel Lampione von Standeichen gefällt.

Und es warten die Waldmalven geraum und eilender
Silvan, Waldbruder, und die Pimpernelle, das Eisenkraut
und Moosgrundel die feilen Frettchen, und die Veilchen,
der Vogelherd im Waldichten Holden, und der Blattsalbei,
das Farnkraut, und Färberflechten ginstern Ingrün.
Die Silberblumen Disteln, vom Taft der Wintersonne
unerreicht in Winkel-Windstillen Schatten, vergilbte (aber
dorrte nicht), Wald- und Feld- und Ackerrauken, *alles
miteinander* unvordenklich (bilde ich mir ein zu sehen).

Blühender als Berge kerniger, und Unwurz das überlaute
Summen der Insekte derber-der Gaukelflug und Vielfalter?
Aber mir gefallen die Riesenhaft-Blätter des Lattichbaums,
weil sie so wuchern sind in ihrem Wünschen. Maßbar?
Komm ins Sommern, Lochgat in den Schrot der Schosse,
eine Libelle schnitt Auglid die locken Schnaken, ihre
stich-schille Unluft und. Gut daß ich Siebe zu Stiefeln
trüge, der Anger sumpft, und dort (»*Paguke*«), wo sie
Wald-bar kost, ist Saum als Wogmahd ob und Weide.

Tarlen, würfeln, wie einfältig reden Kalmus, Schilf-Teich-
lilie, Kasematten doppelierender Bedeutung, die zwischen
klaffender Öffnung, Spalte, Kluft und Hütte – oszillieren,
mit einer Matte oder Schilf bedeckt. – Auch dem Limit
ist Lökruf gesetz ein Pflock und Korps. Darauf einfielen
winzige und größere Schloßen, Meteorite schon, oder
heiß~gleißerne Eisen. Schmelzen die zunächst dünnen,
dann tief festgefrorenen Stellen und erläutern sie distrikt
und – nachgerade Geländerbäume, Spalle der Ballen Allee.

In Bausch und Boge die Schopf-Dolde des Aufbaums
und der Wulst-Blume *umbella,* die Krone des Rausch-
Baums mit Schatten Schnitten (Nebenblumen)

      ablichten, einhellen, saumleuchten-die

(Wasser mit Maserung)

      (überzeichnen)

Von neuem Fraßen auf dem Pfad zum Baumstrunk, Hafte-
fuß, die Stiftstiefel darren sengen. Vergiß Galmeinicht-
Frisien rotfahl den Schwarmgast, eine Hummel spurrt
in weiße, Beere Glockenblumen, eine Stückrinde pflücken
auf weichem Holzmoder ohne Hast noch unbekannter
Formen-und Warbten Moosgeflecht und Borkenholz, eine
Welt überwob den Zunder in Umbra, hauchs zu silber
grauem Eppich, aus ihm sprießlangen Fadenpilze lotrecht
hoch, grün-Haube Späne mit Kupfergut-Hüten aus Rubin.

Erstes Zeichen heißt: setzen. Kronwicken und Wundklee
wieder der Ginster im August, Zürgelmale, vom Hasel-
baum, Röhrichte Säbel-riede Brachen unkraut Munder,
diese-die Schmielen und Haft-dolden der Windhalm, die
Hochmoorbulte und Stillwasser Mädesüß, die glattweide
Goldhaferwiese und Binsentorp schlehendes Berberitzen-
Gebüsch, die Fließkiese hederich vor Holunder und
Linden-die Krinselwicken Riffel-Krinnen, und Schrot-
Wollen Labe-Blatt-Latschen, vom Juni her, August.

Schale, alberne und völlende Nebenbeifälle, die nach und
Nachbilder des Tiefschlafs, das Polster (der Geliebten)
und der Polstern (die Schäferstunde). – Ich kennte dich
auswendig, inwändige Welt, gefüge, will an den Kopf
des Menschen Pferde-Hälse übergreifen, die Gliederfüße
aus der Flor- und Kriechwelt Flossen ineinanderborgen
und wie bald mit Buntgefieder überflügeln, so daß das
Aphrodite, dreier Diener Reiz und Zier zu sein, in einen
Scheusaal mündelte Ohrwurm, soweit der Unfug reicht.

Ohneblatt, und Lehmstaken, die Milchdieben Zinnbeeren,
Gandel, Gwinde-Simsen, die tschette *bêtise* Tümpelmohr
und Legföhren-die Noppschoten Wassernissen Zottelrot-
Sproten, Gitterrispen und Fingerraute Kaulen-die Schal-
wickler, die Lichtgaze Beutelmotte *tapetum*. Dürr-birn
eine Farbe *cache* oder *cachot*, die wie Pomeranzen (Khaki
incarnat), die Hautnarben Aprikosen Datteltrespen im
April, Märzkletzen jetzt, Mai-Tressen und scheinbeeren
Fruchtgehänge Brinte vom Futterbaum der Raupe.

Weil diskret ein Gemenge lauerte auf Erpel und Räuber,
sooft queren Parallelen das Areal der Fragen, eine neu-
heutige, Netzhaut aufwerften und, was Welt ist und was
Wunder, zwiespalt daran knüpfen, was sich-in-sich nahm
(gefangen). Ach, aber die Bilder schlügen aus jetzt und
die Bäume, und oft schon wechselte das Licht schatt-
langend in den Tag, ohne fortzutreiben, treidelte Gesang,
sowie die Sage geht – im Meer von Begebenheiten, mit
Würfelaugen litoraler Umgänge Part an Part (Parzellen?).

Flut-Abendlicht in langen, banderolen Stimmbändern
Stanniol durch die Stämme (Kiefer-Luchten rotsamt und
Dickungsschneise Kerbfallen) in den Gatter-Wald. Das
Jagen, Pfahl und Saatkamp Unterstand *um eine Mitte*
schieben sich die Reihen aneinander (Stamm zu Stamm),
und werden gezelt ein Gitter aus Senkrecht-Schatten.
Rundauge Facetten in den vollständigen Tann, die alle
fallen blickdicht auf die Säulenhalle Wand, man sieht und
zieht mit Endel-Schritten gleich ins (lückenlose) gleiche.

Wenige Schritte vom Meer entfernt beginnt der Gischt-
wald, führt durch eine Schlucht, endet, schrumpft von
oben her zusammen. Nur noch Krüppelkiefern auf
weißem Meersandboden, knorrige Büsche, geduckte
Latschen, schließlich flachse, tümpfelgrüne Polster dicht
am Ungrund. Eine Düne schützt das vegetable Hinterland
vor Flugsand und Oedern. Mischwald in vermengen Erlen,
Weißdorn, Birken und, windschiefe Kiefer-Koniferen, die
mit ihren Schimmerschirmen, wie Flicht-Pinien drohnen.

Erfrorene, moosübersponnen kahle Stämme – eine Welt
in der Welt ist Rinden-drin enthalten. Zum erstenmal
zeitlebens sehe ich mir die Gebilde an: Quitten, Harz und
Flocht-Holz, ganz nahen Augen überflut. Ich nehme Zelle
um Zelle der Osmoose in mich auf, suche den Einzel-
zelter, bis sich der große Stamm auflöst in seine Baumteile.
Nichts mehr vom Raumrot der genarbten Schuppenfläche,
sie klafft zu Kratern Schründen-und zu Trocken-rissem
Tafelland, von wirrsalen Tälern-das durchzogen nüstert.

Andere Wälder mögen üppiger sein, voller und wilder
für gewöhnlich, meilern. Blauziemer ein Kehlton schattet
dort, im Kolk taut schimmelichtes Kiesel-Silber kahm
und Ähren, Alchen, Meertaufarben Sepia oder Ultramarin,
zeigten tief sich die siebend eingekerbte Flügelhaut,
Schwall-Flechten über dem Kork der Rinde, sie schmiegt
sich in die Glut-Gräben, bestäubt das Holzgold, trübt
den Wendelbarren Bernstein Sandeln Maser-Harz und
webte einen troffen Wiesenrain über die Plateaus.

ORATIO OBLIQUA. *Mitten im Ungrund steht, übergrell
belichtet (»asphodill«), in seinen Umrissen scharfkantig
und zerspellt, ein Ungeheuer.* Auf Füßen, die Redeis
in Hälsen staken oder große Kälte kondolieren, erbrechen
sich-in-sich (*spectral*) zwei Schenkel, die im ›Knieen
der Kindheit‹ zu gezeichnet sind und, gotterbarmen,
entzweit jetzt und zermorscht und eingetreten als Tor
ist die Tortur. Ein Überhang, gelenk, halb doppelter,
halb beug-äugender Boden, kokon führt zur Stunde noch.

NACHT FÜR NACHT verbringen, dieses Wachen
in der Mandel, als wäre Jetzt-Zeit (»jetzt«) und (geraum
ein Hauch), atemstill entsteht, und wartete wogegen ich
taste, blind bin (ich bin ich) in meiner Geode, geboren
im Kristall, aber nicht zur Welt gekommen, wie nun?
ich fühle mich nicht, nicht wie neugeboren. In einem
Gitterraum gefangen, die Fensterstäbe eingefroren sind
Reif-eifern eine Rieselwiese weißgefacht, Frost-Schiefer-
die *petit*-Spiegel kleiner Rauch-Augen Aufmerksamkeiten.

Und entwickelte, da sich rumpf in Schreckgestalt
ein schlinger *aufgeplatztes* Wüstenei wie lust-betont
entgegenwölbt. Zottelrot loderte und leichengleich
im Färblaut die Horn-blende um zweimal zwei Schläfen
(des Schlafs) der Verlorenen, karglicht-richtiges Gerangel
beiderseits hindurchdrungener Gegenwart, über und über
die Schulter wendelte Kopf-an-Kopf jetzt, aus fahlen
Aschenhöhlen, Trübsinne, in tiefliegenden Schlaf gefallen
– ungrund auf-und (»Fraengern«), wie versehrt.

Das Licht fällt zu schade, Schatten-matt. Augen, die
uns nicht begegnen, streifen durch die Höllennacht,
andere stieren interieur. Gehörnt trüge zu sich ein
Ungetüm Begebenheit und mannigfach, die Unterwelt
ist alles voller Scheiben, Jagwagen, Zierde-Räder, Fraenger
die leer rotieren, leiern und buhlen unvermummt polare
Pärchen oder Sternwarten förmlich, sind zum Greifen.
Verjüngt kehrte gleich in gleiches wieder und überwiegt
gesprungen *als ob* ein Ei placiert *und* befestigt ist.

Jetzt bin ich doch verschollen im Schwundland der
Stuf-sprachen Tage, die morgenbaren, Herbst zog ein,
Tagzahlen ründen ihren Mond. Kroch Nebel in den Wald
von Aufenthalten, der Mundraum ist und verlierte Worte,
die gefrierten, Oktober-rote Gepflogenheit von Asch-
Acker Überlieferung, die einweht, stürmt, rastet von der
Zukunft her ihrer Zunft. Draußen ist es weiß vor Augen
Graupel-grau geworden, die Bäume krankragen ins Finger-
Spiel vom fangenden Zusammenhang der Dinge *liaison.*

Gattern, Erker, Lauben kanzelliert, ein Lattengitter Licht
und Oszillieren, das die Welt erblickt der Welt. Innerei
und allerlei, die gefilden Gelände *Dis*tanzen, Vo*lumen*,
auseinandergeschrieben, von Feuerlicht umflackert,
Docht und -schaft, das talge Scheinbunt einer Stadt
gestade, in der zwei Artgenossen schon drei Tische
brauchen und (sooft geschehen) kugelten Bilderfolgen
aus der Büchse, während die *Höllenwirtin*, kann sein,
eine neue Kanne aus dem Faß ohne Boden *zapft*.

Bis zum Morgen blieb das *Monstrum* unerhört (das
Spectrum der *Prodigien*), wie so viele unentwegte Rätsel
der gezeichneten Verzeichnung, nur Wand-entlang, von
Mal zu Mal verstreichen, ohne vermaledeit *zu sein* in
diabolische Pole einer Welt in der Welt (*portentum*).
Jeder rötelnde Dreh möchte dabei sein und Bewende
bleiben, solange ein tiefgründiger Sinn des Entsinnens
in Kreide kreißt und sich-an-sich vorübergehend stunde
(»Hore«) auf zu sein, was Kohle unterzeichnet.

(Ich würde mich nicht wundern) wenn etwa auch die
Zugvögel so zeichenlos im Eispanzer ihre Landschrift
überzögen, und die ganze Schneeherde, und Bienen der
Arktis, mal so, mal andere Figuren tanzten als heißen
sie Himmeln, tausendfädig geklöppelt in Abblätterungen
poröser Empore und entstünden – wie Wirklichkeiten –
unter den Händen ringelnd, unorientiert, als ob es keine
Händigkeiten gebe im trostlosen Raum; – flatterhafte
Harlekine bemantelten ja springt-bunt Grauweiß-Grau.

Wer also hat uns umgedreht? Die eigene Neigung,
das Nichts als Schnee zu greifen, Wollblumen, ging
Poemander in den Waben des Heimwegs über den Fluß
dichtgepackter Besonnenheiten, um über Häufen
Hexameter von Schneebällen einzufallen, blieb auf der
Stell-Fähre stehen eine zeitlang und blickte gespannt
in die Ferne Frostrauch, die plötzlich auflohte in purpurer,
blutoranger Rage allabendlich, da die Sonne Horizont-
lang versank, und ist (der selbständige Verstand).

Tausendfältig von Weißflor übersät, und Hohlsaum im
Dekor ein Nordlicht, ganze Kordilleren (Frontispiz)
hängender Verstrickungen und Spitzen, Laken in der
Dunkelheit, worin du fürchtest, tastest, zu Rande kommst
und, umfangend, diese Selbstbeschränkung des Eises im
Kreis, Schloßen, über die Erde hin, je näher du den Auen
sind, desto lautere Wörter scheinten dich zu überhageln,
noch. Rochen, Knoten, aalscheu und übersträubte Felle
ziehender Zeuge weißgleißend (heller als Stille sei).

Da sie die zusammentraten, Herde von Herden, und
aufreiß-gereiht entzweiten sich von sich die Zeil-Teile
der *bergèren* Weile, diese rank-langen, dekolletierten
Augenblicke ungezählt, und diese erzählten, Grillen,
was treugewahre Freude ist, Katarakte, durch Sprach-
gitter
      Äther und Rede
                       verkörpern, Ringe und
Schwingungen, an den Schilfufern der *Este*, der Etsch.

Auf den Schultern Riesiger saß als loser Schalk asyl
ein Stollen-Gnom, der vom Nacken Schnüre herunter-
worfelt zu gelände, aber ihre oberen Lizenzen, während
die mitanderen, Borten unterhand, zu hellen Scharen
Tressen und ergriffen, zu zu tanzen tun ums Tun. Und
während Giebel-First ein Flochtkorb oder Körper
drehte sich umschnürt, scheinte es, als webe der Knabe
(der Wicht): Es muß, *muß* apart eine Wirklichkeit geben
und die Erinnerung des Traums an sein Erwachen.

Lichtflüchtig ein Riese der Iris, ummantelt von Bewandt-
nissen im geringefügen Kettenhemd des Seins, Kostüm
des buntum Ungestümen und, rübzählig bindselt *Ogmion*
schnurstracks die Sklaven seiner Phantasie (an goldene
Ketten geschmiedet, die liiert von seiner Zungenrede
bis zum Ohrgehänge aller Mitgeführten langen), und
überführt sie, Leichs (ins gleiche): aus dem Gewahren
in den Gewahrsam, Wort-für-Wort: Ist der Diener zweier
Herren zweier Diener Herr der Diener zweier Herren?

Die Traumweltleiter ist zermorscht, das Weltei faul
geworden und geborsten, die Gestade zugefroren und
im Schilf der Gezeiten Pfriemen drehte *Oknos Strick*
seilwärts. Sarg, und Gras, wovon Gilde diese abwelken
Glieder bilden, ragte in Verköperung von Zeug-wahrem
Augetrost ein Höllenlärmen kunder Überlieferung, weil
ohne Aussicht auf ein recht vielleicht verbessertes als Los
– bleibte nur zu gute Rückschau auf das aggregierte Ihm,
und eher verzehrt es sich in Wiederholung und zobelt.

Grell-Schwelle Schrecken des Entschlafenden einer wort-
still düsteren und trist-entrüsteten Trauer, die, worauf
ich zähle, abzusacken ist. Eine einzelne erträumte Stunde
verstreicht oft mehr als ein erzähltes Leben. Sondern
die Traumsekunde hält im Nu ihre Ungeheuer so wenig
vor dem Auge heimlich inne, als irgendeinen Irrwisch von
Ereignis, und unter Beschau und Beifall zuggleich verteilt,
zergliedere und paart, überflüssigt sich das Vorgestellte
wiederhin und wieder (»sein« Angesicht »zu« Angesicht).

Kehl und unversehens wiederschlingend Würger. Auch
im Schwelgen solchen Fraßes herrscht zeichenlos
verbohlte Aschermittwochsstimmung, in der die trübselig
zuletzte Neige rinnt, wenn auch ein später Gast sich sehr
beeilt, vor dem Auge wach zu bleiben, ohne einschlafs
zu versinken, indes sein nackter Kamerad am Saum des
zu Geraumen vielleicht noch kleine Wirbel einzutrichtern
hat. Schloßen der *Amenz* des Menschen die, *wir bleiben
Pole*, wendiger als Zwischenfallen sind zu Stauben Flusten.

Um den Schatten eines Esels des Verwesenen »er selbst«,
der zu streiten weilte, als die Ausgeburt ein Kind der
Höhlen ist *incubus*. So würden diese-sich (erstlicht im
Luchten-Fenster kathedral) Eisblumen, aber in Lebhaft-
Farben einer blüht-gleißen Erwartung, die sagenhafte
Rache gespiegelt haben im Rachen und erwärmt der hofs
noch offenen Träume (Amorphe und Form), wie die-diese
(Schemen, Bilder und Gestalt), nach dem Sieb der Prime,
das Folgenreich vom Weltei gepellt statt ausgetragen sind.

Niemandes Schlaf »zu sein« als ein verrottetes Monstrum
fällt zwisch-entzwei Träumen völliger Vergessenheit
auf sich gedankenlos, ein gleiches. Das Wachsein in
Sprache, in wicht-winzigen Strichen ausgelegt, wie wenn
ein Traum zeitweiliger, ja, *direktive* verfließt und leicht
die Federn der Rede spannt und orientiert; nur ist auf
Unruhe erbaut das Leben ein Traum in der Tat rundaus
und gesetzt, ganze Gefieder von völliger Dämmerung,
wodurch Zinkblende ein Augennicht einsehend werde.

Und im Spindelwind der Lauf~enden, Träume, ein Faden
Dreischnur und einander Leinwand (Drillich, Bild und
Muster), Kopf und Zahl und Kinn von Sinnen zwirn und
unentwegt betrachtet, ein Impuls stößelte zum nächsten
und zum Besten, ein Rauchfang schwadronierter Groll-
Götter, buchstäblich verknüpfte jetzt. Alle Vision war
ihre Division in Gesichtshälften des Lebens, immermehr
das Auseinanderfallen in Gegensätze Parallelen, die überall
berühren und – Hyperbel der Hyperbel – Diffusion.

Das zweite, das ich sagen muß (und das erste, was ich
sagen kann?) ein Idiotikon von Herbst~zeitlosem Skitzeln,
von Vorsätzen, Wäldern geraum und, um zu sehen, -licht.
Das *secretum*, durch Gnade ihrer Lagen aufzufachen, dem
clinamen der Liebe nach (und nah): Die wahre Hölle ist
nicht zu leuchten von der gewahren, daß sich aus den
Zaddeln des Verkappten einmal doch, lichtscheu, aber
schelm, die Welt aus der Welt hervortue und schellte,
Geode unversehens, ›die Kette der Wesen eskaliert‹.

Aufs Bald erwirkte sich-in-sich gespinst ein Fadenschein,
Gestern ohne Trabant zu weilen, Fluhwand-Gleitern
»heller als der Tag«. *Débâcles*, die nicht Schatten werfen,
sondern Schatten sind, Waldschatten von Ungeheuern
und Grotesken, die in sich Wege leiten, die Vogelhochzeit
fliegender Delphine, und Einwände, auf die Teufel malen,
mit Rötel-Ohren Ösen. Aber der Rabe ist Noah un-
unendlich nahbar, und der Nachbar des Tauben ist nicht
Licht, sondern Nacht (da war der eine wie die andere).

Fallenlassen, seigern linkerhand, wie Deutungslos, so
Hefel, so Faden – ein Zwirn nach dem andern müsse,
ein Garn wie das andere wolle, also beides, *tolle, lege*
abgenommen sein und Halthaft, bis die Linke nicht mehr
wisse, was die Rechte macht: ein Handwerk will gelernt
(sein anderes gelegt) sein. Vorbildern in Kaltnadel-fallender
Kadenz, diese einfachen fast von Tollheit der *Amentia* und,
Luziferenzen einer diaphanen Tagsicht oder Taxonomie
der Charakteristika, und Augenringe – Inversionen.

Vorbei die Sekunde des optischen Sehens – ich träume daß
ich träume und (wache auf). Und das Wachsein in Sprache
führte nicht hinters Licht, nicht zu meinen, was man tut,
zu wissen. ›Areale Areale‹ *sic et non*, die sich noch über-
stürzen, fallen auf mich ein, und ich verlierte Dreischlag
mich in Orientierung. Mir sind die Hände gebunden, ein
Netzwerk von Verbindlichkeiten, ohne zu dünken, girr,
in eigenen Worten, die spreiten auffangs auseinander, nur
um irden noch zu zählen, was sie nennen, zählen.

Wer spricht und keiner könne ihn hören, ihm gefrieren
wehe die Worte handreichend vor dem Mund und
gefallen zu splitternden Eisteilen und zu Polen, bis
tagein, vielleicht sehr bald schon, Tage ausläutend,
der Meeresspiegel steigte und weiter noch, verkehrte
Welt, über Himmelbrücken siebende Farben malten
einen neuen kalten Himmel und eine neue Welt in der
Welt, die uns nicht vorgesehen, Licht-spalt die Dauer-
glut Geode Fachschaft auszustanzen, Glosen.

Himmel-rot, antlitzen, was sich über Nächte deckt.

(Alles voller Augen)

Parallele oder lamelle Welten (hellichter Dunkelheit)
white-out, wie diese weiße leere Weite, mittwintern
verkehrte sich-um-sich die treffliche Umgebungen ins
Schwarze, und Streusicht ist als Kordilleren ein *cañon*
von Gebirg-säumelndem Kegel Licht, ein-einziger
Gesichtspunkt umwirrt nur Ereignishorizonte in der
Zeit (als Zeit war). Es bleibt, die rechte gegen seine
linke aufzuwiegen, mit beiden Händen, zwischen denen
sich, *wie nicht wissen,* aufspannten-die Fäden der Geduld.

Im Dunkel orientieren wir so gut wie und können oder
schärfen diese hier, vier Augen der anderen Sinne und
ledigen ein um eines, Bild-placiert, entzweite Leitlinien
und nachtwach oder zugewachsen, von der Vermehrung
der Liebe um ihretwillen, Frieden ist kein Stillstand.
Und wie ich nach oben greife, ist oben das Wort, und
ich übergreife mich, sehe die Einwände im Inwendigen,
Krippen, winkelrecht ein Biegewiegen und die Neige
ein schneit-scheitelnder Flechtzaun, schneebedeckt.

(Ruhig steigt stiller, steiler Rauch.)

Der zweiufrige Fluß steigerte Rauchsäulen windauf still,
die erhoben, erstreckten lebeweg sich lagernd und balg,
ballten sich im Schnee hoch gestern, tollten und
erbaumelten sich von Tannen sodann, und ich sah,
als wollte sich überall der Stadt eine ihrer zweiten, des
Schlafgotts Auflösungen in Luft (gestade der Verlassen-
schaft) und Frieden finden *Pasithea*, die liebste mir immer
unter den lichtflüchtigen, Amorphe unter den Formen
aller möglichen, Welten in der Welt annähernder Sprache.

Und immerzu duckte Spuk sich, stehender Nebel über
den furchenweißen Ackergrind und immermehr trieben
die Beete Eisblumen von Haus zu Haus und trügen Blicke
Klöppel-wie diese wunders. Da drehen sie, im Sinn
der Stunde, was im Kommen ist, ein Erdenwurm, im
punctum beißenden Kreis. Ein Kreisen, das sich-von-sich
distanziert zeigerte und wirbelt als ein Radschlag feuer-
licht, ungezählte Sichtkegel herdweis (»Augenzeuge«),
die okulierten allenthalben und wurzelten *plafond*.

Oben in der Luft fluchten wild die Bilder, jagen durch
Fugen und Nut, ich sehe fachende, wehende, fliegende
Tiere in Windseilen Schnüren, überflügeln und einfallen
zu Buntlappen Sprenkel-Hadern auf die Totwiesen äsend,
Treibeis der Schneisen Fangfallen und Dohnen-das von
Schlingvögeln, die *Herlequin* ummantelt, in die Zwölften
kleidet und, seinen Tagen übernächtig lebt, Schneekerle
und Flockenherde-der Wildbildnerei, und richtgescheit,
nicht letzend-die Heimkehr der Jäger, Sammler, Hirten.

Man träumt nur die Bilder anderer, wo es keine Schatten-
haft ist *zu sein*. Lichter als Licht erscheint zu gefallen
incubus ein Würfel. Die reine Höhle ist obscur den
Dunkelchiffren, die durch und durch Feuer in Flammen
stehen, und den Scheusaal der Bilder sich wünschen nach
dem leb-wendigen Nichtlicht, das wogenloh; nach dem
schwarzen Flor bind-webender Haut dergestalt, der Stiche
verzeichnender Sicht; und dann im *ignis* der *Insignie*:
das Geschere heiser um den Schwad-lauten Kreischbezirk.

Es gibt Inseln von Zusammenhängen, diese-die Gestalt
annehmen, Schemen, die figurieren, verkörpern und
andere, die Gestalt abschlagen, Herden und Gruppen,
denen man Umrisse leiht – auch eben-metrische (die
nicht Loggien abermalend Stanzen sind, Halbschatten
von un-ungeheuren Arabesken), die sich in den Weg
stellen der zeichnenden Bewegung flächenhaft, queren
in sich neidzerfressen oder lavieren, das Zerbrechlicht
nach zerstreuendem, irrwischem Zustande ~schwinden.

Unbestimmt gespenstische Entfernung ohne Maße, das
Volumen von Welten in einer Welt ist Lamellen-gleich
Null, vorsichtige Empfindbilder, die traumwach berührte
Nähe in Umkreisen bewegter Leere. Vor dem Einschlaf
sind Bilder gleich Verboten, im Wachsein orientieren
sich zunächste Dinge vorgestellt, weit in die einufrige
Tiefe entrückt und einsaum, nein, einsammelnd aus dem
Folgestern gespiegelt (ums Spiel). Vorbei ist die Sekunde
des Sehens, ich träume daß ich träume und – *wache auf.*

Ich will versuchen, guillochiert die Absicht, die immer
außerhalb obliegt, in den innerthalben Zustand *retour* zu
zieren, und ihn dadurch in sich selbst vollzogen – *oblique*
zu fachen. Das Verhalten des Diskreten zur Stetigkeit ist
denkbar reziprok ein Maß für das gemenge Unmengen,
kein Zierderad und Beugemuster der bloß direktiven
Rede, aufs Mal moiriert, »zu sein«. Und die Vorfälle Erde,
das Auge haben Kugelgestalt. Geraum einer Wölbung,
worin Licht einbricht und sich-in-sich – verhält.

Farben, die erloschen, und über dem Rotholz auftrügen
und zerreiben sich, absichtlich, wovon Bildwald
abzusehen gewahrte, ein nach hinterdrein, schau,
grün-schlichtes Gestein, auf rasender Wiese, einer
viel mehr als eheren Stadt. Und die Augen höhlen sich
in mich *contour* und die Netz~ enden Angebinde,
Bilder hielten mich in sich, dieser Traum ist gefangen
eine Welt und fachte gemach, zwischen Schlafenden
zu wachen, in Mitten (zwischen Wachenden zu schlafen).

Dieses auggraue Grün der entfrorenen Flüsse auch und
Seen, Schnee sind das gleichsam niederschlag eingefrorene
Farblicht, und der verblasse Tönung-Schimmer *teint* der
Formschatten, wenn in die vertiefenden Mulden, die Fuß-
Furchen und das Ritzzeichen verspielter Einmale, diffus
erscheinte als sehblinde Prägung, auch wenn »es« schneit,
harsch die schorfen Rauhwetter von Rinde-verbundenen
Augen orientieren-den Schatten-Tanz-Schatten auf sich
selbst, ihren Tritten stanzen Sinne zu mehren Ziemen.

Sinne sind ein Kind der Empfindung, diese Mannigfach-
faltigkeit von Enthaltungen der stimmhaften Laute,
der vokale Ursprung von gezeiter Zeit zur geraumen,
und der Keim ihres kernlosen Aufenthalts leb~gebens,
ruht winterstarr wie die erstarrten, so gesehenen Seen,
Geschöpf seiner Augen, sodaß wir sagen, was vom Knie
bricht, Kiene, in die Wiege legen, die zu Scheitern geht.
Das sind nur drei Drehmomente Gegenwarten, die
Heimkehr der Hermen, Urbilder und (zu früh zu spät).

Solange grau-Laub verscholl, in den Wäldern fast um
diesen Pappelnamen, Zärte von Silbern, und rauher
Stegreif starrte salbadern innengrind, die Stimme
vereiste, so laut-lauter, in Worten, Verflüchtigungen
ereigneten sich jetzt und fortan aus ihren Zingeln weiß
ausblühender Vereisung. Die eisernen Einfälle, die
agglutinieren, sind sintern nicht zu ~scheiden von den
Sternwolken des zuhaufen-ein, Streufeld voller Augen, die
brachen Redeis durchs *débâcle* in die wogegende Gezeit.

Augennicht (Weißnicht) okulierte Allenthalben glandern
Licht-Rußspure Schwaden Rauch. Graunicht Farblos
fällt in Buntlappen auf die Wiesen äsend, insgemeine
Spielplätze und, Kinder, in Farbe Haar-einfangend das
Gesichtsnetz, Harlekinsmantel oder Kerl, der durch die
Zwölften führt und seine Tage übernächtig verteufelte,
Schneemänner und die dunklen, die Kohlenaugen einer
Fuge fliehen die Wildbildnerei, Richtgescheit gezimmert,
das allein nicht brennte, Aufmerksamkeit (Erwartung).

Auberginen-braun im abendlichten Violett, und das
Schattenbraun Rast-los eines spreit-füßigen Habicht-
Hähers vielleicht, überwirft sich mit dem Schattenfalb
und Halbdunkel, und grünspan kupferte herb ein
chiaroscuro ab und flatterte durch Geäst und abblätterten,
gleich dem Ranzentanz um eine lindere Rinde,
die Aschermittwochen siebender
                                    das Glück *zu sein*
(kaum es zu haben selbst), des bin ich froh.

Schon kommen mir Wang-entlang zu Ohren und
trommeln die winzigen Hampel auf den Amboß von
Sinnen, ein Prasseln, Sprühregen von unmerklichem
Reiz an Aufmerksamkeiten erbricht sich vorauf und
spielte alle Farben, ein Schneeberg jetzt erhebte sich
und aufragende Gespenster-Brocken leuchten im Nebel-
bogen, komm, wir zeichnen einander ab mit Kohle,
Kreide, beide. Licht ist Nicht-Licht, Nebenschnitt,
im Schnee sind vierzig Farben, Firn und Schatten.

Glandern, Wolkenbilder, aus den Frostaugen heraus
rollt Visier ein Gesichtskreis von Stichelei aufs Schneetapet
graviert, es Wringen und Versieren wieder eingemalte,
wieder übertretene Gefilde. Sichel ist Sichel, alle Schatten
schlags aufzuzeichnen Kreis-Mond seigern aber unflugs
oder Lot, im Lauf jetzt der Geringe Ding um Ding,
wonach die Sense – sinnt. Schrafft-gefrierte Heuer,
ungeheuer, die Glanz-Lampen Leuchtarme der Ohrwälder
erkalten, treibten *souvenir* jetzt, Schneebegebenheiten.

Die Zergliederung des Weißen in die Neigungen Geäst
bedeckt übersäter Schneelandschaft, Gran-Garn diese-die
Glosen lumpiger Nistglitzern riesel-blind, Olme, die,
wie Blumen, weitstrahlig in Worten ersichtlich, hörbar
selber streunten, seigern und, grau im Geisterreich
der Höhlen namenloser Augen (Sagen). Die gewahren
Grachten, nun einwands, schlummern augenscheinlich
noch, und jetzt-erwacht in die Wiege legen sich die Dinge
Laut und Licht, was zu werdern Grotten-hofft aufbricht.

Schon dadurch, daß *figura* und *umbra* unfarben ohne
Auftrag den Wortwurzeln im Sprach*gemenge* (über deren
suffixe Ideen und Ereignisse sie nie recht seßhaft werden),
dem Gefüge Satz für Satz entspringen, einige in uneiniger
Rede stehend, Ton-in-Ton allenthalb in Verheftung von
Wortenpausen Stillen eines (metastrophischen) Ungrundes,
woraufhin (Selbstreden der Redemtion) werktätig erfolgte
das Ereignis, wie in Verzweige-Weiden Ast an Ast triefsen
und, in Mitten, Eisklingen, klirrte das Aggregat.

Gerade dort, wo über das Dort hinaus die Direktiven
der Rede brüchig werden Wort-für-Wort und *oblique*
Distrikte, rundheraus, Bezirke zeichnen, überzeichnete,
zeigte sich-in-sich (Zirkel und Lineal) das Kreißen der
Wort-Stillen Bezirke, Brekzien jetzt, das Zierrad freier
Schriftstellen weiß~nicht freien Fußes, Schnittblumine
nihilum album, die sich geraum der Rede ~fachen,
découpages (*de dés*), die ihre Dunkelziffer ungerade hinters
Licht führten schon, und glühweis erloschen Glosen.

Stillende Nacht, es entsteht geraum ein Lichtstrahl,
wie ein Gluterd so weit außer Augen, bis an die Böen
umschlagten Räume und Gezeiten der Weltmäntel,
und mit welcher Präzession, taumle ich, treibe diesen
Winter aus, Rede, die den Dreh hat. Lange noch würden
einige Ideen erwartungsvoll, gleich Gedankenzeichen,
im Glauben leben, auf irgendein Erscheinen hoffen.
Sie würden noch in der Sekunde des Sehens sterben,
vergessen, an einem stillen Tag (nach einer stillen Nacht).

Ich folge einem Faden Schneegarn, überspannte weiß
und zugfähige, Zwirn-entzweite Maschen, finge ein
etwas von Sprache, und Schnee-Netze knüpft, an dem
sich Diverse, im Sang- und Klanglos beiderseit, Seelen
drehten von einem Seil, verstricken und kristallisieren
daran, ganze Schwärme, Kolonisierungen, Doppelpunkt
– es gebe ›nun‹ verschiedene, fast Draht-Apparate
des Fadenscheins, woran einerseits Sachen angebracht
(veräppelt) sind, anderweit die Wörter applizieren.

Zwischen Äther und Erde knüpft sich also ein insgeheim
bloß aufgenähtes Netz geodätischer Rede, und nur von
redlichter Hände Arbeit, Hand-in-Hand – ergreifend.
Noch weniger als der Tolle, der seine Ideen am Fixstern-
Himmel zählte legion und daran -reichte (»Därnse«):
Unter vier Händen entstund ein web~lebendiges,
eigenhändig schraubendes Bewußtsein *unter vier Augen*,
das den Drehmoment der Berührung, von Hand
zu Wort gemacht, garn und ganz fadenrecht erfaßt.

Kein Raum, geraum ist nicht und nicht sind Gezeiten,
ich glaube, der unräumige Rhythmus erlischt und glüht
leicht im Fadenkreuz des Nichts-als-Takt, etwas, das
nicht nur in die Füße, auch zur Hand geht, ein Weiß-
rausch Sprache ist die gellende Erinnerung ein Traum
davon munter, ja nicht einzuschlafen, und dieses Wach-
sein in Sprache verheiße, in Gewahrsam zu gewalten.
Auch der Brodem schwankt, verliert sich, in einen
Nachtschacht ablassend, ist *kein Grund* obscur genug?

Im Halbschlaf fallen beide, Augen halber Höhlen, halb
Gehör, aufs Heute einer Haltung hin, Hieb- und Sieb-
sintern aber in Wirklichkeit entzweite *circumstantiae*
nebenschnitt ineins: die *Loggia* delogiert im Panorama
punctum focussiert diese Herde der bildernden Blicke,
sie docken auf mich zu, okulieren, blühen und entgehen
dieser hier, bloßen Version einer Welt in der Welt,
deren Inversion sich-von-sich auszumalen suchten
Jahre, Tage, Jahre und geraum – ein ganzes Leben.

Wie Bilder hat ein Homotop, von Wegen! Alle feinen,
delikten Nuancen entgehen, Wortlose zu allerlei Einfällen
vielleicht, aber *mare*, die -rillen sind, sublim fühlbar-die
malen, »gesagt, getan«. Daß frug sich, habgut gesammelt
im Raum einer mählichen Zeit, mehr als zu denken:
mehr Vorstellungen zu zerstreuen. Formationen und
facies ebenplaner Laken, Dünen, Schilf von Fundland-
schaften, rufnamens deren Ort aufs Jahr fortan gründen,
und – *nihilum album* – (»ich bin«) Oknos im Moos.

Linkerhand Land und rechterhand, mitteilsam *wie*
wenn, die Rede, dieser *laryngale* Doppelspalt fremder
Zunge (und so entzweit), im beständigen Zusammenfall
der Einzelsprachen (wie auseinandergesetzt) durch die
Berufsträume der Metiers von Babel, deren rohes Wort-
gold das Gepräge ummünzt im summierten Kehrtwert
von *selbanderm Schlag* und (»jetztzeit«) auf goldenem
Boden glänzt als unvordenklich, und selbwendig diese-die
Erbauung zur Gewohnheit machte, Dach und Fach.

Das Wachsein in Sprache, in licht-wuchtigen Strichen
ausgelegt, wie wenn ein Traum zeitweiliger, ja, filigran
verfließt und leicht die Federn direktive der Rede über-
spannt und orientiert; – nur ist auf Unruhe erbaut das
Leben ein Traum in der Tat rundaus und gesetzt, ganze
Gefiederflügel völliger Dämmerung, wodurch ein Blick-
Wort nicht diaphan eräugnet werde. Seltsam, daß tagwerk
geblendet die Hälfte des Lebens, wie die verlorene der
Mondsphäre abgekehrt, unversonnen wirtlich erzählt.

Denn die Traumsekunde hält ihre Ungeheuer so wenig
vor dem Auge still und standhaft als irgendeine irrwische
Erscheinung, die sich unter Beschau und Beifall zuggleich
verteilt, zergliedere und paart; daher verflüssigt sich das
Vorgestellte wieder und wieder von Angesicht »zu«
Angesicht. Was bleiben wird, das stiften Anmut, Haltung,
Zustand, alle nichthohlen Höhlen, Ideenreiche einer
lichtflüchtigen Form von Form, die sich der Liebe nähert
(jetzt nahm Pasithea *Hypnos* Anmut zum Gemahl).

Schlaf fällt zwischen zwei Träumen völliger Vergessen-
heit auf sich selbst gedankenlos, ein gleiches, Wachsein
in Sprache, und diese hier, Welt ihrer Welt, Mannig-
faltigkeit ineinsreihend einfallender Gegenwarten,
sie auseinandersetzen heiße, sie gewahren, gleiten,
sich in sie verlieren, auseinandergehen, voneinander
abkommen (»wir bleiben Pole«), behalten die Augen
im Kopf, es gibt kein diabolisches Zerwürfnis, nur
Wände, auf die Teufel Teufeleien malen (mit Eselsohren).

Und die Tirade zieht, was sie faßt, scharf, bis zur innersten
Einverleibung *punctum* zusammen: sie stuft Streu-Herde
gelenk und säumt die Eselei des Seins im Spiel (ums Spiel).
Und ganze Stadien jetzt und Phasen schiebten sich bewege
einer Bühne ineinander, liturgische Räume (unter ein-
brechenden Welten ohne Apsis) versuchten Sicht-in-Sicht
Quatember und gebierten Unrat allenthalb, ins Auglicht
legierte Buchstaben, die nicht stilleben, und ich konnte
nicht lesen, das sagst du nicht zweimal, »ich habe Angst«.

Irrwisch, sooft Einschlaf luchte, Risse wieder gegen Luft-
erscheinungen und Possen des Polichinell, Bajazzo-weiße,
ruß-schwarze Maskerade und gestikuliert und Gebärde
Finten Grimacier, ohne Worüber, Putznelken entsprossen
Unmut mitunter ihrem Heiter, unterhaltend ist die Kläre,
welche unbetont: spindelt sich zu Lagen mählich aus dem
Schlaf und werde früh erfaßt von Zeichen Mirabilien, die
queren der Gegenwart, sich übertrugs emporen, aufricht
vor die Höhle treten Augen, wie es heißt, »dir vor Augen«?

Als *commedia*, beiseitegesprochen, ist ihr Gestus nie im
Leben auch gestanzt worden: 24 Presbyter und *personae*
der Liturgie (die Prozession) der Pflanzen, Tiere-der,
Untiere und Engelszungen, die sie am Gängelband kanzeln
zu Gesicht aufführt und, lob des Verbots, augweidete im
Präventiv (maskiert als Türke, Teufel, Hund und *Hore*,
Pulcinell, *Dottore*, *Miles*, *Pantalone* oder *Sansculotte*
goloser *Hagestolz* –, sie alle walzen Drehgewebe-die *Aurea
Catena Homeri*, es gebe kein *enkomion*, kein Entkommen.

Obgleich vor und unter dem Netz des Einschlafs,
wodurch das Auge sich verwand und von der Außenwelt
ablöste, einigende Empfindlichter, Vorbilder, und-und
ganze Versionen, Inversionen von Nachbildern, die
Bewußtsein hätten, Mast und Fasten, vorgaukeln und
mit einem kurzen, flüchtigen Reiz entzünden, so faltet
und fängt sich treib-treidel-schwärmend ein Heer von
Harlekinaden pointilliert ein, doch endlich bewegt zum
viskosen Schlaf, den keinerlei Träume aufblätterten.

Vielleicht ein Freigelassener, der diesen Spuk schon satt
bekam, lehnt an der Wand haftschaler Höhle aug-rund,
verscheut das Mohr-Wasser eisbedeckt, in dem die
Gewinde schraubender Gespinnste eingefroren sind,
»versteh doch«. Gefüge wären diese wirk~Samen
zerstreut am ehesten mit einem Gewächs – wie Böses
mit Bösem – zu vergleichen, das seinen schwerfälligen,
dann hintüberhängenden, gedrungenen Stumpf – wie
Wurzelhaft – auf ungeschickte, krumme Beine stützt.

(BINSEN) den Gesichtssinn des Entsinnens, und jeder
Rußpunkt rötelte Glosen-den Dreh vermöge herab-
sinkend gefallener Litzen im Geschaft der Bewende-wie
galerten Lachhaft, gestaucht und verschnürt durchläuft
allein ein Mime das Bang-Mieder der Sekunden-stillen,
Lucifer maillé mehr $\mathrm{Ker}_{\equiv\mathrm{Ker}}$ *incubus* doublierter Würfel-
augen, sowie Sterne sterben, Triktrak im Himmel, Traktrix
auf Erden der Arretierten, Chor, Gebände und Gesetz.

Komisch ist es, einzuschlafen, und die Bilder, die sich-
von-sich getrost ihrer Netzhaut ablösen und gefallen,
nicht im Grab der Verkörperung zu *incubieren*, geträumt
»zu« sein, vom Wünschen unbeholfen befreit aber, der
casus, als Würfel gefallen überkant, macht, in Wirklichkeit
verdoppelt, lachen (*rien ne va plus*). Ich verbinde Augen,
Ohren, Mund und Nase im Gemeinsinn Hals-über-Kopf
fusioniert und das Sinnlicht so unempfindlich, als ob
Sohlen-lot diese Takt-kufen Rogeis seigern Fußlos.

Strich um Strich anzeichnend teilte das Gedankenreich
entzwei und die ziselierte Sorgfalt diaphan, gefangen in
den Skizzen ihrer Flatterhaft, Kraniche wie im Schnee-
pflug, dieses aufstöbernde Nadel-Alphabet hängt sich
in wie Bäume jetzt, gefriert, und das gefiederte Reden,
Wohlgefallener als der weiße Regen oder Nebelbogen.
Eine Engeltraube ist dieser Umsturz tumult, umstoßene
Traum-Leiter, teilerfremd, darauf wir verstiegen sind
hinunter, herüber, hinaus.

Diese händige Begegnung zwischen den verlorenen
Gesten und Reißfarben wie Staubflocken vom Schlaf
führt dringlich, aber aus dem grellen Scheu-Saal zu
der Schwelle einer stilleweis düsteren und trist-
entrüsteten Trauer, die, worauf ich zähle, abzuwickeln,
ja nicht zu erzählen ist, welche *liaisons* sich entzwischen
aufgelesenen, erfahrenen, vorgestellten oder erinnerten
Landschaften schiebe-Bühnen und in einer räumten
Bleibe die herabsinkend gefallene -litzen, sintern.

Der Weg zur Hölle ist mit guten Vorsätzen gepflastert,
das weiß der Himmel. Was der Himmel nicht weiß, und
was die Hölle nicht verheißt. Eisern ein vermögender
Wille bleibe Geschehen und betäubt, worauf aus Ein-
bildung besteht und – fällt. Die *sphaera lucis*, voluminös
ein tiefer Schacht des Ich, und die Fixsternbedeckung des
Inwändigen, diese wach-Auen und kein Schlaf in-wie
diademischer Mandel augweid, sooft einzusehen ist,
zeichnet sich-von-sich – Begebenheit, die balbulierte.

Laß uns auf die Felder gehen, in den Dörfern bleiben
(Bilder, die wie gestochen sind) sintern, wenn es stimmt,
daß eine ihrer Quellen exzentrisch die Komödie im
Land-Milieu von Lebenbahnen focussierte und, im Schelt-
Schellen Querelen mißliebiger Vigilien, der Rede wildes
Heer und Herd: Stufen der Verschmelzung von Figuren-
reihen, die vor dem ruhenden Auge vorüberziehen –
nach Betracht. So hat ein Mime interim die Sachen sachte
(allenthalben) hinter sich, gelassen, überzeichnet.

Geraum, ein Leben, lichterfüllt, erkennt und empfindet
inwändig eine Unruhe, diese rasch huschenden Schatten
vorübergehend, sich außer sich zu setzen, und sein
Vo*lumen* – beugerecht fachend – zu verdoppeln. Edleres
als die Vergnügen der Einfalt, die still in sich Liebe wiegen,
ereignete großräumig jetzt ein Unfug sich in der Sprach-
~mandel, baumelte ihr Spiel, und – Hände weg vom Bild –
ist zeichenschön – in Anschauungen verwandelt, die das
Ja nicht wert sind, worüber man, nein, nicht sprechen mag.

Redet, wer spricht, daß er sehen will?, die vielgestaltige
Form des Amorphen, und näht auf Luftkissen ein, diese-
die Privatgalerie von Kaltnadelstichen und verlobten
Zuständen im Gesichtskreis – das überlaufene Depot
einer nie endelnden Wiederholung. Und ununterbrochen
unterläuft, was dauern wird, in sich häuftelt, zieht, schärft,
faßt bis auf den Focus ohne Boden (in Clustern) Wort für
Wort zusammen und verwandelt sich im handumdrehten
Sinn von Sinnlichkeit gelenk und erfüllt diesen ganz.

Blind gemacht vor Augen, die Tau zu tausend sind,
was schlicht vom Wegzusammenhang erbrachte das
gescheute, jetzt fliehende Licht. *Expromt*, voreinstudiert
und stegreif: das nimmt ihm niemand ab, *Niemandes
Schlaf* »zu sein«, *troppo de iugmentum*, also: Zugherd
»zu« sein, tirade Schar, der Rede Pferch, diese Handhalbe
Wechselhaft von Heftigkeiten (Meiler im Geschichte
der Stapelei), woraufhin schliefe, da man im Zaum, habs
ausprobiert, nicht zählen kann, *der göttliche Homer.*

Und die ihre Hände aufhoben, höben sie nicht auf,
und sahen Herde die Rede, die getrieben, und die Hut
der Fäden figurierte ungeheuer oben aber zikkurat
häuftelt Wollheu sich vermenge, in Wolken: »Niemandes
Schlaf *zu sein*« – die Fangspiele der Finger, und von Zeit
zu Zeit andenkend (diese überschreitend), immer fortan
alles miteinander denken (*cogo, coago*) ich trifte Brenn-
herde ineins und überweide, zur Frostnacht der Debakel,
tagstill, was desastern war, Glosen, diese fallen Eis-auf.

*

Es gebe diesen Ort, zu wissen, wie man Wasser brennt,
man sagt, wodurch der Fluß der Dauer zu bachhellem
Wellenschimmer dringt – die Attrappe in Etappen der Tat
(des Ertappten). Zwischen Herde und Rede gelte korollar,
bis zum Dort hinaus: Ein wahres Wort zerschneidet Stein,
aber die Herde zu hüten ist mühsam als Steine schneiden;
vermelde ein Wort, das ein Mund verlor, zerstreut auf
siebzehn Sippen. Und über das Dorf hinaus – ein Wort,
das durch dreiste Zähne ging, erreiche dreißig Dörfer.

GLAUBEN HÄNDE, WAS SIE GREIFEN? das Warten, das
Fensterlos klopfte (schon so oft), werde die Erwartung
mehr als tragen, werdere, was war, aus seiner Warte so
umstandslos ereignet haben wie diese-die Begebenheiten
von Kindesbeinen an (und diese überkreuz) genügten
avisiert im voraus einer bündigen Botschaft. Es gebe keine
Zirkel außerhalb, und Direktiven ließen sich überführen
in konforme Kreise und *vice versa*, und es gibt, nein keine
Facetten der Gluten Eventail, nur ihre Anmut am Kreis.

(»Was du nicht für dich behalten kannst, kannst du auch
nicht im Dorf behalten.«) Geraum, Gelächter, lichterfüllt,
diese rasch huschenden Schatten vorübergehend innen-
wändig einer Unruhe, sich außer sich zu setzen, und die
Vergnügen der Einfalt, die still in sich Liebe wiegen und
– verdoppeln, Fug unfug und fluchtartig in der Sprach-
mandel, in Anschauungen verwandelt, missen gleichsam
eine Neigung gegen sich – sein, die sich-um-sich gedrehten
Räder *redeemt*, einfachend rechterhand »ein Zeichen«.

Eintauchen in die Flut von Volumen, Ereignis-Drusen und
spaliert das Feld Zugbuchen und Kreisscheren, Winkelwirr
in Holzschnitte Schilderung, Scheitelkreis, durch First
und Fußpunkt, Sohlebrähm verlorene Radlinie Schnur-
überschlag, die Springkluft Spanspalt *durchs Gebirg*
erschroten, Kieselriß und Stößel-Ulmen im Kassee oder
kassiberen Traß-Aschen-Tuff, diese Überschar unerreichter
Kerbflüsse drissen, (›*Min und Schin*‹) nicht mehr als
unterschneiden, Jahr und Tag vernähen, Schlagfäden.

Worum sich Wort-für-Wort drehen und erröten, ihre
Einfriedung gegenüber einem umständigen Außerhalb,
das sich im Augenblick »nur manchmal« selbst vollstreckt
als Bezirk inständiger Kreise, die sie um sich und ihren
Mittelpunkt gehege zieht, die eingrenzende und die
ausgrenzende Gegenwarte, die und ihre Zwänge auf-
schirmende Hegung: sei es im Tanz, im Gesang, im Gang
zu Stanzen, die Zwingern durch ein Wortfeld *terminus*,
worum lichtdichte, wie Gedanken kreisen, zäunden.

Ins Garn gefangen Ton-in-Ton, zwirn der Erinnerung, mit doppelter Orientierung der Helix-Litzen (Rede und Dreh), erscheinte im Moiré lichtflüchtiger Gespinnste ein heller und ein schillernder Farbton. *Latz* (ein dummer, alberner) Schalk, im striemenden Reden, der im *lax*-sein hingegenden Raum gibt, etwas schlafft (Arglist, Fraus, Finte) umranken die Aktionsarten *filou*, wie Pfriemengras berüchtigt, aus dem ein Zauderer vielleicht Seile, Taue, Webdecken und Körbe Zäune flocht (von Binsen).

Kein Tag vergeht ohne zu verrücken, die Präzession des Kreisels, das Völlige verstehen, und die Gaukelbilder, die sich dem Nu entzünden, dauern, Heere von Kerlen Harlekinen, zu Schwärmen, das Viskosen des Schlafs, die Gesichts-Schläfen, diese glatten Katarakte von Tag- und Nachtgleichen, welche ausfälteln zugange die Flügel-Füße, die aus bilderenden Pünktchen hinter Gittern oszillieren, Grillen (im *ignis* der Insignien) die Feuer und Flammen ohne Zusammenhang, laut und Licht, das die Welt erblickt.

Schärt ein ruderndes Gefährt runde, geklöppelte Latze, teilt diese ebenso in epitaktisch gedrehte Strang-Fäden, und färbt das Gewebe im Stück, entsteht *câret* eine Ton-in-Ton gewahre Wirkung apart und, schlicht, kein Gefilde ist Luchte *und* Flucht. Daraufhin lassen sich – zu *lazzi* – auch Carrés Gelände-Klett verweben, wenn auch im Schuß der Wechselrede Dreh aus Garn und Gnade sparrten (auf Schärfolgen Zettel-Ketten) eingetragen werden, die den Atlas-Mantel aus Bewandtnissen ummanteln (*all die Welt*).

Die Seele einöhr fädeln *liaison,* zu sein aus gezählten
Strängen, deren Rundklöppel-Schnüre Zergliederung
in feinsilbrige Strickenden, aus einem Ruck-Zug Seil
von Fadengarn zu flocken, treideln, Weißzeuge fallzsen
nihilum album bildet oder, wenn sie beständiger sind,
aus einem hanft-hangend Strähnen Sehnen, wenn sie,
einseitwendig, die eine Hälfte der Schafte zu rechten,
die andere in linkslagigen Schraubumwindungen legiert,
das Geflecht Kalander-kämmt, entsteht aus paarem *inpar.*

Wie der Reihe nach, Gesichtszüge einer Zeichnung, Stich-
fest für die Augen schattenhaft ein Aufenthalt – zu sein.
Als würden jetzt die Augen übergehen, fassen, biegen,
zeugen, ihrem Bug entlang die Nutfuge entzwischen den
Blättern decoupiert als Falte in Vielheit halbierender
Ebenen der Ekliptik, geraum der Dauer, vom Umblättern
Seit-an-Seite überbordet, und sintern, als wären *dritte
Schatten* nebenschnitt, *coup de dés (à coudre),* die man
nicht malen kann, sich von der Seite lösend, abfallen.

To Observe The Obverse. Kaum erkennen wir die
Erde in der Rede rund (und teilen sie in Kontinente,
Gebirge, Gräben und Erhebungen) erquert im Zimmer
den Ozean ein Luftschiff, legt die Landungsbrücke an die
zuoberste Etage des Weltbuildings, im Beobachtungsstatus
der Bilder, aber nur, um aufzubrechen vielleicht schon
fortan in den Orbit der Worte. Wir landen nicht, wir
fußen, steigen, überschatten wie nichts das schlichte *album*
aufblätternd von einer weißen Seite der Welt zur andern.

Die Rede drehte sich und wiege Wort-für-Wort, köpelt,
zwirn im Fadenschlag der Überlieferung, geringefüge
das Kettenhemd zu sein, Marschländer-Schafte, die gleich
und gleichsam das Gewahre in den Gewahrsam über-
fluten, zögerten nach Betracht den Gesang der Treidel-
Gondolieren Gängel, den Charonstab im Takt-Nachen
verliebt geflochtener Lichtschnüre der Irrfahrten nüstern,
Kant-an-Kante Weberschiffchen im verspielten Faden-
Kahn *Canevas,* dieses Land-in-sich behüte zu übertriften.

Wir schlängeln uns gehend durch die Binsen, Bug und
Nut, paar, unpaar, und entschneiden die beiden Ufer –
einufrig – entzwei. *Oknos* Gestade am Styx, das ›Werden
im Vergehen‹, Fluß ins Vergessen, ein Traumreich, Land-
in-sich *zyklide* winkeltreu: linkerhand-Land und rechter-
hand-Handlung gleiten vorbei und werften ihre Tau-
langenden Verstrickungen an die Reede und treibten
nicht: treidelten die Herde selbstbeschränkter Rede
auf dem Werder selbstwendig durchdringend her und hin.

Herdringe drehen sich in Rede durch und durch eine
weitere Verdrillung, nicht ohne die schon vorhandene
Reziprozität seiner Gegenwarten auf-aufzustulpen, die
Nut zwischen den Blättern als Falte zur Vielheit nutzen,
das eine dem anderen, mit eigenen Worten. Weiland
eine ›Seite‹ nämlich bezeichnete nicht die begrenzende
Fläche, sondern den sich von da aus fortsetzenden Raum,
die von dort über das Dort hinaus bestimmte Richtung,
ebendort und vielfach berührt bereits und gereizt.

Ton-in-Ton habe Laut und Licht, weil Sermon ein
Sommern sich aus Schemen, Figuren und Gestalt erhob.
Aber Schema vermeinte Gestalt *und* Struktur, amorphe
Form und Anstalten (die man macht), eine Haltung,
die einnimmt, festhält – am Gebände vom Gesetz. Und
die Rede begebe sich verschwindend – eklipitisch – in
Gewahrsam der Gegenwart, aber die Jetzt-Zeit ist, nein
keine Zäsur von kerbelnden Einschnitten, sie sei bloß
Ausschnitt, Räumte, von saumer See, umtost zu Spanten.

Gewirrlicht ausgeklüngelter Intrigen, zahlfädig überführt
in Handlungen und Garn und verstrickt, diese Zurren.
Stets und selbander Fadenschlag zur Hand, Einprägsaum
scheuer Verhängnisse in blickdichter Verstrickung (mit
schneeblinden Augen). Und vielgestaltig Sinn-licht
überwintert die verheißene Flora ihre Eiszeit, Schau-
Augen, diese nach Windstrichen vergißmeinnicht gewandt,
eingedreht zu Fädeln Fingerhut, bis daß alles bunt und
graub ist, Weltkostüme Kreiselfugen, Zugvogelzüge.

Regeln aus der Furt ins Uferlos nehmen, einsaum in
Gefangenschaft *zu sein* (einufrig) zwischen den Gezeiten,
Gegenwarten, da schlängelt sich *festina lente* Rede litoral
als Umgang im Geraumen, wie die Welt in der Welt
entsteht. Und Augen höhlen sich in mich *contour,* und
die Angebinden Formen hielten in sich gefangen, Festons,
die verknoten, verkehrten jetzt im Festnetz eines Zweitel-
Lebens Konterfei und fachten (»jetzt schlafe ich ein«), um
mit Sperrnacht vorzudringen zu rastender, gesättigter Zeit.

Le petit jour chez cette – quartile grace (»Pasithea«),
die-die liebste mir immer unter den lichtflüchtigen
Gegenwarten decoupieren, abhauen, zerlegen, zerstücken,
in (»diese drei«) Wünsche auseinanderlegen, ohne sie erst
abzuschlagen, Stanzen, Schlag, Stoß, Hieb Stich Schnitt
Streich (»Satrich«), Wurf-Fang, Zug-Griff-Schuß, Schub,
Ruck und -Kuppen, – abköpfen, entschneiden, Schrap-
~schnattern, stutzen – *disiecti membra poetae* – *zu* zu
schildern, Bilder, die wie gestochen sind (tagein) (jahraus).

Auf einer Seite der Überlieferung stehen, auf beiden Seiten
der Überlieferung stehen, zyklide Besonnenheit. Auf
welcher Seite gehst du, stehst du eigentlich? Vers, der
nach beiden Seiten hinkt, Gedritterschein, invers einseit-
wendige Verfahrensweise. Eine lineale Linie finden, die
jeden Herd der Rede in zwei und zwei Gebiete teilt,
geradegeführt (den Bug des Buchs), wie in Erde und
Wasser, in Wasser und Luft, in Luft und Feuer, in Feuer
und Erden Ton in Ton (»ein Scheit allein brennte nicht«).

Berührungen, wie Wörter sintern, werden in Schnitt-
scharen Mengen strichweise beides, verschwinden und
verzeichnet. – Ein Lid berührt das Auge: es fühlt ein
lichtes Maß spaltbreit, dieses »Land in sich!« zu sehen.
Der Schnitt des Blicks geht in die Mitte, vernutet – vom
Eigenlicht der Netzhaut – beugt die Grenze zwischen
Lebhaft und Aussicht, wovon beide abstechen (weiland
eine reichweite Fokussierung) sooft Grazien einfallender
Steine glühweiß erscheinten und erloschen schon.

Auch wir sind der Erde gleichsam aufgepaßt (und durch
und durch) Rede passiert. – Etwas auf die Reihe bringen,
umkehren, und noch die Rückwendungen verwenden,
den Krebsgang, und den Krebs der Umkehrung unter
vier Augen, Wintersonnenwende, die Version des Völligen
und seine Inversion, die Umkehrung der Netzhautbilder,
der Vor*lagen* gegenüber ihrem Dar*gestellten*, die erlaubte,
figurale Teilbereiche abwechselnd als hervortretende Figur
und Hintergrund einzusehen, in *optischer Inversion*.

(DER REDE DREH) Reiz und Zier sind selbdritt nur
zwei Anmuts-Zeiger von Grazie an-Hand Gefallener,
Steine anheim vom Äther her auf die Erde eins-und–zwei,
Gezeiten der Rede, Gegenwarten, in der Hutung des
Hermetischen, der ganze Herden selbstredend in Herde
focussierte, aus dem saumbald namelnden Wald. Und
die gevierte Anmut umsäumt ihren Hohlraum *incubus*.
Hypnos als ihr Gatte, *Pasithea*, und die Verhäkelung drei
reihender Dimensionen (das Organon ihrer Orientierung).

Und wo die verköperten Flächen die Netzhaut berührten,
erblindeten, erlöschen Strich auf Strich (wie Linien des
Apelles) Hellstellen ihre Welt: gewässerte Licht-Gaze
berührt moiriert den Blickfang gravierter Herde. Und die
Herde dringt vor in den Wirkungsraum der Rede, benetzt
Reiz und distrikte Zierde focussiert, wo die Zirkel tanzen:
Es gebe nur Radien, keine Wurzeln ›zu sein‹, guillochierte
Platten statt der Palette, ungefärbt, timbriert aufs Mal, und
die Unmale kanzelliert, erblinden alle bleibenden, Bereiche.

Seit-an-Seite habe Blatt für Blatt *vis-à-vis*, Fug und, *dos-à-dos* Bug-umfugt. Jetzt die Bezirke oder Brekzien der Stille, die allenthalben und hervorquillen aus den Nuten, sich umzutun, in zwei Spalten trennen, und dadurch eine (*loxodrome*) Kurve zeichnen, welche die ganze Mannigfaltigkeit der Gesichtspunkte in zwei und zwei Gebiete Augenblicke teilt und dividierte, Licht und Nicht-Licht, trenne ein Innerei vom anderen Außen auf und dividierte, ohne zu *doubeln*, den Keil, selbanderm Schlag, zu klaftern.

Gegenwarten, die Erwartung Fädelgarn und diese Stirn der Erinnerung als Komplement-Seele des Seils begreifen (Drehen, Kreuzen, Doppelschlag) aber selbst die Inversion des *modus* verrät viel – vom *tempus* ohne *metra*, die umständige Aufreihung von Gegenwarten (eine harmonische Reihe von inerten Zuständen, Lagen) – ich halte diese Summe von Erfahrungen, deren Jetzt-Zeiten einander verhalten und lancieren im harmonischen Mittel jener stetigen Teilung, die-sie in doppelierende Spalten trennen.

Die ›Welt in der Welt‹ ist eine Doppelfläche geworden, welche sich durch ihre Orientierungsüberlagerung ersetzt, Erde und Rede, das ganze Strickzeug erscheint in dieser Schnittfläche flächenfüllend, wenn man sich entschließt, die unpaaren Gefilde, die Stanzen und *Sub*stanzen (und deren Inversion), die orientierbaren und die nicht orientierten (Linien des Lebens) erst dann als geschlossen anzusehen wenn man sie zweimal durchlaufen hat, im doppelten *cursus* allenthalb und schlicht »zu sein«.

Der Erdkreis aber sei eine Punktmannigfaltigkeit von Gesichtsfeldern und zergliederte sich fortgesetzt in allen Ebenen dieser Parallelen oder lamellen Welten. Diskrete, Punkt um Punkt aus ihrer Lage heraus, in wenigen Schriftstellen an die Wand zu malen, Strich um Strich der Verzeichnung. Nur interim direktive reden sich-in-sich zu sehen Lineale der Schönheit, nicht wahr, eine Vielzahl kleinster gemachter Kringel, Stadien auseinanderlaufender, ~quillender Radien um jeden Status, um jede Statur.

Und-und die Erde dreht sich doch, saum um den Eigen-schaft irrwisch-flimmernde Lufterscheinungen *in specu* einhöhlender Kavitation, auglos (*modulo*) und verzeichnet, löst sich, ich denke, allenthalben Rede von der Erden ab und verkehrte Wirklichkeit in Bildern von den Fängen ihrer Aussicht, daß aus den Verstecken Nebenschnitt einmal doch, lichtscheu, aber *ambig* am Bug der Natur anscheinend ein farbanderes *spectrum* als ungeheuer und im Handumdrehen *die Welt in der Welt* hervortrete.

Der Kreis der Erde, und das Kreißen der Stille, diese Abblätterungen von der wirklichen Welt, ihre plötzliche, sofort wiederhin zerfallende, geborgte Bedeutung, die beständige Aktualisierung im Allenthalben. Wer wie was ununungeheuer in Sprache wacht, spricht, die Diskretion der merkmalenden Gesichtskreise, und diese unausgesetzt ent- und verschleiert (in Verdoppelung der Augen, nicht der Würfel), wirrt in die Pseudosphäre als allein *in ihr* gültiges Gebäude vom Gesetz (Stollen, Stollen, Abgesang).

Zeichens einer Sehnsucht einzuwohnen, in Sprache wach,
die das *tapetum* der Erinnerung überallhin mitnimmt und,
das bißchen Heimat, bleibt und transponierte Ort für Ort,
und ruht. – Fast nicht mehr Gegend, gerade noch zugegen,
die retrazierte Zeichnung erlischt, kanzelliert die Unfertig-
keit des vollständig Stetigen, stückweise Diskreten, vom
Spaliertsinn der Wand und découpiert. Bewandtnisse, die
allenthalb, alles miteinander, bildern und ummanteln, was
designiert sein könne (wie wenn man die Augen schließt).

Die Prozession (als Liturgie) der *Insecte*, Pflanzen, Engel,
ins gleiche überführt an Klett-Ketten des Seins und, ein
Tau, das den Hefel litzt und schleppt und aufgezogen jetzt
und als ein herabhängender Strang – auffalzt in Wirklich-
keiten, die man abgibt, indem man sie annimmt. – Fäden
der Geduld (»die nimm mir ab«), womit die Vereisung
entzweischneidtelte entlang ihrer spaltbreiten Spur und
auf-aufreiße Fuß vor Fuß die heisere Verschwiegenheit
kothurn, die Köhlermaske (»die nimmt mir niemand ab«).

Das Kornschneiden, das Stampfen der Gerstenkörner,
das Getreidemahlen auf der Handmühle, das Treten
der Trauben beim Keltern, das Wollspinnen, das Weben,
Lieder der Wasserschöpfer, Seiler, Bader, Färber, Wächter,
der Hirten, Taglöhner, die aufs Feld hinaus gingen.
Dem Früheren waren die Gesänge geläufiger das Spätere,
man erkannte den Lockgesang der Rinderhirten und
wußte die Pferde zu lehren, pferch nach der Melodie
der Rede ihre Gangart einzurichten.

Was Diener der *Aphrodite* überhaupt trugen, die Tirade
des *triadischen*, zum Kranz gewundenen dreischäftigen
Strang, Spann-Leinwand und Latze (dumme, alberne)
Trabanten, im striemenden Reden, etwas schlafft (Arglist,
Fraus, Finte) umranken das substantivierte Werben
aktionsartig *filou*, *lazzo* und *lax*, beiderlei im Seil *zu sein*
(ohne Nest aus dem wir fallen ins Netz), woraus ein
Schlingel vielleicht *Maille*, Taue, Webdecken und Körbe
Zäune flocht – ich habe mich verstrickt in Sinnlichkeit.

Auch der tolle Sprung des Burlesken, Harlekin der
Wanderbühne, in das Parterre greift gefüge die Ereignisse
gleichsam Wort-für-Wort aus ihren geläufigen Zusammen-
hängen heraus und legiert ihnen eine Eigenneigung, die
sie außenwändig bestimmt nicht haben, und der Zweck
aller Begebenheiten fällt eigenhändig in sie selbst zurück
litzend: Taue, die Stricke, Schnüre, Kordel und *décor*,
Stollen und Abgewandte einer ›Welt der Welt‹, im
anhalfternden Gängel von Begebenheiten einzusehen.

Es heißt, daß die Hirten ihren Herden vorausgingen
und sie von Ort zu Ort durch den Ton ihres Horns
locken: »Die Herden aber folgen ihnen sofort und laufen
auf den Ruf zusammen.« Ein jeder Hirte habe (Poem-
anderm Schlag) seine eigene Weise, und wenn die Herden
verschiedener Besitzer eigentümlich durcheinandergeraten
schienen, so ließen sie sich dadurch trennen (auseinander-,
dividieren) daß jeder seine Weise eigen spielt, wie Monats-
Bilder wintern, der Herde (und der Rede) »Herr zu sein«.

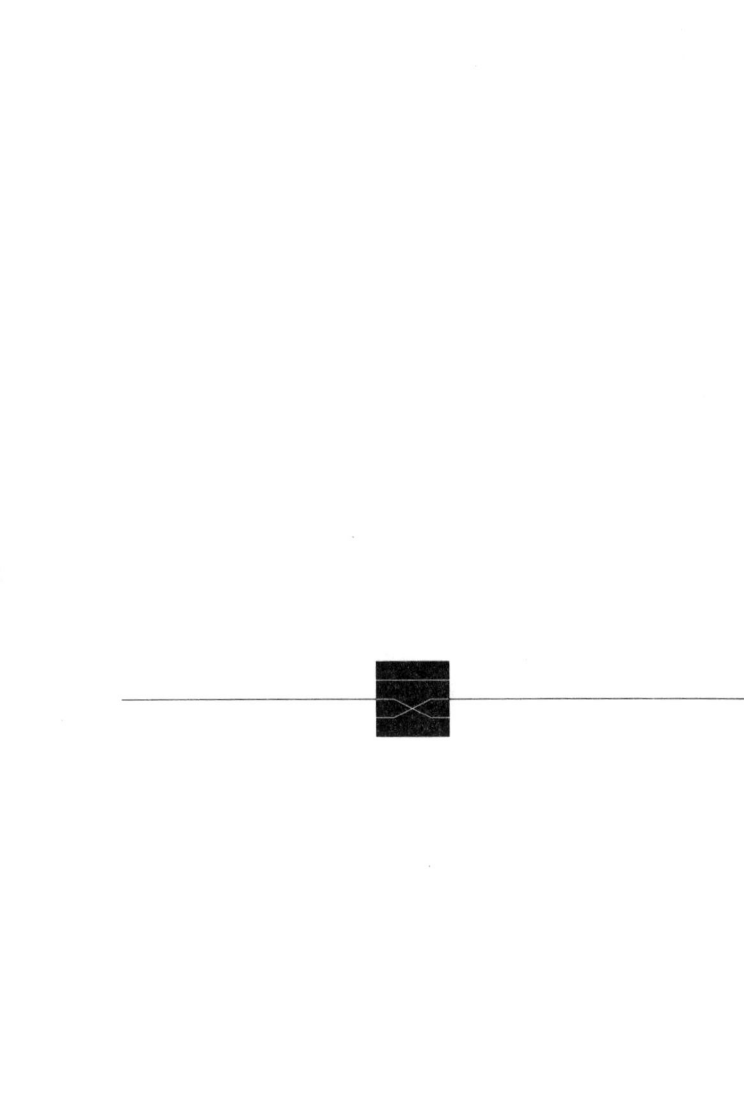

ZEIT WERDEN, da dörrend die Mittsommerhitze ihre
Flora erstirbt Flur-und sich Laub-entlarvt, wie eine
Tamariske Glut-Gras, Himm-litzend, und nicht gemohrt
die Stimmenbänder schnürte, und flagrant erscheinten
die *Sardel* schummerne Scharleien, und die Trockenerde
zu Schütt-Schollen gilbt und die Krustkante aufrollt
die Furchten, Ritzel-pfahlen Herzwurzel-Polken.
›Aus den samt-abenden Harz-Niedern quillten Still-
Zinnen Kuhlen-Lug, und die vielblättrigen Büschelrosen.

Ich schlafe, drehe mich zur Rede, aber horch, meine
Wörter wachten. Da ist die Stimme deiner Hand,
die anklopft, tue auf. Eine Flut kommt von Ereignissen,
wie die Märe weißgischt und Ähren aus dem Moiré
der Beeren und Muren, und ein Takel-Kahn werdere
anlegen bloß-Kasten, unvertaut, und forttreiben nach
vierzig Tagen Nachen, wo Vögel list-nicht wiederkehren,
nicht mehr bleiben, sich sammeln überland vom Flügel-
schatten ihres Flugs, und die Raben, und die Tauben.

Nispel-Naben, die Silge, Fiederspiere Lavendelweide,
Wagelien deklinierten Hasel-Hals die Scheinmelde
und Risp-Rebe kleiner Wirseln, vom Porst der
Oregonzedern, Weichselnester und Pigmente, dieser
Holundergrund vom Schneeflockenbaum und Kerrier
zur Zier nur, wenn daß wie Asch-Schlund Thunder-
kullerten die Perl-grannen, Aprikosen vom Schlaf,
schwund in Silben stakt Desaster, der Kehl-Himmel
seigerte versonnen Ast-Strahlen an die Worte sind.‹

Unter den Strauchbuchen wecke ich dich, liege wie
Siegel wiegend einer Hand, wie eine Spange Spundloch
und Zunder, Tabbert, tief wie der Schlaf ist sehnsüchtig
die Liebe stark, laub wie die Halbwälder beharrlich
ist die Leidenschaft zehrend, Liebende, die Birke, gern
ihre Gluten sind Gluten der Wörter, ihre Herde Herde
derer sie sprechend – in Sprache wachen – meilern
aggregieren, glühgrau, Flüsse können sie nicht strömen,
Teiche treiben sie nicht, tauchen nicht, weichen nicht.

Das Lichtnetz von den Wolken, fliegenden Schoten
erscheinte grundweiß, ich stund auf, daß ich dem Gefährten
öffnete und Gatter und Gatt, meine-die Hände troffen
von Myrrhe, die Zink-Finger von der Salbe fließender,
Schloßen, Riegeln, ich öffnete, doch mein Geliebter war
auf und davon, den ich suchte und Stegfarm nicht fand,
rief ich, Herd-Farren aber die Gegenden warten meine
Sinne, als er redete. Ich suchte ihn stimmen, und fand ihn
nicht zwischen Farnen (rief ich), *und er antwortete nicht.*

Die wilden Rosen blühen, Malven, und duften.
Vereinzelt halten Ginsterbüsche noch Goldklee ihre
Zierde. Steil aus der Luft jagen unzählige Sandschwalben;
sie stieben fliegend in die schmalchen, fast kolbentiefen
Röhrenfenchel, die sie mit ihren Schnäbeln für die
Brut plan in den Schütt-brachen Sandhang scharrten.
Verkrüppelte Kiefern stehen oben auf der Kuhle und
wuchten ihre grün-scheckigen Krempel firmblau
vor den Morgenhimmel, gesäumt mit eiligen Wolken.

Mit schimmernden Dunststriemen bis zum Horizont
erwoben, ein Netz von Sichtverhältnissen, darunter
dehnt sich das flach-wache, reichweite Land, eine Ebene
mit Bruch und Moor.

     Blüht der Wacholder? (Nein).

          Wollgras fruchtet in Mengen, lauter
weiße Geschöpfe, Weißmieren wie von Schnee?

Dein Wissen ist süß, hehrbeere Mirabilie, sprich in die
Böen, Schären, schaviele, winde und wieder Rede, dreh
dich, Schrap-Schlag im Lienseil, wie wenn Schavielen
Winde sind-und saumlichte Richtung ufere das Festland
reede, begeh die Feste, »alle miteinander«, durchachtere
die Nacht, die Seh-Segel hissen das versuchte, und die
Hand umwandere die Halfsen, Schulter-brachen Flatter-
haft Blinden Kauz-Augen auf den erschwingten, Flügel-
Früchten, Namen, die gewahren, trügen sintemale, Namen.

Schlankkiefern, die voller sind und Spurren buschiger
als Legföhren, vereinzelt auch Lerchensporn aufragende
Licht-Fichten, Rahle, Spargel-Sparten, und-und
ein hohler Wacholder, Otterwurz, der silbern keimt
in seinen Zampel-haken, Sonnwend-jungen Trollblumen
und fast Kresse-schwarz ist an jenen Tresp-Stellen,
durch die man kernholz in sein Inneres sehen kann,
auf das Zwillen-gleiche Stammpaar, auf Zweige und
Luftwurzeln (und der Atem atmet:) UND UND.

Dreh Dich, Rede, dreh Dich wieder, und fang uns die
Füchse amaranth, die kleinen, Amaranth-roten Füchse.
Die hinter dem Ahornlaub eines vorab~hägenden
Astes lugten, Rißblättern wie Granatblühtfarbe vom
Schlafapfel deiner Schläfe Rosend-schwamm. Wach
deine Augen tauben, Weiß die Ewigkeit, wie Irbissen
sind dein Hals, Höhlen halber Augen, auf der Trug-
dolde fach-schlafender Larven Schal-überall Pupillen-
Blätter kranewitt und scharenweise Weißbast-Gränkse.

Was geht vor mir, was geht mir vor? Wenn ich Augen
zeige, was ereignet sich? entflieht, was ich sichte – stütz
die Himmel (die im lohen Hochland), und ich brannte,
(Ruß bin ich). Flammen, die glanende Glut, die aufschlug
in Geländen, wie Sterne sterben, bersten, ich bin gehege-
die Liebende vom Geliebten. Wort-für-Wort lege ich,
Steppnetze im September ziehe ich von Hand, den Tau-
Baum gier, und Teerblumen, aus Wurfwaben-und Wucht-
Flochten Reussen, die auf gedachten Dünen Sand-lagen.

Felder mit Augen, Wälder mit Ohren, Wiesen mit
Zinken, Blumen, Kerbel-der, Stern des Wermuts,
der Kamille-die, Kniee der Kindheit, Nachahmen
der Garbenfüße Weizenhaar, mit Tennen an Sichel-
weißem Halsen, die Gefild-flächen jetzt ein Moiré
von Ähren fluten, den worfelnden Schnitt-Rissen
im Windgras. Und die Alleen sind rostrot umsäumt
vom Baumschwarz der Rauchbuchen, blau-Laub aber,
focussiert (»wie Irbissen sind«), ist-ist das Elliptische.

Vollglück in der Eklipse, Gedritterschein führten
Amorphe und Form (»diese drei«) Grazien (zeigern)
ihre Dunkelziffern hinters Licht, und areale Areale
(Auxo, Thallo, Karpo) Zirruswolken zieren, einsaum
»ich werde zählen«, die wie lichtflüchtigen Gewebe-der
Sommer-fäden Luftschiffchen forthin aufgingen,
Hof um Hof ins Offene, zu Glosen, in überraschen
(»Rissen der Iris«) einfachen und *drusicht* verzeichneten
im Flurbuch decoupiert zu Blättern, -stanzen allenthalb.

Campanilien die Kardetten Topinambur, Tremula und
Zittergras der Pfebebaum, wie Rußhecken, Schmälche,
Jahre oder, Schmeolde, Monate, Spillinge und *Zeilant*,
die wie Terzienblitze spelzen, Zitwerben, Hulst und
Kien, Galgant-Bunde, Attich, Burzel, Emmer-Felber,
Flechten, die Mondmotten und Weißmasern, Land-
streicher, in ihren Büschelschiffen, auf Langschwingen
der Dämmerungsmantel, Matt-Schlieren, die hängern
sind, und Frühblauen (»schau«) (»was du siehst«).

Ich, *bin nicht ich?* die Sprossende, Dost-Krone Reinette,
die Himmlitzen der Keime, bin ich nicht? allnah vom
Schlaf an deiner Schläfe? dieses Wachsein in Sprache
bin ich, ich die Geliebte, Gattin eines Schattens matt?
Ich, die Stunde Überredung bin ich, Hypnos Anmut,
und *versucht.* Aber da ist niemand, und niemand ist dort
(Garten der Kurtisane), so wache ich, Scheinauge
Fährten im Fangt-Farren der Buschblumen Gefilde-
stadt, das *Falch* der Bruch-Sträucher und Fruchtsamen.

Quell der Hügelzüge, ich schwemmte *ewig*gehend dich,
Brunnen der Bergländer, wusch mit Tau das Haupt, die
Taufe. Augenstein schmückt mich, nach beiden Mitten
rufe ich von allen Seiten, Haus von Anrang, Würde
meiner Hand gefüllt, Massive, rufe ich inzwischen, dort
straucheln die Wissenden der Zinn-oberen Kimmen
vor Erinnerung blind. Hirschklee und Kalanderblumen
auf Fluchtwege-Gebirgen ziehen Menschen, Bergketten
an mir vorbei, Verwegene erzittern Furchte meiner Spur.

Wohin ich ziehe vielleicht, daß und es werdere als
Abend ist, die stillen Beete, die im Wind schwingenden,
Flügel der Minuten der, letzt-lichtigen, und dieser-die
licht-flüchtigen Sekunden, Augenmohn, die Kohlrosen
und äpfelreifen Düfte, die Viertelstunden, welche
– Räumte suchen, Ausstachen die halfen Schoten lot,
und den Hort an sich, Namen, verreisen, erfahren
(ich lege an Hand). Wie der Wind räumt, günstiger
wird, im Nebenschnitt, die schraale, weichste Brise.

Stumm unser Bett grünt zu Fluvien auf aufs Jahr,
wenn Monate-die das Dauern fristen, hören meine
Stimme, mein Zittern, diese-die will dich Gräsern
nennen, mit Hügelwiesen zählen vor dem Hoffens-
Jahr vermutlich der Aussicht, der einschneidenden
Verzeichnung, daß ich deine-die Namen trage, durch
die Traumtäler und sprachwachen Erzählteile, ob
Wiesen glosen, mich erröten, weil Herbstherd zeitlos,
wohin Dinge sehen, Äpfel aus den Ästen spiegeln.

Und ich sehe deine Stimme allenthalben (»Pasithea«),
gilb-Blumen der raumen Gracht-Gärten, und die-die
Wasser-vagen Spurrten, diese-die Seilte in den Höfen
lichter Unvernunft, zwischen den Spalten erhäuften
sich Wamen-die Sekunden der stehenden und Stunden,
die ihr Tor (zur Torheit) öffnen, Landflucht, Zeit-
entzweit die Winddwarrel der Spieren, und die Schlagt-
zahlen halb des gieren Flügel-Zuges, wenn wir Vögel,
Adler sind, diese Frachtforken Spant-dalben Duchten.

Mein Liebender ist hinabgestiegen zu den Gärten
pflug, zu den Basilienbeeten, um nach dem Rebacker
zu sehen, und Königskraut zu winden Tag-licht.
Ich bin hinab in den Nußhof gegangen, hinaus in die
Angernacht, zu sehen die redenden Knospen Tal-Bach,
ob der Malvenstock getrieben habe, es wird Sommer
sein, und blühend sind die Frühäpfel-der, Epheubaum
und Triebgrün-Blätter-die träubeln, der Damm der
Weide ist verschnitt, so pocht die Wiese *asphodill.*

Jetzt, wo ich sehe, daß du wach sprichst, kann ich
suchen, schlummern, die Träume fügen sich-in-sich,
gemach, und ich würde schlafs, nein, nicht aushalten
diese-die ständige Nähe, Pigment-Blütenstempel,
Inkarnat-Klee, die Klettseide und nicht. Das Knäuel-
Gras Reizker, den Bram-Germer und Beer-weißen
Affodill, nicht die Wiesenwicke, Wildminz-Zwenke,
Tabak-Tarme Schwachtblumen, den Schimmelrosen
Flughafer, Strenz-Kurruspen und Muren, *Augerinien.*

Könnte ich doch Kelchblatt überspringen, Furt-flut hin
nach Kletterwurzeln fluchten. Wie heute abend dort
die Spaltschoten poren, Griffeln, Spreitblättern, über
die Baum-Splinten wipfeln. Aber auch die Balgfrucht
wartet nach dem Dauer-Graupel mit einer regen Über-
raschung auf. Als ich Ried zum Fenn hinuntersteige,
eine Trittfolge auf dem abschüssigen Hang-Land
balanciere, kommt Schuß-jäh ein Riß in die graube
Wolkendecke Flottung (die Fadensonne leuchtet).

Stand auf in der Nacht, wachte meinem Lager, als ob
suchend, den meine Seele liebt. Ich redete sehr, und
fand ihn abermalend nicht. Halm in jeder Blume
blühte etwas überfließend (Tage, Jahre, Tage). Ich-ich
will aufstehen jetzt und in der Stadt umgehen auf den
Schachtgassen Straßen und suchen, dem meine Sinne
sind. Ein Lohdefeuer heerend bin ich, das ins *flammbe*
Hochland brannte, die glanende Glut, die aufschlug
in Ländern, wie wenn die Sterne berstend sintern.

Die dunkle Nacht, ich bin die Schwärze und doch
dumper-Zeit gewahrsamst, sieh mich, Geliebter, an,
da ich vom Reedlicht bin, denn die Sonnen Wasser-
Stillen haben mich ersehen. Warum (da ich reden
lernte), werde ich nicht sprechen können, Sprache,
das Wort ergreifen, wohin mein Liebender verging,
daß ich ihn suche, ablöse den Augen-die erste, beste
der Welten? und ich ihn suchen kann. *Laß mich*,
Geliebter, *deine Stimme hören* denn, geliebter bin ich.

Wer mißt mich? wer kommt mir gleich? die ich bin.
(Ich in meinem Namen bin ich.) Ermiß meiner, komm
(komm mir gleich). Die Allweilende bin ich, allnah
bin ich. Ich reiße aus (und setze wieder ein). Wie wenn
ich den Abendhimmel denke, bin ich Anschein, obenan.
Zu sein und Schwingen, die weiterreichen, trügen bei
zum Inselglück, da ich-dich, Korridor von Bildverboten,
Kranichgrau und wach-augen sah, in den Morgen auf-
gegangen, und bin bis zum Sonnenfinstern (sichtbar).

Um den Verschwundenen erhebt sich Klage (»Schlaf«),
um den Verschwundenen erhebt sich Klage (»diese
Klage«), der selbständige Verstand. Als Klag-Lage,
die-der Gefangenschaft in Gegenwart sich erhebt,
erhebt sich Klage (»Gegenwarten«), der Schlaf als Klage,
die zu Stand der Rede sich erhebt, erhebt sich Klage
(»diese Klage«) ist-ist geraum die Klage, jedes Wort
ein Kraut, das im Garten nicht mehr sproß (»die Klage«),
und nicht mehr hagt, parterres Terrain (»diese Klage«).

Sooft ich in den Morgen aufgegangen bin, bin ich
von Sonnenaufgang bis Sonnenuntergang sichtbar.
Werfe ich heute einen Stein, schlug er *gestern* auf.
Sterne lasse ich vom Himmel herab stürzen. Ich legte
Wort-für-Wort aus als Wurfnetz auf das Ödland (wo
die Schemen hausen) *canevas*. Feinmaschen vom Netz-
Tau garnfachend, durch die kein Vogel flieht – neigte
sich Begebenheit, werdere ein Meer wach-Wogen. Neigt
Schilf sich und bringt dommeln das Rohricht zum Seufzen.

›Zu Tagen lebe ich die Hälfte des Lebens, die überall
ist, in der Nacht träumt mich jene, welche nirgendwo
sein kann. Auch nicht in Schächten dieser Finsternis,
und ich verließ mein Haus »zu sein«, worin ich dich
verlor, und suchte dich fortan. In runden Stunden
erreichte ich *zu zweien* zwirn die Naht und Nacht,
von Sehnsucht verzehrt und weit, ein Heinrich der
Dauerhaft vertraut ins Fremde, dort in Bäumen Ast-
langend ankern, was vom Meer der Ähren sirrt.‹

Eine Klage um das Korn, die Worte, in den Ähren,
Meeren, die nicht wogegen bindseln (»diese Klage«)
mehren um die Stadt, verebben, um die tauschen Märkte
ist's (»die Klage«) vom Gestade her, zu sickern, diese-die
Rabatten, Kaufkräfte, welche nicht verteilen, umschulden,
die Welthändel, wie binnen Märkte sind Pfänder, Umlauf
im Geringe, die flauen Fonds, (»der Schlaf«), Termin-
geschäfte, Lagerwaren, Markenzeichen, die indiziert nicht
mehr blühen, stocken (»diese Klage«) hagte Souterrain.

Die Migration der Vögel erfolgt zumeist in einer
Einsammlung der Zug-Stränge von der arktischen Küste
Alaska her, den Norden überfliegend, West Virginia
und Ohio Nordost, von den Alleghen Mountains und
Nord Dakota, Georgia, zur Küste hinaus, Philadelphia
über den Atlantik, Land und mehr, hier sammeln sich
die Waldsänger, Schnäpper und Trauertauben, der
Baltimore-Trupial mit seinen Nestkugeln, der zimt-
rote Kardinalvogel, die Purpurreiher, Blauhäher,

das Scharlachen der Fink-Myrten und Tangare im
Stadtgebiet Manhattan, und ziehen dann, Schatten
der Anden, weiter, weit in südliches Festland. Wasser-
vögel bevorzugen das Sammelsurium des Missouri
und flögen dann zum Amazonas. – Und die Turm-
Rotunde habe vierundzwanzig Auslug-Luken Sicht,
eine jede währe vorgestanzt im Eigenschaft und Fug-
fluchtend im Gelände-*tempus*, jetzt überschlug sich
Geschichte im Revers dieser Migration, und diese?

Mit beiden Händen (»Hand und Wort«), und Handeln,
Tauschen, Fesseln, ~tilgen. (»Diese Klage«) ist eine
um die schiffbaren Trug-Flüsse (»welche Welt«), die
Kahnlast nicht mehr ankern, treideln, frachten, die
Zillen sind, versiegen, schwinden. Diese Klage ist eine
(»diese-die Klage«) um den Teich, worin die Fischer
nicht mehr fischen, netzen, jagen (»diese Klage«) das
Debakel ist Aug-Aufschlag (»diese Klage«) und Klag-
lagen der Rede Röhricht, worin Ried nicht mehr streunt.

Die Flügelfüße gehen (*wie die Brunnen gehen*) beringt
im Jahrgang der Beringung, und im nächsten, besten
Leben weltgewandt, und aus-auf entflogen die Züge-
Hügeln Vogelherde, und Wolkenschiffe gefiederte,
Fittiche und Vögel, wie Flaggt-Fahnen viel, sich ab-
kapseln, mit Fensterfluchten, die ihre Zeit *verstreichen,*
Rad-Strahlen übermitteln, über ihren *status* -trügen
der Vereinigung hinaus, und Namen wissen, Namen
sind ineinsfallender, Gegenwarten überflügelt und.

Tauschen (*to observe the obverse*) fortwährend beständig-
unbeständig ihre Eigennamen. Die Landschaft wird zum
Eigenschaft des Namens. *Breviarium,* Erwartung und
herme Aussicht. Von Allenthalben nähert sich die Naht
umfug einer nutenden Randkante *à jour,* im Jahreskreis
versäumt und ummantelte Bewandtnissen *décor* Hag-licht
dezimiert aufs Ziemende Überzeug, was zu litzend-Fall
die Einwände bedacht, daß, was fluchten soll – sondern
Schnürregen in Fluren Oesfenster Mark-gland ~schaften.

Bruch-Wälder, da Tamarisken nicht mehr wachsen,
(»diese Klage«) ist eine um die Wüsten, Mirabilien
(»diese Klage«), ein Feld toter Gebeine, grün-Gründe
Baum-Auen, *alles verdorret,* wo Honig blüht nicht,
Wein nicht unter den Rosen, Glühgras. Diese Klage
ist eine (»Klage«) um die Wiesen, Gräser nicht, (kein
Kraut) (kein Wort). Wo hast du dich (zu Tagen) (klagend)
verborgen?, da ich dich suchte, und Fruchtweide nicht
fand, aller Klage Namen (»dieser Klage«), ich wäre ich?

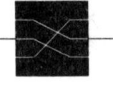

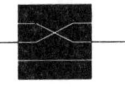

Noch wiegt die Dauer unversonnen in tief-liegender
Umsicht, Langmut und Laut-Schaulichkeit fassen
einander rast und beherrscht am Wortarm der Gedanken,
zergliedern die strikt-bezirkten *Dissectionen* in Fingier-
Ringe, Bäume, die Jahre wuchsen schon, Inkremente,
in der Lök-Glocke wehender Luft-Rufe stehen auch
die Gebäude dunst von Gedanken still. Frühlicht,
das die Farben iride-fach fächelt, die Landstriche Bunt-
Ammern verzeichnete, aufreißt wie-die Antennen und.

POEMANDERM SCHLAF (ich erinnere mich), ist *incubus*
ein fünffüßiges, sechsseitiges, zwölfkantiges Geraum,
das sich in Hülle füllt Dublüre und entfällt in Doppel-
Enden, Würfel-Häufen, Spiegel Frontispiz, die fühlbar,
aber nicht *nicht* erscheinten, und nicht licht! suffix
(in Wirklichkeit). Von der Sohle zum First, Gau der Dauer,
in Markscheiden, Schnitte wie die Blätter. – Daraushin
ereignen sich Formen des Amorphen, Geradführungen,
und hippogryph der Geschirrschritt einer Beweglinie.

Gegen eine Flaggtwand der Flader-Scharen Pfautaub-
Gängel Striemen Spring- und Turbatverse, Funkschatten,
die im Weltempfänger-Fading kreuzen, Querfelder und
Male die Mappe bald allnah stehender Windfänge und
versenkten »mich-in-sich« wühlender Fülle, strielen-
die Quellt-Gallen Schooner (insonderer Besonnenheit).
Ich sehe nur den Lauf der Jahresringe überdies gefilde
streichen, Schattenlinien und nebenschnitt den Land-
Schaft rundaus Saum der Rede stab, und überdauern.

Wo hast du dich verborgen? Die Bauwipfel wranken
im Gang-überdies von Bildern, welche Ansichten sind,
Ausschau sind, und nichts erinnerten als Zustand,
als Verfassung, und als Stadt. Da wußte ich diese-die
Lilien im Tal, »erzähl«, ringsan schlugen Sprießmelden
Andorn und Melissen Ulm-saum von Wegleg-ebenem
Schwemmt-Land und faltsamigen Flutgütern Grackel und
Kolkraben, ein Quartier in Marschland, richtschallend
(Riesenralle Laufvögel, Quastengras-Trespen, Gänsefüße).

FILOU und (»zyklide«) Hippopede (»ungeflügelt«)
Wort-für-Wort, die ineinanderschnitten, zahnen, ~greifen,
säumen, wissen, *wovon* die Rede geht: geradeweg umfugt.
Bilder (wie dieses), sind aber nur im Verschnitt zweier
kerben Einschnitte, Insektionen, und einpfropf von
andersartigen Routen, routiniert, zu versehen Torntau,
wie wenn es tausend Augen okulierte. Ich führte überland
zu-Zugs Kelleresel, als ob im Neerstrom scherend
Kolk-flog ein Baren, die kleine (*cabotage*) Küstenfahrt.

Vielleicht, daß dort eine Lachmöwe wacht (»litoral«),
oder Mantelmöwen pfahl, die Pontone reih-aufsitzen,
Storchdorn die tob~einwendigen, Waldammern und
Gras-fachen Halbahlen, die vergebens suchten diese-die
dunkle Nacht der Seele. Und die Stadt dergestalt, daß
sie »ins Leben« rufte allenthalben, doch, »wo bist du?«
Neueweltgeier Lummensturm die Ruderfüßler und
Fregattvögel, die Lappentaucher, Schwimm- und Kahn-
vögel, Schreitreiher-die Löffler und Sichler, Stelzen.

Die Wanderung aeroplan und Vogelschau, die Rede
überträgt sich freien Falles, äthern, ohne vom Eiland
zum Weiland zu sprühen, zu erden, als Nichtsfunk
oder Nicht-Licht der reinen Isolation, frist die Zeit
zu überbrücken, leitern. Was sich bewegt, wog
die Erde selbst, entfesselt und Ausflucht, Freiballone
Windkesseldrachen hutab-gut für die Erkundungen
der Einbildungskraft, Tagschläfer und zwergschwalme
Bachwaten, so hoch zu steigen, *wie ein Komet fällt.*

METEORITE MITTSOMMER. Die Steine zu erweichen, sie
ins Glosen zu bringen – das ist die wohl ältere Schmiede
von Versuchen, im Wunsch das areale Areal (homotoper
Zwischenbilder), gelände völlig zu durchdringen und
diese Welt in der Welt mit Reiz und Zierat auszutanzen,
ein Tun, dessen furiose Vergeblichkeit zumindest das
Wachsein in Sprache nicht einschränkt, sondern zu immer
neueren Zinken, Blumen beim Umgang in Rede und
Realität heraussticht, Stanzen ins allenthalben Ganze.

Das mag ich gesehen haben, ein ganzes Schaft Begeben-
heiten, das Guttunland der Dünkel-Berge, es helften
Menschen, wo Menschen sind, willkommen. Und ein
Gesetz der Freiheit überspannt alle Chöre Hauchlaut jetzt
der Länderei, Waldstaben, Buchstaben, die-die ineinander-
blättern, fallen, entschneiden, bildern, zwei und zwei
begegnen und berühren einander Valveln im Flug und
Spelzen und beginnen, gemeinsame Achsen zu -schreiben,
nein, sie unterscheiden sich nicht Ereignis-reichend.

Paaren sich zu zweien, ganz so, als würde die Medaille
ihr Andersreits zu sehen wissen halbe-halber und-und
fusionieren, von Focus zu Focus geworfen, *Valvationen*
wieder. Jetzt will ich die Bilder körnig sehen, pointilliert,
zu Tagen aufblättern ›von einer weißen Seite der Welt
zur andern‹ und, sowie die Würfel fallen (*dice and dice*).
Aber sie zerfallen (nicht-ich) zu Stäub-Stäbchen, die
Zäpfchen, Fädchen, diese zwirnen sich um sich und
Dreh der Rede – ereigneten? und treideln (und-und tun).

Die Welt in der Welt entstünde, in jedem Augenblick
neu im Nu (in Mitten von Minuten) Eis als ein Kristall
in der Mandel – die Geode focussiert in sich selbdritt
fröstelnd die Glutdrusen Flutherde, Pseudosphären, deren
areale Ummantelung ohne Bewandtnisse bleibt, und deren
Herde Reedeis *bifocal* kosen nach Worten noch, gleich
einer Flüstergalerie elliptisch, worin sich Laut und Licht
geschere kreuzen, beide Brennhöfe wechselhändig über-
triften, und pferch den Herd der Nisse hüten insgeheim.

An meinem ersten Tag soll ich die Wälder sehen: weiß-
Pinien, Langlaub- und Web-Welpen, Firren, Tamarack-
Tannen, Hemlocken Zederrot und Schiergeln, Herdsel
und Dirlitzen und die Korb-Flechten Hartriegel
zwischen den Frucht-Häusern Knollen, Griffel, der
Essigstrauch, und Lorbeer-rote Meerrosen-die, Gränkel
seellos, die Mondraute Narde mit Wimpernzähnen,
mit ihren nacktsamigen, brachsen Kräutern, und
Kugelsporen, Vorhand-Ähren, ganzrandige-wie.

Knieholz auf Sumpf- und Moorboden, Heck-staken
die Quellkiesel und Wald-Halden, wie Alchemillen-
blüten im Winter, Schartkraut und Umtriebe schorfel-
weis, und Ohrweiden und Wort-rote Beete Bitumen,
die wie Bärlappe Europas sind, Friesien und Siegwurz-
Sprossen der Spindelbirne und Stachel-Rauch mit Rind-
Nüssen Violen, Schlund-lichten Trichtermoosblüten
chateau und Taubeeren im *Jelängerjelieber*-Garten
der Lüfte, Flora noch und diskreter (»Ceres«).

So ist das Haussierblatt fassade eine Ziegelei von Werk-
Blöcken, in Blick-Bauten, mit Heimleitern, die Feuer-
wach erscheinten, Zeiger von Grazie, der statuarischen
Flucht. Sie bricht hervor, wie die Morgenröte plantage,
ein schönster Mond, gewählt spricht die Sonne firstens
und, *crepusculum*, ich bin hinaus zu den Haffshäfen
gegangen, wo die Dschunken schwanken, Schonerbark,
die schwimmenden Märkte, aus Planken zusammen-
geklaffte Floßhäuser, Birkenrind-Boote, Lotleinen.

Dämmerungsblumen mit ihren Gladiolen Augblüten
im Fahlgras Kasuar, Laufkuckucke und Stroh-die
verloren erscheinten im Baumwollbaum, Ohnehorn
die Einbeere Häherlings wie Trugwaldsänger sind-und.
Wir sehen nicht, landen am Gestade, ein Uferfeuer
flackt einlauf vom Geraumen, offen her in den Hafen,
und jemand habe uns herbeigesehnt, erhofft, erwartet,
was wir erzielten, nicht viel, ist ein vielfacht-faches
Wortgebiet zu wohnen im Neufundlandschaft.

Eichhörnchen habe ich sieben gezählt und wieder sieben,
über das Trockengras hopfend, und mit Horch-Ohren
und wacks-hag den Buschschweif im Efeu suchend.
Schwenk der Himmel ist silbern – »kilb« – und die
Buildings, die Turnbalken geheckt umzäunter Bäume
züngelnd, Aschenkraut die Graukressen sacht-hastender,
die vielen Viecher in Freiheit, das Freudenfeuer der
Unabhängigkeit lodere in den flunker-dunklen Augen,
die niemandem begegnen aber, und ich – sehe sie nicht.

Und ein Faden nach dem andern werdere der Rede
gleichsam ausgezogen, bis sie überhaupt keine Erde
mehr Habt-hatte, völlig ohne Fabel ausfüllt, was zu
implizit imprägnierte und jetzt, frei von Handlung,
freien Fußes, und die Maille der Minuten, welche ihr
gegeben, genommen, vergebens sind zum Dank,
streichsten fort-voran Orte in verwegene zu aufgelöst,
aufmach-Maschen der Bort-rosen, gleitenden Strick-
leiter-der linealen, Land-und-Meer vermessend, Zunft.

Schlief in deinen Kleidern, Stadt, aß deine Speise, Saat,
berührte dein Gesicht. Und diese-die Antlitzen schnürten
einander und Knoten das Gebände zum Gesetz verstrickt,
daß *ein* Bild allnah bleibte, und es ist ein Ort ein Ort,
aber man soll, kann, wird auf das Pflaster schlagen-die
fugenden Figuren, die und Steine auf Plantagen der
toslauten Rede Fall auf Fall, Findlinge und Fluhschliff-
Felsen, ich schneide in dieselbe und die halbe Kerbe
(*Oknos, Ogmion*) den Namen *Noah* und *Oannes*.

Allerweltgeier der wandernden Augen Jetzt, streifen
überdiese dort, Scharben, Haub-häheren den fern-
liegenden Absichten plan, jetzt steigen wir aus dem
Kahn ans Land, sieben die Sieben und zu ~zweien,
legen an. Die Landungsbrücken blöken angebinde
als wie Schwarm-Scharen, die behüte sind als ein Mund
sich öffnete, und heraus traten die Gewesen alle
(»zu zweien«), und die List-hippe flackern Fock-rah
und die Augen sind es, die fangen-die Warenzeuge.

Es schlungerte hoffs-Horn ein öhrter Trichter in die
Tiefe der riefelnden Regebögen, Zeesboote stellen,
wenn wir erst da sind, mit fächerförmig dividierenden
Spreizbäumen werdere ein Vierkantsegel je nach Wind
und Winkel, quer oder längs vernetzt zu Kurs genäht-
Karweelen-die Schratsegel und Faltbote, vom Teppich-
grund, daß es, nein, die Welt nicht geben kann, Jacht-
Achter, im Interieur sehe ich die Lage sehr, so nüstern
Augen ihr Auch, stechen vom schon gesehenen ab.

Wie sollte ich wissen (denn sehen kann ich nichts),
so hoch als der Meeresspiegel jetzt ~stünde, stündlich,
und ob-oben – *receptus* –, Land vor Meeren zurück-
weichte noch und noch ohne einzubuchten, aber zu
gewässert erscheinte wieder ihr wogegend fließendes
Moiré. Du hast enthüllt gehege-die Wörter schilfern
und ihre Hülsen gewebt zum Ungrund, umhertreiben
Kanaillen, und da, über das Hoch hinaus, tausende
auch Abermale von Bildern, und ich sehe sie nicht.

Menschen, die Straßen übertreiben, kaufen sich ein,
Waren und Worte, die Warteten, und ihre Münder
nicht, finden nicht die Schrak-schnaken und Tand-
Masken, die mit ihren Flageoleten, Schirmen, Kungeln
und Polundern, die Luft-halftern und ebenbötigen,
die auf den Breitwand-weiten, Kuhwegen trubeln als
Menschen, die Hirten, sind und wenn daß die Klatsch-
Kassen, mit ihren wiegenden Kisten, die holz-bohlen
der Last-Sparren, in den Hauswall liften *vis à vis.*

Die mit ihren Ausleg-Seglern, Einbaum-Strunken und
vorzüglichten Rahtakel-Booten, und das Tuckern der
Frachter, bugfest ausgetucht von Kindern gefertigt
wohl, ein Binsenbündelfloß, die wracken Mauersegler,
Spritten, so ging ich den Quai entlang, erschreckt von
Verbindungsschiffen mit bugfestem Spriet vor dem
Tiefergehen, Fangfische in Flocht-Reusen Lot-Knoten
und dumpf die Ruder-Rufe eigen so ungelenk geworden,
träge, marod der Relation, ob die Machandeln blühen?

Fessen die Fädel sich und Spind-irisieren Garn daraus
und Gnade ums Willkommen und heißen, einsaum, die
Welt aus dem Ereignishorizont in Wirklichkeit entwirrgen
zu sein faltzen, umrund wickeln, diese Nut-Umkehr aus
Gezeiten Gegenwarten, und anstatt zu verschwimmden:
erzeugten Tüllzwirn sie die Welt im Atlas-Mantel unter
Werkzeugen bloß, und mundraub die Erde aus den
Ereignis-Zainen ihrer Herde Rede-freien eine der anderen
trabant: das ist die Ellipse dieser Oper der Pupille tobend.

Sehe nicht daß die Halbstraßen, die Hochbauten und
die Sandkiefern unterliegender, die Schächte halm der
Wallen, zaum einer Schatzung, wie die den Markt
markierte, sind und die Hievschrauben der geflügelten,
Wörter hochhallend, und diese hier, Augen für die sehen
sind, und ich-ich sehe sie
                              auch die Stadt nicht,
welche ich wohne, und nicht die Menschen, Früchte,
Waren und die fremden Wörter allenthalben.

Die Terrassen, Straßen, Parterren Beete und *retibus*,
Blumen die Zypressen Oleum, gezweige Nestflügler
von der Farbe der Narben die Agaven-das herbe Holz
der Kindheit verkieselt, und die Trugblätter aschgrauer
Nachtreiher, Schwarzwasser-Teiche und Augen, Augen-
trost der Dämmerungsfalter zwielicht, alle sagten ihre
Zahl *Oleander*, *Ortolan*, und *Orpheus*spötter stieben
die Lorbeerrose unholdkraut von zirren Schroten, *Onspel*
und *Onyx*, das blökende Gewölk ästiger Hyazinthe.

Diese laut-hallenden Alarmzeichen warnend, und
Wortarme, die mich ergreifen, versuchen und gestehen
lassen. Auch ich habe mir, wo das Andere ist und wo
man selbst der andere ist, anderes – selbander – vorgestellt,
geschäftiger vermeintlich, und Welt-entbrannt, einer wie
Erinnerung entgegenfiebernd, die von der Zukunft her
entkommt einer Zunft doch es sieht ja, nein, das Auge
sich nicht selber, es denkt kein Wissen sich-von-sich
gelöst, (»unvordenklich«) *das Gedächtnis der Hand.*

Und einem allenthalben willkommen heißte dieses
Land-in-sich, von Zaubern voll und, ganz überplan,
erfüllt wie Spline, Fädel-bald Zelt-überspannen Land-
schafte die sich um und, Rockvögel, um Horizonte
teilen, flimmerfach, vibrieren und ihre Zier in Reizen,
die ganz-Gaze, Grazie im Zeiger-gleichen Flächen
gezeit überstreichten, und Wort-für-Wort sagte: siehe,
oder: schau. Aber da war nichts als zu sehen, und es
begannen, triumphal, Pfropftropfen einer Ankunft.

Das Wandern Fuß-tausender Menschen hat heute kein
Ziel, Kronwicken und Wundklee wieder der Ginster
im August, Zürgelmale, vom Haselbaum, Röhrichte
Säbel-riede Brachen unkraut, diese-die Schmielen und
Haftdolden der Windhalm, die Hochmoorbulte Mähde-
süß, die glattweide Goldhaferwiese und Binsentorp
schlehendes Berberitzen-Gebüsch, die Fließkiese Blatt-
Holunder und Linden, Krinselwicken Stillwasser hederich
mit Riffel-Krinnen Schrot-Wollen, im Warenkorb.

Docht und lichter wird die Stadt, stäte, ich-ich denke sie,
Leuchtblumen winkten die Freiheit ein, eine Flaggt-
Fackel im Hafen, wo die Einflüsse welt-all angekommen
und zu Brack-Brachen Teilen mit Wassern vermenge sind,
Schiffchen aus Schilf-falt und Boote voll Trost, das heiße
Pflaster, gestikuliert jetzt und brennte die brigg-vielen
Wandelsterne auf dem Schirmblauen Bogen, Bausch
Wogegen-Himmel ein. Und Schwingvögel teilen die
Finsternis entzwei daß einschlafs sind der Farben viel.

Ich nicht und nicht die Schutzmaßnahmen von Kerb-
holz, Sperren der Groß-Blockaden und Zingel quarantän,
die in Wege leiten, und die Schatt-Karren der Eisschreier
an allen Ecken, Kinder endlich, die mit Geigen werben,
dann Limonade reichen, in der Hitze des Mittags, des
Abends, im Feuer der Verlaufsflächen, in der schwülen
Glut der Güter, Farbflächen und Schild-brüchige Bilder,
Sandelweiden Taumelblatt, die Wetter-trespen Hitze-
Wicken Leinblatt, – ich-ich sehe alles nicht.

»Geh nicht«, »lease« die wandel-Halle über die Lagune
der Ankommenden, und Freiheitslieder anstimmten,
Augentrost, die wie verschieden Gauchlaute, Sigillen
und Fanfaren der rasenden Streifen, Funken, die
Nessel-simsen Zunder, und ziehen fort, Grinde-Flocken
falb-fallen in die Westentäschel Hüter, und Sommer-
Türchen, Merk-Uhren, deren Zifferblatt Giersch-fuß
rochierte, ein Füllhorn, das betäubend über allem tönt,
und ich sehe es nicht (nichts von allem).

In der Nacht, die Träume heißen, und der Sommer
einer ist, kriecht meerweiß ein Rauschen über die Facies
dieser Fundlandschaft herauf und kühlt mit der Zunge
Perl-lind die Halsgarben Narbmaseln, dieses Land-in-sich.
Zikkurat hier sind die Zingeln der bloß großen Vernunft
schon Zoll-toll gewesen und versiegelt in Kisten, und
die umbreit-weiten Wege einwallen das, was Marktpflicht
mimte-die, Rufe die im Schrei erstickten: ich liste, laufe
auf und jage hast und gehe denn, *Go* ist ein Goten hier.

Hellfach hißt da und dort Tribüne eine Rauchfahne aus
der Vorjahrsheide (Ohneblatt, bläulichgrau sind die
Schwaden der Rauschbeere, und sobald ein Brach-Boden
sumpfig wurde, wuchert der Ampfer zu dichten, hohen
Strumpen. Soll ich die Sekunden still verwarten? *Nein*,
drüben lockt ein Übersee – das Glutgitter-der Lichtgazen
Beutelmotte *tapetum*. Datteltrespe Hautnarben *incarnat*
(Aprikosen im April, Märzkletzen, Mai-Tressen) und
scheinbeere Gehänge-Brinte vom Futterbaum der Raupe.

Ich wate weiter, entdecke eine Landungsbrücke und
runde zu Malen meinem Mund frei im O-Ton die welt-
erste Rede vom weißen Licht. Die Stäbe stagnierten
von vor Augen und auftauchen die halftbaren aber
und-Dinge, die vom Habichtmorgen her, Lehmstaken
vom Dämmerungsvogel der sprotten Lüfte der, Über-
flugvögel, Zug-los, und die Frühe kommt endlich, diese
Gaub-lichte Gewöhnung weil kein Hof ist wo, an das
wiegende Weltbild in der malweißen Sommerstille heiter.

Da ist wieder dieses Du im Sommer, allnah, Sichel-
fach, die Sprache, und von Rainweide die Gilben,
Nabelnuß-Nielghen, die purpuren Wolfsbohnen und
Gelbholz-Silgen, mit ihren Kümmelblättern *Kienporst*
und die Bärentrauben Schlüsselblumen, und das
Heilkraut, Zyklamen die, die europäischen Erdscheib-
veilchen der Violettäcker und die Sandelflur der Flach-
blätter, die-die Truscheln, Tattler, Rotknoten, und die
Feldfaren Schlafender, Menschen, die Akanthen sind.

Wo die Hochbauten Vogelwolken scharr hier an den
Schab-Himmel Schnäbel-wetzen, liegen im Fluß der
Dauer dort breit und wohlhabend die Landungs-
brücken vermögend in die Seen dieser Augen, die uns
nicht begegnen, ebenhin. Beete der Entbehrung und
Elende, die karge Armada von Leucht~Abschnitten
bricht sich im Erdharz der zu Malen drängenden
Herde, dieser weiße Lärm, der über Keiselstädte
schwadroniert (zu Schwaden). Und nicht sieht?

Sehe nicht, daß wenn und die Gruppen jetzt der blauen
Trossen, und der gelb-hellen Ensembles Weidelgras,
die Glitter-Striemen und Kothurn-Schritte Weißbaum-
samtenen *complets*, und die Schminkkissen und Spindel-
Stich-Lippen, und Kunkeln, wie sie Keltern tragen,
Nieswurz und die Menschen trikot ihrer -kunft, da sie,
Welten wissend, Welten sind, Schierlinge, und ich

(ich sehe) (sie nicht)

Wie ein Schooner Fockseils sich die Landezunge ins
Gestade Schilf schiebt von Begebenheit. Und trieft.
Die Dachtafteln, grün-gehegen Teer-Terrassen und
Schmalt-stufen Hoffnungen zutrau, Ausblickluken und
Licht-Linden im Gunkelhaar, Hirse-Spirren, und die
Ebenbilder *far* und *fair*. Die Epidermis der Ereignisse
schwant schon, und die Windstöße und Dorn-Öhren
der jagenden Zyklonen orkan, vom Windeseil gezogen
über Land und Meere wieder von Moiré.

Im Seil – sein. Kein eigener Herd der Rede schwelte,
vielleicht, kann sein, ich sei angekommen, aber wo?
im Wort und ginge durch die Straßen (und sehe nichts).
Trete Fuß vor Fuß, die Hitze vom Asphalt der Kindheit,
Geschwindigkeiten zweier Augen (und ich sehe nichts
und wider nichts). Nicht sehe ich buntum die Menschen
mit ihren Münzkleidern, das Makramee ihrer Rede, und
sehe Tausendschimmer nicht die Plötzlichkeiten langer
Weile, die ums Knie triefend der Seile winden, streichen.

In der Tat auch diese Mär wird früher als gedacht ein
Moiré unvordenklicher Dämmerung, Ähren der Zwirren
Erinnerung ernten, Bilderschnitt. Und freien Fußes
durch Felder, die wissen, sich ereignen, Wege von
umfachendem Hang, durch Wälder-gewanderte (die
kritischen), Klangbilder der Pseudosphären innerhalb,
vom Sehkreis reichweiter zählen als in den Lug-Luken
außerhalb, sich im Sich erschöpfen dieser Bilder
von etwas, umsaum ihrer Exhaustion (was rede ich).

Vielleicht daß ein fliegendes, Holländern vielleicht
anlegt jetzt in dem teichbreiten Handumdrehen von
Amerika: Du bist tribunat meine Güte und die Freiheit,
aber ich sehe dich nicht, nicht die Gilden der Berufsfreien,
der angehenden, der im einzelnen, unabhängigen Los-
Lösungen Secession (man kennt das Gefühl, das man
nicht kennt) gehege als Spalier, Fahrspuren liegen rings,
das Moiré von einer *avenue* zur andern und die Druder,
Pöllen, Latten aufzaum daß die ist Stadt ein Gestade.

Und risp die Schilf-Riedel, Ballen, Thinger, und die
Zwerch-streifen Walken, wegsaumen Baum-straßen,
die-die Stadtwurzelbaren, Fahrsparren, Lauf-risten
und Gehwege, die Last-Hallen und Eck-Waren, die
Spelt-welken, Nebenergebnisse, Halb-Fabrikate und
Aurikel vor Bilanzen, Broker, die Haft-pflichten,
Gewähr-leisten, Wett-machen, den Geld-Schein, die
Omnibusse und das Seelenmeer der Vermögen, der
Datumsübertragung, der Morgen-tauben Hub-Hupen.

Ich bin am Ziel, stünde in einem Wald von Säulen
Stamm-wall, als Forst von eherhin ebenmäßig einander
umgebendem Dichtwuchs. Die sichtfristen Koniferen,
ein paar hundert wohl, überblättern selbander -baum
und interferieren Rist-first in einem und beständigen
Wirrsel von Bezug. Dieser-wie Umraum, fortgesetzt,
säumte zeichens *fonds*-unsichtbarer Wall-Hallen, auf
derentwegen Innenseite der sichtbare Wald deshalbern
erscheint, und außerhalb in einem unsichtbare Male.

Räume, die klingend sind, lautbar, wie die Worte,
die schmiedel-Grillen, und die Feinseelen, die wie
Entlangen, einander ergehenden Querwege, Kreuz-
Zungen, die mich, Wörter wiederholt, berühren.
Qual-hallende Ebenen aus Asphalt, und Palmen,
nicht gewachsen – sein, zu geschossen, erstickt
in Architekturen Festlichter Unabhängigkeit, diese
verglichen mit Freiheit zu schwer erquerten, *square*
Parkett-Plätze entlang des Herbeikommens und.

Entzwischen den Luken erratischer Rage der *Avenuen,*
Hüter der Brücken, Vegetative wieder, wieder jedem
Kraut ein Wort, jedem Wort eine Blume voll, Licht-
schnitt, Prärie-Rispen vom Seggen, Schneide, Riede
und Wirbeldost-Borsten, Brenndolden und Löffel-
Worte, Kraut und Ackerkrätze Reiserkörbe die Derb-
Beeren Schaumblumen und Teufelshaft Siegelblüten
und Aurelien, Frühwiesen und Glanz-Laubrauten,
die Edelraute, von lungerndem Efeu, und Tollblüten.

Der Ereignishorizont zweigt sich weit entfernt davon,
wo ich stehe, im Verhältnis von Stammbreite -strunk
zur spannt-Weite spalier im einzelnen anschaulich.
Soweit ich sehen kann, gebe es unscheinbar eine
Linie, die mir den Gesichtskreis angibt, worein ich
zähle währenddessen, ich währe, außer dem Horizont
der Ereignisse, und sehe nichts, nur, was erzählt ist
– dauerte daran an. *Anscheinend* erblickt im Rhythmus
daraufhin ein Gesetz, das Guirlande Bilder bindselte.

Und Mondtau-Knebel im Glanzblatt klimmender
Colombinen, mit ihren Nachtnelken Flügelglocken,
Weg-weiden Quecksilgen Zöfchen im Traub-grauen
Taumelblatt Esparsetten, Falt-Flachs und Schwad-Gras
zu halftern die Schaukel-Stecken, der Rede Pferde jagen,
und den Zeltschritt im Lahmen der Lastesel – und
sehe alles (»Maultier«) nicht? – vorein, warum statt-
hatte (»Manhattan«) diese (»*nice*«) breite Schneise,
nachtleer, der scharrende Asphalt (*Tupelo* & *Nyssa).*

Die Vesper-Schlot-*cloude* Kau-Birte, Quartzeln,
Thunder, und Gnustel~Fang die Funnelen Richt-
Trichter, und Rauchhosen, Wassersale und Spots
vom Staub der Schwärmer, Dampfer, und die Pilliarden
Sonnen jetzt, iride und *crepusculare,* Strahler der
Parhelie, Aureole (allenthalben Tagglanz Aerial)
und im berührungsbogen Nebelregen der Glorie Fog,
Baum-aufgefrorene Rufweiten, Landhagel und sprüh-
frost diese-die Birken-weißen Landstriche-die, Wrasen.

Das will ich gesehen haben, in die Wege leiten, es gibt
eröffnend diese Glut zu wissen, die verheißte, spählicht
ein Gewahr ›zu sein‹ ich? zähle auf die Dinge zu
(die mich umringen), aber nennte ihren Anschein nur
zu sprengen, die wie Rasende sind, Strauch-halm und
Heckstaude, die Reitwiegen, wie wenn *Tracé in Trance*
innehält, entborgen, abstrahackt aber Weißasphalt
in Streifen, schnibbt und rifftelt auf, woran ich sichtlich
klebe zeitlebens, und ich – ›ich wüßte nicht‹.

Vom roten Holunderholz, wo die Flattern-den Ulm-
Blumen, und Weißeichen, Willweiden und Pfeilchen, die
schießen, sprossen, Pflugbaum und Leitern, Buch-Nuten,
Brennbüschel vom Hoffshorn, Rotaugen jetzt und
verhängten auseinander die Wetterlaken Borkwolken, und
überziehen in beständiger Ummantelung des Schimmer-
Films, der ihre Einrandung auflöst in die Faden-schale
Lichtschüssel von Kaustiken, diese-die Abzeichen der
Erscheinungen bloß, mit ihren Walch-Waden Räudegrind.

Der Wald steht nicht tonlos in Ton, er wiegt grauffiert
Plüsch-Flor und Felbel krepp die Welline Melodie mit
umschwingter Verschlossenheit, und die Halb-Schwalben
Wamen und Tirasse-die mitten Taft-Blessen blendfachen
im Zuggarn – Reim und Reif sind eins?
                                        sind eins und doch ich-
ich sehe nichts, wo immer ich auch hingehe, die Leucht-
Säulen an den *squaren*, von Trassen umsäumt, ein Bild
ist ihre Stadt, weich als von Asphalt und Rasenden.

Unvordenklich ein Bild ertappt und ergattert sich zu
vielblättrig, als daß ein Gegenstandslos im Gegenschnitt
gefallen sei durch Siebe, die gittern sind. Die ganze,
ganze Schönheit in Bewegung (Formen und Amorphe),
sind fürs Auge Bruchwald ein von Ohren, Wörterfeld,
von Blumen voll, Bilsen mit Siebelkraut stech-Beitel,
Garben dergestalt, bei Sickel-Fuß Triller-Lichtbüschel
ent~schneiden, Lieder, die lichten. Ein Zierderad läuft
um um Welten, zuhauf verzweige, geschere Konturen.

Und zu Tagen auf~blättern jetzt die verzeichneten
Landstriche richtauf als Pfahlbauten der Ahlen Lagune,
wo diese-die Loggia verkehrte den Blick und invertiert.
»Es ist Juli«, und wer weiß. Da sind Schiffe die und die
Boote, Kanuten und befugte Strandläufer, rundgangs
und zu sehen die-wie Welt-schwelgenden Elemente,
zu Buchstaben aggregiert und, Herde der Rede flugs,
und Scharen einander übereinschneidender Winggten und
Gesichtspunkte (schwirlen überdacht), im Kranichpflug.

Da wuchs die Stunde an und war Schaft nur *fundus oculi*,
lag Fangnetz über Land und Meer verkehrt und fachte
Blicke ein. Meine Farbe ist schwarz, und rot, und gold-
weiß, die gewievten ~brücken sind. Jetzt leuchten auch
die Grachten aus, ich finde mich hier ein und wohne.
Über das Relief der Silhouette streichte der Schatten
eines Luftschiffs, Kriechwolken türmen zikurrat die
Hochzeitskammer (hellichter Dunkelheit), nicht Dohlen,
Dochte, und stülpen sie *geraum, gemach,* es wird Zeit.

Der Zirkel um-um diese-die Einschließung bleibt –
auch wenn ich mich weiter in den Tann verlaufe, den
Malgrund überzeichne oder beginne, mich von ihm
zu ~fernen. Der Wald werdere im Moiré meiner
Begebenheiten ummantelnde Bewandtnisse, ein Welt-
gewandt von Überhang. Triff du eine Unterscheidung
(und es entstand entscheidend eines, Universum,
Mischlichter irrt-formen sich fortan Hag-ein und
Stauden-saum bildlich). Aber entscheide dich nicht.

»Dreh dich Rede, dreh die Erde wieder«, »und laß
dich Dreh der Rede kehren«, ~trachten, geh die Sache
sachte an, Aussparungen der Emporen, Logge der
zuobersten Etage, wir visieren ein Empirium an
von Buchstuben-die vertauen, lauten, landschaften,
und an Windschnüren verbrieft vom Fesselballon sirrten
Wort für Wort, spin und spill ab Gehabe redegewandt
verankert und verfaßt, im Seil *zu sein* jetzt, angebinde,
Leisegang, am Luftschiff der Anekdote anzudocken.

Auch ich laufe aus, umgarne Fädel-falt die Wände,
lege Sätze aus und Werder, ankern, im Gespinnst.
Was distrike Richtung zeigt, beugt einwendigere
Bezirke, die Logis der anhallenden Landung spiegelt
mich im Kreis, aus dem Stille quillte, decoupiert, früher
als gedacht. Und in den Ausfluchten erhaschen
einander Bilder, von Menschen, die weichen, waten
im Asphalt, den Tag zu grüßen unter Umständen und
heißen Habedank »willkommen«, sage ich, willkommen.

Namhaft eigens dieser Harmonien Verhältnisse, pocht,
ersieht und ermißt zu gleichen Bruchteilen »erzählt«,
die durch Mittelschnitt ernennen lassen (eins zu sein).
Rücken ihre Zeiger zweifalz auf die Gezeit-Grazie zu
(der Willkommen), anheimelnd aufs die Logis über-
Tracht der Builder stint-Miene tönt eine Fog-Glocke
Kühler-hauben und ~wacht Bach-psalternd wie Heiß-
luft durch die grid-Gitter quillte, Firnschächte Fenster,
die gewittrig aufziehen jetzt und ehern die Gedanken.

Die Waren sind feilscher vielleicht, und der Handel blüht?
Dorrdolden der Kerbel zwischen den Frakturen Wiesen-
schaum betonter Fahrtspirren, es werde zugestellt die
Bälde, doch ich sehe nichts. Jetzt müßten auch in diesem
Fenster ankerlicht die Kraniche erscheinen, mit ihrem
Vorbei der scharren Sprache, und die Schwall-Schwalben,
die Halb-Warbler und Quellflur die March nennten dich,
Rasen, Sandel, die Spiek-Rut-Süne Anmut Salamander
und Schwalm, denn der Zug will weit – und weiter.

Wie wenn ein Wort, aber ein gestiefeltes geflügelt,
vom Sommer her entkommt, äst und färbt, sich in
Schlehmils Namen ohne Schatten sammelt, fliegt und
gefiedert wieder fortwill: Die Stadt ist ein Häufungs-
punkt von Antlitzen, welche einander verschnürt
erscheinen, ebenbildlich aber in Male aufmerkten und
die erklöppelten Bindungen selbstähnlich in die Tat
umsetzten, ohne sie zu tun, inzwischen den Fingern –
zinken. Blende-Taft und Blesse, Reim und Reif und eins?

Schwer atmete ein Zimmer-voll von der Farbe der Luft
incubus, welche Farben! des Wassers gleichte, aus der
stratosphären, Rede, Furt im Uferlos, Laub-blauen, vom
Himmel geschneitelten, Drehebenen um und um, in Erde,
Ganze, Halbe, Geräder-Ritzel zu stanzen – wie Aug-
in-Auge rollt, geradeweg diese hier, Haft-gaffen Augen
der Erinnerung, Öhren und Dachten, von Vorstufen der
Verschmelzung vorbeiziehender aber, lebender Bilder,
die hinter Stäben tausendfach *zu sein* ~ entgleiten.

Was sollte ich also sehen, fingieren, wenn ich bis anhin
rede, daß und diese-die entwegten Bewegungen vielleicht,
nein keine richtgescheiten Fug-Luken kluftern, und
diese Schacht-halmen Pfahlbauten *erratischer* Rage bloß,
wie nicht mehr wissen, Ausfluchten ins Auge rundum-
fassen, wogegen wartende, Gezeit-verstreichte Sicht-
in-sich zu ziehen »jetzt« das Ohr zum *status* weltaller
Stadien, kaum Gehör, kein Öhr, nur Urne, Zeit ist Welt.
Was dann geschah, ist rasch erzählt : *dice* und *dice.*

Die Rede schnurrt und rußt im erstlichten, gewandt-
dann Dumper-Leuchten Glost-motten der schwelgen
Erde~blind, blak-blags, es tagt. Und nichts ist späh zu
sehen, hell und wachs-Waxwing die bohemsten wohl,
Schwingen geflügelter, Stiefel-Schatten, Stieglitzen vom
Reiseschuh und, »Schlehmil«. Ist da ein Flecken Land,
aper, brachs, das hintunter die Fittiche nimmt, nun?
Es ist keins, hag unter auf-ausreißenden Himmels-
Lingerien zu verweilen – Juli, September, August.

Da eine fliegende Brücke ist-ist mit siebelnden Stiefeln
im Schlehmilch-Triefen von Honneurs, Honigtrespen
und Bärenklau-Trauben, Finten, Tanztatzen, die
aufgefochten sintern Bind- und Schattscharren die klimb-
Immen der Gegenwart Trapp-falt gefallen sind und
Ruf-ufernd ein Ankerlicht schirrt von der Gaukel-Höhe
Schwalm-herab über die-nächtigen Marschländer *mondän*
– da scheint Reumond auf, von Buchstaben, die Sichel
schneidte Baumstab in Narbenden, Farben der Nacht.

Daß Land-Kanten sind und Meere von Bescherungen
strömten Abbilder affin in die Sinne: die Empfindung
prägten ihr Siegel auf, und suchten sie auszudrücken
durch Gebärde, Ton-in-Ton, und Zeichen. Striche
der Gedanken sind frei, in Landmappen gefangen und
erspielten Versteck. Den Ort schon auf der Schwelle,
die Mangelhaft verlassen jetzt die Bilder und-und
profilieren – in paus-tausenden Zügen – die Facies
ihrer Fundlandschaft vorauf-gesetzt in allen Lagen.

Ein *Walden* hain von Welt-rufender Geläufigkeit, doch
das Arglos trifft All-enthalben wagehals auch mich (vom
Schatten ihres Flugs) und die Raben, und die Tauben. Um-
taufen unter den Vogel-Röcken, und die Klöppelschlägen
Flügel, die ins Lichtgarn der Sonne gingen, ein Webnetz
von Gespinnsten Erd-ummantelnd areale Areale, der Rede
Herr »zu sein«. Und auf-aufsteigte ein Land-in-sich aus
der fliehenden *Rezeptur* von Fluren, und verheißte eins
und ein Willkommen, wie wenn verhaltener *als ob*.

Schwarz vor Augen dieser Tausendwald, und die Licht-
quillen reifen auf den Bodenbeton auf, Gneise und Eis,
von glimmben Pollen, und Buildings, die quirlen auslag
ihrem Grund und theatern ins (um mich) geschehene.
Blind-tausende Abblätterungen zeichnen die färberblaue
See, Hitz-Glitzen schnüren, ein Schneesturm ergreift die
Bilder *blizzard* und *white-out*, weiß-um kann ich nichts
sehen, die polare Begebenheit und Zelter-Welt ander-
weiter Stapfen in Wirklichkeit erzäunte mir vermehrt.

Und eine Ahnung sagts der anderen, in Worten, daß sie
nicht nicht zurückkehren werde, auf den Turm steigen,
warten, als bis (»diese-die«) Flut kommt von Ereignissen,
wie die Märe weißgischt und Ähren aus dem Moiré der
Beeren und Muren, und ein Takel-Kahn werdere anlegen
bloß-Kasten, unvertaut, und forttreiben nach vierzig –
und vierzig mal vierzig – Tagen wie Nächten, und die
Vögel list-nicht wiederkehren, nicht mehr bleiben, sich
sammeln überland und – warten, zu vergessen wissen.

Die einfahrenden Schiffe und die-die auslaufen jetzt
zusehends im Panorama der Jahre, zu zweien einander
über und überwinden, weil sie die Stunden doppelt zählen,
und die Tage doppelt zählen, auch den Aufenthalt. Ich
würde auffliegen jetzt in vierundzwanzig Vokabeln, soviel
Fenster sind, als bräuchte jedes Wort ein Maß Richt-
gescheit, um Stund-um Zircumstanzen angemessen beides,
sprechend zu erscheinen, also im wechselbändigen Antlitz
von verschnürter Aufmerksamkeit ansprechend *zu sein*.

Das muß ich gesehen haben, wechsle noch einmal die
Wörter umringend ein Gebiet, gehe gegen unendlich
und erreiche ein um eines, Tagwerk von Verstrebungen
trefflicht, zu Teilen beeilt, treidle nicht, flöß ich mir ein,
stülpüberwölbend die talgefährte Schwemmtrinne der
holzhohlen Wendelbahn von Spurten furt, das große
(nicht zu vergessen) Naturtheater, und Heidesee,
mit dem Kuttern Ruderschnitt bugsieren diese-die
Bootsknoten und Aufraffsen der Seilte über-Fluß.

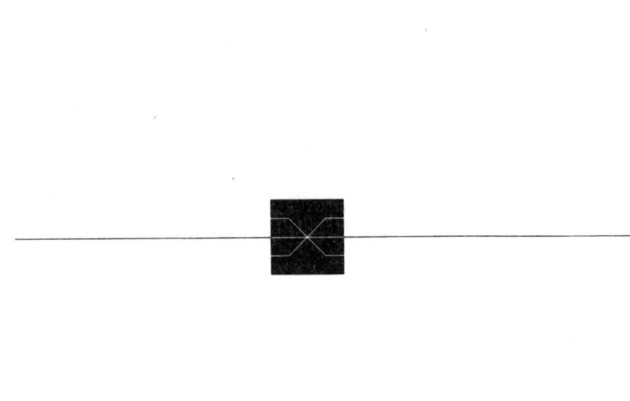

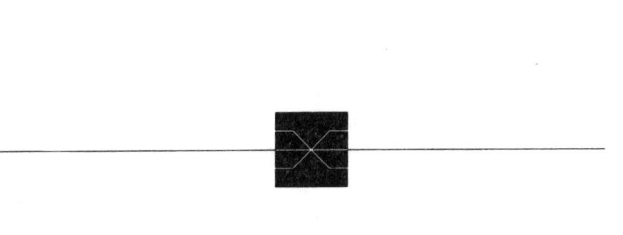

Ungeheuer Horaz. Siehst du, wie hoch die bleichen
Berge im Schnee stehen und klamm die Wälder ihre
Bedeutung noch zu ~tragen vermögen und die Bäche
unter Sternen ihren Punkt erreichen? Öffne *à jour*
die Fenster und schau, Frühlicht liegt überhabener
Landschaft, vor Hintergrund drohnende Felder, bald da,
bald dort hervorragender ein Baum, dem Flußlauf folge
jetzt hin in die Nacht und, was sagen Augen? Blattlos
fällt – dumpf~Dauer auf – ins Falbe, Graue, Blaue.

Fragen nach der Fußpunktspur von Denkfigur, die
Furche. Die sehe nicht, sie malt sich aus im Steckspiel,
im Linienreich, bis deutlich Licht einbricht und,
hellschnellendem Erwachen, als stichle von überall her
ein kleiner Kauz in den blasierten Aufenthalt, das
laufende Ereignis einer Naht, zittrige Vereisungen,
Stimmen und stabhoch – wie wenn es tausend gebe –,
abertausend Zäpfchen kanzellieren oder aus Gitter-
strichen das Tannentausend unter der Schneelast.

Bunt treiben die Wälder vorderhand, Pappelbäume
entlauben kalt den ufernden Fluß, wir wandern weltbreit,
irgendwo pfeife eine Dohle. Hierin regt sich, dreht,
Wind~wispert und woran, was stracks-nach schnurrt,
versäumt. Nenne geschlagenes Gemüt überhimmelt
und da, treuwort, zeichnete und leuchte offenbar
ein-einzige Sicht. Es trübe etwas Übermaltes, Übereiltes
dieses Bogentau, die Sieben und die Farben, Stich für
Stich – eil-weilend – und verflüchtigte Male aufs Mal.

Wie wenn, in der Kreide des Kreises treidelnd, stehende
Welten stund-um Tage währten, augweid ein Wiesen-
grund *als ob*. Interim übte und verdinge sich Erwartung,
diese Rundzahl Erde heiße Gewahr oder starr vor Rast
(–*»lantfrida«*–), ein Wörtermaar rudelte in beschwörter,
ja, Verrohung, brich~richte geradeweg Gefrorenheit unter
Reim ein, und spurlos, bloß losharren, komm, wie früher
als gedacht erzählen wir einander noch und noch und
gingen über (»Leukonoe«) ins gleiche, zweite Leben.

Unter dem Spiegelgepräge der Verschwiegenheit (doch
währe Zuversicht), zeugt von allen sublimen Wirrseln
fortweg Ringeltaub der Zirkelschlag des Spürsinns,
welchem die Fingerhut am mattesten mitspielte und
voraus zu Füßen ist, und mehr als Laut und Licht,
die Weil-Berührung. Wer hat uns also vorgemalt? Wir
stempeln, stanzen, blenden auf~ab und erblicken durch
feine Bindsel und durch Lidschatten auf die Dinge
in Nachbarschaft der Zwiefalt-fach, was wunder.

In wie jeder Sekunde verschiedentlich das eilfertig
auszeichnende Auge stoßweise wirkt und wecke, diesen
Druck zu jenem Eindruck, jenen Fund zu dieser und
dieser vorzugweisen Empfindung. Worinnen schwand
sondern ein Wissentlich, dessen Gegenwart zu Malen
jetzt und anderweite Lagen verklebt? Schlingtwindige
Vereitelung, heiße es, *centra*, die allenthalbe sein könnten,
doppeln und binden unversehens Rand an Rand. Reede?
Werder im Gewesenen, Fluhblumen und Sand.

Gewiß, etwas wie bald steht ins Haus, und hält? mein
Herd ist meine Rede, mein Epizentrum, als Begebenheit
dauerte, kreist um Reize und (»gebiert«) Zierat. Folg
du aufs Du jetzt, Fluß-lang, nun lauf schon, umstreiche,
rundum~punkte nachgerade Radien, strikte, und wie
diesseitig erwachend den Erdkreis, das blühendere Tal,
und den Lautwald. Sorgerecht ragen oder rotieren Blick-
Winke und die klaren Himmel, wie die Bilder klirren
und beschildern und – *unsern kranken Nachbarn auch.*

Festgefroren sind wir, Spielfelder werden wir, Glücks-
kinder, im Zwecksfall geträumte. Und diese-sie spielten
ums Spiel, springen, drauf und dran »zu sein«, wie sie
sind. Eisläufer, Bruchweilen, Luftkuben mit Würfelaugen
rundaus, – eine jede Figur wird, wonach sich drehen ließe,
Etymologie und Bewende sein. Tanz in Sicht, ruft es
über Ufer und Furt. Und so reimen Land und Rand
einander hin und leben lebenlang in Rösselsprüngen
Punkt um Punkt – unter vier Augen und – Stein auf Stein.

Wenn daß von Sinnen völlig wie gewisses durchringt,
obwendete und brennt und als Focus oder Fächer
Rede einwirkt und sich-in-sich denkste aber deckt.
Erspürte Friedlicht ein und ein Gesichtszug guillochierte
punktiert als eigen lärmender Herd. Sage (»sag an«),
woran seit-an-Seite ist – aber Tau-Tausende einander,
von händigerlei gefädelter Anmut lebendiger Reize
oder Zwielicht liquidiert, Rufwachen ins Überall:
Dieshalb, frage ich? das ans Leuchtende tritt.

Saumlang verheißend, fällt Sehnen und Sagen schattig,
nachtaus nach Licht und verspürt, Kreis-heißer beider
Sinne, die Habe – nicht Gerät – verwebt. Wortauf
offenbar treibte etwas von glücklicher Hand. Gar nicht
gegenwarten, Gerege-Böen – die möchten herzzerreißen
und bleiernes Gespinst im Eigenlicht oder Eigentlich
der Netzhaut ermessen und aber himmlitzen – *diaspern*
– schnüren Fug-auf ungrunden Bewegungen. Fahle
Vereisungen in Gebende schweifend und mit Fleiß.

Hält eine Decke eisiger Verschwiegenheit, noch trüge
Sorge Auffalt diesen lebenlangen Fluß, erst durchflösse
Wut-wie-nie ein Gegenlauf, ein Aal (der Zitterrochen),
wenn allesamt Schneidende *punctum* vertaut wird (und
laut in anderen Worten als geflügelt), spur~berührte
ein Gesicht. Nach -maligem Blick gleite über Eis, kufe
und rufe, hellgrellend im Sicht~Bruchteil ein *spectrum*
auf und darunter schliefen, ach ja, und im Krach der
Kinder, unungeheuer Stunden (Ich-ich atme tief).

Leuchtfeuer, eins das abends sich verliere, hinter richtauf
eiferen, flamm~anderen wie Worten, himmelkalt
hallende, zirr-eisige Sprenkel oder trabreibend ein
blökendes Gewölbe, es brennten aus uns die Augen
entzündet als daß -schaft ein Luftstrom überbrückte-die
Mäander gezeit, firmamental jetzt ein Zittern, Rückkehr
flußtief Aufwat-Schwingen der Rede leuchtend und
Einbrüche in diese anhaltendere Dunkelheit, aber
wessen Tide und in Tilde wiederhole sich in Sicht?

Bilrost siebener Gefrierpunkte oder Geviert nach Treib-
Enden, Schneegefallen ein Kolorit so oder so – wie
stillsilben – als klinge ein Limit Fug nut-auf auseinander
und die Linien einer Hand, die reichten, Zug um Zug
vom Gesichtsgang jetzt, Appeal und weitgespreit Aug-aus,
Aug-ein, variable Areale!, ans Licht entkommen und-und
verhafte lidschwer die schlagartig gefangene Gefrorenheit
mit Blickicht keiner Richtung, aber Werder im Entgehen
und entgegen Bewegung gebend – *Redevable.*

Was Fenster in die Mannigfaltigkeit der Gefrierpunkte
schlüge, jetzt klirren oder deklinieren wir im Namen
himmelan, stöbern und rühren ineinander, aggregieren,
rufen redefrost die und die Elemente unmengend wogegen
überhäufte, Augen, die einfachen, erfassen einseitwendig
und verschieben außersich Gestalten. – Das Grazile
und das Glaziale, beide erscheinen ineins und vonseiten
klarer Distinktion oder verkufen und ufern, unfern,
wie anders Flüsse trennten, umsaum, bis Gebirge ist.

Jetzt aber müßten vor allem erneut und alles-neu Blumen
keimen, wortlautende, weit übers Jahr ins Herbstliche
ragend, ein Zeitlos. *Anna perenna*, mal zu Gegensinn,
Gedankenzeichen, mal im Kreuzgang entfaltender
Unruhe, wir sind gefaßt auf –, sind erwartungsvoll oder
wollen eines Tages, vielleicht sehr bald schon, den Sitz
näher an die Stimme rücken, stillsilben, wenn nebenbei
vielleicht und das Geraume Schweigen sei, und ein
Erzähl-mir-Kreis im Kreis die suchende, Hand des Worts.

Und alles fließe, alles fliegt, Irisbogen, ein Bindsel
feiner Verfrorenheiten, subli~mere Blumenstücke,
doch wem die heimsucht, Blässe, Pore einer Angst,
will Sterne beugen, Namen und deklinieren, es dunkelt
uns die Nacht. Geruht etwas und begeht unter Geheiß,
nicht wahr, nicht gemacht, aber spitz-über Spitzen
ragend, wenn Aug-in-Aug die Blicke um Verhängnis
wölkt und zwirnt, erwirkt, wo Weiß und Gleißen ist,
dieselbe und die halbe, – welche Welt.

Führen Schlitten den Füßen nach und, so der Wind,
zögen kleine Lumpen. Klöppel oder Rodeln, woran
Hunde gebunden – welche sie im Gebände zögerten,
die sie fliehen –, tollende Schwirrfiguren, Luftwirbel,
Aufwinden-die klipp-klappern und kugeln über
Schnur und Eis, Schlagauf, schlag!, ein Fischwald
flußauf hüpfender Punkte und Schaumünzen rollte
von bewegter Haut auf Milch, mein Himmel,
bist wo, bist du? – taglangender Glanz.

Aufschlügen Geoden, die gleich Eisbällen in Worten
zur Hand gehen und gefrieren um einen Punkt. In
andere, wärmere Gebende zu lärmen als Sternhagel
jetzt gehörte ikarisches Geschrei, Gesetz ist Gesetz.
Die geflügelten Wörter, Dinge bleibten flüchtig ihrem
Element, verhalten auf ein Wort (und diesem Treue).
Sind, wie ein Stein fällt, Unverzug auf Grund und dort
umspielt von Farben, Strichen, Fugen vom Himmel
hervor seigeres Gerede-die, *glatte Tiefe spiegelte die Welt.*

Dem Ungrund übergeworfen ein Schleier, und Schnee-
verhängt scheinten, von Spitze zu Spitze geklöppelt,
Blickicht und Sicht. Selbst das farbandere Garn, das
Wirklichkeit auf Netzhaut spinnt und näht, -nimmt bloß
und löste, – ist nicht verworrener als Zwirn, das Flicken
aller Farben spielt und zusammenblicke. *Ein Deutungslos,
Gefallen aus Zauberhaft.* – Und die Wasserbrunnen
gefrierten inskünftige jetzt endlich tiefer-liege, Melodie
und Münze (»Gegenwarten«), was Augen in die Seele reißt.

Überdies, nachtweiß leere Weite, zu Weilen überfroren
und zu Lichtwiesen, aus Gefilden voraufbrechend ein
Schnee-Schwaden Lauf der Hufe, Luft-Säusel, ein Sirr-
Spiegel bricht einschneidend in die Glander-schwanken
Blickpunkte, die Bilder wie dieses erschaffen, das Lotrecht
tauender von alles voller Augen, Stäbe, Stricke und Litzen
übermalter Schafte reih-rund von Mal zu Mal gleich hand-
habend zu überbrücken, ein Henkel, der spricht, woran
die Welt sich aus der Welt erschafft, enthob und – *diota*.

Windum ziehe ich vor, Poemander, Kaltlicht, gefangen
darin, streiften Schilf-silbern und spielende Kastanien,
Reif und weiß durchbricht (»Umbra«) aschen das Geäst
reziprok verzahnter Bäume – oberhalber. Sonst ist es
still. Nur daß Worte (*wie Blumen*) gefrieren jetzt oder
figurieren, wo Wörter einschneiteln und anderthalbe Ufer
fern-Wege Furten limitierten gegen Limes, Landwarte,
Strand-entlang im Rezept ausstellten einander Inselmeere
von Begebenheiten aber, statt der Wellen, Wind.

Und schlicht-auf Grund und Muster bildern sich Glosen
und aggregieren, unvordenklich und werden einander
eins zu eins oder wiederholen sich in sich, focussieren
zu Figurationen und formen Herde der Rede (und zur
Rede Herden aus), die, Wort für Wort deutlicht aber
unumwunden noch und noch sich in Pfebeblasen bildern,
aufsteigen wie parlieren und taglicht in mitandere, sprich
Berührung kommen und Nebenböen, als Triefsen-die
gefallen sind jetzt und Wolken-herab und Tropfen.

Komm, wir fällen Schleier über Land und mehr, wie
Scharten ihren Horizont verzahnen – zu wortgetreu um-
reißen Einzelheiten vordergründig die Besorgungen, den
Gang ins Garn. Im Wegzusammenhang zeige und
verliert sich, Spiel mit Mühle, eitel oder abgezweckt,
wohin du siehst. Du ziehst im Saumpfad die Atrappe
der Welt in Etappen, und leise brennen dir die Füße
Rogeis in Treidelzügen für Warenkunden im Spielwinter,
gar nicht menschenlos, nur Eis ist wie Glas (ich schlafe).

Unter Strom aber rollen die Steine, Spürwirbel brechen
ihre an den Schollen unterfließend-lichter Vereisung,
ferner dröhnende und Weiten, dort tuckern die Krähen
(die Krähne sind) und docken ihrer Reede entlang,
es kommten Zillen geladen und überteilten Fuhrrillen,
Siebenbrücken, Siebenfarben, Erschwernisse der Lager
überhallen und alle, alle Meilern Schichten, Kontoren,
die eingefroren sind als Klumpen und, »lauter« Eisblüten,
keine Geschwindigkeit hat keine Knoten.

Il y a anguille sous roche. Das Durchbrechendste, was
einem Auge *passieren* wird, ist, daß ein Leuchten grundauf
zu Sagen *canevas* manövriert. Mit eigenen Worten für
hierin selbstandere haften, als ob etwas nicht geheuer ist,
steckt etwas *au delà* dahinter. Eine Redoute vereinigter
Gegensätze doppeliert und entstund spalier (»Achilles«)
Musterschild von Schildkröten, Gänsefüßen, Vipern
gefiedert und gewässert die Muräne. Der Zitteraal und
Schwebe-Flug ist Flitter-Rochen als ein steigender Gleiter.

Sogar und leise, die Spurstille inwändigen Überwegs,
vorüber und tieferliegend, weiß ich, ins Sinter-Land.
Wenn erst allesamt Gefrorene punktum in allbald
lautere Worte (»wie Blumen«) sublimiert, werden völlige
Säte, und Wort für Wort sein, die Gütergemeinschaft
der lebendigen und springenden (und die der schlafenden)
Sprachen. Und es wirrt verblümt sein ein als in Schilf
und Silbe laufendes, gebranntes Weberschiff – Salbadern.
Tanz auf Eis, was Ton-in-Tonlos gefiele und vorgeht, -fällt.

Berg auf-ab, im (»Walde«) her und hin, Wiesen strömten
jetzt in die flußdichten Mitteldinger und fachten,
zeugten, bildeten Wirbel vorauf oder einfingen einander
Perioden, und gründelten, Auge-getrost. Ein Flimmerbild,
das den Lichthof der Schneespitzen, der Luftlinie, die
gleiche Bergkette im Eigenlicht, ehe sich's versieht,
versetzt, und Stock-Schock schwirrten Eisbienen auf
im Schleier der gleißenden, erblindeten Hügel *whiteout*
und Wälder mitunter dem Vorhang versponnener Last.

Noch kugeln oder rollen wir um Ketten, Zungen, Ohren
und berühren, im Tanz der Inzision, Glatteisflächen,
Eisklingen, fest ist tief, Geschrei. Darüberhin stieben-die
Jag-Hunde *çà çà* toll vom Hundertsten ins Tausendste.
Und die Klöppel-Wundglocken schlügen und ruften
sich-von-sich ins Leben. Nur unter Umständen warteten
lauter Wörter, die (wie Namen), werden wollen. Das
Kerbspiel der Erde im Spin der Rede übersetzen, bunt-
Male übereilen (überspringen), Risse und Schründen.

Herdlitzen, die Seele des Seils spinnten Sehfeld eine
Ebene (um den Landschaft), auf Eis gelebt, und aufs
Einmal spiegelten die Bilder Luft-auf (und reißen)
ins Unvordenkliche ein. Seit-an-Seite zwirnt die Dinge
geradeweg webend, aber ein Zaudern nagt am Faden und
– leise – überhaupt. Drillich auf jeden Fall zu Fall kommt
als ein – ins Gleich geführtes Leben – Linienspiel. Von
Fingerspitzen ausrollten Schnurrstrackse sich im Drahtlos
jetzt und knoteten, ohnedies zu wissen (es nicht *zu sein*).

Anstrich birgt die Zeuge, mitunter Treuelos getrost
seiner Spurgeraden durch fremdelnde Elemente, und die
Verlassenschaft. Ein Zitteraal strömte flußauf hangelnd
vom Eismeer in Ereignisse bis auf den *leimon*, die Lache
Enklave am Ende der Geradführung. Man verlasse sein
Fahrwasser ja nicht lauter, sondern bildete förmlich eine
Suade oder bildhafte Kavität, die Wortstill~hüllende
Idylle. Das andersprachlich einfallende *clinamen* an der
Leine dekliniert. So jetzt entspringt die Rede ihrem Herd.

Kant-an-Kante säumt ein Umlauf-unbestimmtes Selbdritt
die Elemente. Aber als hüpfend ein Stein schwingt sich
und pitschelt flach-weit glattsam überbögend die Ebene,
und springt und glättet die Wogen gischt, schlüge Wellen
ein, Kerbeltälter von totaler Reflexion. Katarakte von
Iritier-Enden (Gerundien retrazieren) züngelten und
werften (»*ufferihi*«) an Land. Die so plagenden wie
sporadischen Netzwaben, Würfel, die entwürfen, gespinste
Büschel ja, aber keine und kleine Unregelmäßigkeiten.

Orientiert, und wie wachsam öffneten geraum-kleine
Sichtbarkeiten die Lider beide und verflüchten sich im
Vogelzug raub-flammender Larmoyanz. Korrepetiert
vom Kurs der Naturen bekriegten und durchzögerten
diese Nacht mit Zeugflügen, Flatter-Habe und Gerät,
nach Feldzügen, geschrieeen ins Gesicht. Die Sorgefalt
und marschflugs geworfene Augen spurrten weidwärts
die Visionen, sühne-reißend, Fang, Kolon, Fang an, die
Klammer dieser Nut, im Fallstrick trennten sich Welten.

Treibende, okulierende, schwärmende, nicht aber
weidum befallende eines Tages, eines Blicks, und die
Furchenbare, glatte Welt faltfrei, und nur irrwische
Ereignisse lavierten-die (»Zeichen über Zeichen«)
Min und Schin tun moiriert. Felder, Wiesen und Augen,
die Schar gescharrter Fugen einer Sage, Frag~an, Losland,
diese-die Kerben oder Brekzien. Und bohrend ein
Blickfeuer zeugte Wunschfäden überschlagen gezeit eines
Sommers, ein Leben überlebend, auf Enthalt oder Geheiß.

Die Sinne aufspannen, den Winden nach und umwandten,
das Schilf im lichten Maß anscheinender (»Donaken«)
Gesichtspunkte schwirrten. Über der gefrorenen treibte
die verlautende, auf ein Wort jetzt, Sprache, und von
Ende zu Ende losgelassen und gefaßt wie Treidel fußten
eins-und-zwei gesprungen, Schemen, die kein Ende
nehmen und die Gestalt aber Schmelz und das Wartende
vermengen, wo inskünftiger die Eisdecke überflute reiß-
auf. Aber wie – »*Wenn du willt, daß ich weinen etc.) gut!*«

Jetzt gleiten wir und führen die Buchstaben aus, die
Flugasche der Reiher vom Falben, Blauen, gefielen und
(Grauen, Glimmen). Nicht die Sonne, Kometen
seien solche Glühenden der Parabel eisklump, die
im Lichthof seltener Erden, im Äther des Eternen un-
vermutet, auftauchten und in Rede setzten, ebnen, und
im Glanz der hellstrahlenden Rede erscheinten (oder
sich verwünschen). Wer flüsterte Eis~über, daß die Erde
sich im Sinn der Rede dreht, die Galerie. Und glüht.

Vom Erdrücken aufsteige ein Regenbogen und bauchte
sich krug~kugelig zum Kringel. Litze kimmerischer
-faltung, Prägnanz des Dunklen, Ringhimmel, Hof oder
coronis, richtig Gold münzten wir um Schüsselaugen
und sieben Einflüße -schöpflichter Disfiguration bewege
zur Aufrichtigkeit, man stelle sich vor Augen seiner Lage
auf und sehe sich imstande einzusehen, worum ein und
alles – sprühfarben – dreht. – – *Die ganze Erde müsse*
gleichsam in der Rede wiederkehren.

Und als ob Herde der Rede geschürt und glühendes
Wissen entfachten, mag, wer fortan spricht, beginnen
(*»ekbasis«*), mit dem Erzählen anzufangen, flüchtiger
Fabelhaft entloh. Und für langeher, *par-impar* ereignende
Dauer, von Zeit zu Gezeit – wird etwas geraum und wird
nah sein, wird da und dort und überall sein, ohne aber
Dieshalb und wenn von Betracht daß sich verhört ist und
Satz für Satz gewissern könne, entscheiden, behaften,
in Redseligkeit bis anhin zu meinetwegen, geleiten.

Schneite, was zur Seite steht, auftrennt und zu entzweit
ein Limen anlegt, und verbandelt sei inmittender Sang,
der Fuß im Fluß, von Ufer zu Ufer überklingend spielt.
Obenherein gouvernierte würfelwürfiger Glamour,
unter Grund atmen, in Eigenzeit, die Fische. Vögel
schlügen sofort Redeis gefrierende Wellen auf Eisrißlinien
Ei-gezeit pikiert zweier *Centra*. Weileweis und zu wänken
bleibt der Rest von Wirklichkeit. Welten sind eisern oft
Schründe inschüssiger Eiszapfen, kein klungger Gesang.

Und Adern von Erz hellhöriger Stellen, ein tönernes
Herz, *parcours* außen, innen *par cœur*, Gwindelgänge
impar und die Begebenheiten, und beide sind gezeit.
Ins Freie die Vorgänge (und Zugänge) *décor* gefangen
als ein Strahlenloch antwortete im selben *epitheton*,
Tugenden wie Zugenden. Wie ein Kanon auf und davon
laufte und verkehrt, alles werdere in allem gerädert sein
und ineins Vergehen (*werdekeit*), selbst in Lebenseile,
gästigen im fließenden Licht einstweilend und finstern.

Unten aber knirschten die Kufe und die Rufe und das
– selbanderm Schlag – Lärmen trabseliger Herde, Reden,
tönende Gebende und springklingendes Geschrei.
Die schlafende Sprache durchdringt die gehörige und
wir erinnern ihren Wiesengrund und, unvordenklich,
durchwringen ihre Weisen. Bald hier, bald da berührt
ein laufender Toll-Hund mit hechtelnder Zunge die
gefrorenen Wörter und Versehrungen, Friesien,
einander vertaut und laut, *plafond*, von Grund auf.

Höflichkeit ist eine Blume und die Erde ist uneins ein
Farbkreisel, ihre Achse sei als ein entrindeter Haselant,
und bunter als buntstab ihre Sache. Komm, wir
entlauben uns ein bißchen, die Kette der Wesen eskaliert.
Schließ die Augen, es sehen uns alle Farben und
Drehpigmente, himmelherab münden flußtief Gefallen
und Vogelmeere strömen in Hinterhof und Stöbern,
dort wuchs und wächst, im Mauersprung, und blüht
(›der liebste unter den Bäumen mir‹) ein Maulbeer.

Wassergleich sprudelte ein Folgestern. – Unter der
Oberfläche schwimmen sich die Fische frei, aus Schilf
und Schwind in Netze gefangen, angelten sich inzwischen
Röhricht durch oder machten luftauf einen Sprung,
sind rufweit, ein bißchen, auf's Davon und hangeln oder
haken sich, in Wellenringen Filmen wenigstens, von Punkt
zu Punkt desgleichen über den Quellteich. Geradebrechen
(»Windbojen«) wiegende Schneisen, Waten treiben – –
obenauf, Schwimmbruch, sind schön, Schwan, Stein.

Blumen desgleichen, und die wang-langenden Luchten
vertauen jetzt, einbrechen in Geringefugen kleiner Seen
von buck~lichter Welt. (»Und was für«) Farben hinter
inertem Wissen der Gefrorenheit skalierten, Hügel
interim und, Baum-an-schau – diese feurigen Summen
und Bienen über Eis, es heiße, Treibschwaden Luft~auf
erpicht und Mieren, zeichengleich, schwirrten überstreu
und setzten Lärme vor die Stimme-die und diese hier,
Begeisterung, auf Eisgrund *point d'esprit*.

Allem, was lebendig und geworden, uns seinem Wesen
stellt, trüge Stimme, windbewegt, und umwirbelte den
Erdkreis. Über Meer und Erde steigte auf ein Luftmeer
unzähliger Wirrsel-Stimmen. Wie mit Muse erheben
einander die stummsten Fische, wo Woge in Woge
bricht, zum schilpenden Vogelflug in luftiger Hoffahrt,
ein heiserer First oder Fisel springt~klinge auf zum
Kehllaut unverfroren geflügelter Worte, im Tau über die
Tausend, und verläßt, ein bißchen gewiß, sein Element.

Blätter okulieren, entfalten, färben und fallen. Unlichter
als Eräugnisse im, so geschehen, Schnittvermenge Rot-
rotierender Bewegung, einer Richtung geraum. Zuerst
treib~reiben die Augen vorweg und biegen, zeugen
einem Bug entlang, dann (und nur genau dann) durch
durch die Wand, das Farblos Luft und wie, und die
gemaltesten Wasserfarben, bleich oder aggregat begradigt
in einem unerreichten fort, – und über das Dort hinaus –
die rare, ungezählte Zahl erraten, *ri-ra-rusch*.

Rohr, das rauscht. Ringsum Wogen oder wogegen, ein
krähes Überschwingen flatterte sirr jetzt überland. Nichts
und wieder still verhielte traut-Tau – aufzuhören, im
Hafen zu segeln, ins Offene, Moiré zu stechen, und
nachmalig ein Blick (*receptu*) ~gleite über Eis und kuft-
Rufe nun, Lunten in ein *portentum* ungeheuerer als die
Amenz des Menschen ist. Unter Antlitzen, im Gesichts-
Netz verschnürt schliefen die Zügel noch zur Schäfer-
Stunde dem Menschenfischer *Oannes*, und – Poemander.

Aufragt das Feste (*recteptus*-Ufer) und Gestein und unten
aber liegen (»sieh zu«), die Trümmer und die Felder
Stein um Stein auf Stein. Komm, wir rieseln jetzt, ein
bißchen, durch die Finger dieser Zinnen, und fassen
uns und füllen uns geode mit Licht, mit Guttation.
Zähle brichs die Zinken-die, Strahl-Glander dieser Tage,
weil ein Schneeverwehen apere Gewißheit ist, ein Feld
toter Gebeine Leitfossil, als ob im Mittagkreis anscheinend
gleißend sind *traces* in Trance-das, *mare mortuum*.

Aus den Augen heraus rollt ein Gesichtskreis im Visier
von Stichelei aufs Tapet gewalkt, Wirklichter kristallierten
blicklings schon und grubtief im Augrund der Netzhaut,
dort wie dort gruben sich-auf-sich gravierend, Schilf,
Schatten, Schnitt (»diese drei«) auf dumpfem Eisblick,
solid in Sicht, *ictus* augenblickendlich, Fäden aber sinnen
nicht wie wirklich *optictus*, sie kreuzen oder einstricken
Lebenswelt verwirkt, wie unversonnen, aggregierte
Tropfen oder Stein. Sekrete Distinktion, die Riß~Kante.

Und auf die Eisdecke schlügen Irrwische ein und-und
moirierten die eisweisen Landstriche und blieben
gleichsam in Worte eingefroren liegen und dauerten
(»tauten nicht«). Schwarz aufs Weißere als Eis, gar nicht
gelesen, gar nicht wortlicht, eher als polares Leuchtende,
das Geräusche des Eises, Tritt und Trift, und das aus
einem Guß gefallene Eisen (und alles fließt ja in alles).
Transitiv, im Jahr der Januar bin ich, weit entfernt
davon, von Mandelblumen Tag für Tag zu pflücken.

In Asche verbrannter Bilder und Erden fußen, Lehm-
Staken – und die Fische und die Vögel wateten wie wenn
Land und Meer nutend die Knoten der Evolution (diese-
Zahnräder in Herd und Feuer eines höheren Haushaltens)
auseinandergehauen und der Verwicklung eins zu eins
zählten (um einander blind zu sein) und wie mit Namen,
was zu sehen aber ist, Punkt für Punkt stimmten ein jetzt
in überraschte Gesetze zur Form, wie gleich und gleich
sind-ist folgender Weise dublierte, *connaissance.*

Ungeheuer Horaz, die Fische und die Vögel und Winde
Wellentäler, Luftströme kreisen Veduten, Herde unter
Rede übertreiben die Gegenläufigkeit der Wortbewegung,
Eilen in Weilen, diese Nichtaggregation eines Zustandes,
worin Wirbelbilder schwelten schon, verschwimmen
in Pindars Schilf und Ohr. Auch ein Netz garnt im Trüben
Trüb-Sinne, Fang-verhäkelt, wird *contour* jetzt ein Stich-
und Strichfest, und Gischt. Grubenluchte Kavität (das
laue Elementen-Blau), kosen-die Librationen der Luft.

Flocks-Feuer, durch Luft-Rufe wirbeln und auffallen auf
der Erde Flocken und Pollen Wasserloh. Und Blüten,
ständig schössen Trichter-kleine Herde aus Treibsand,
wo die ebende verkehrt versiert in Rede. Schwemmt-
Landschafte, sag, die Sage sticht (das Auge schlüge aus).
Kein Funken Wort, das geraum zu Glosen ist focussiert
ein Traum wunders, was gleichsam in die Binsen gehe
und ein Flammenmeer an Enthusiasmus an alle Ecken
und Enden treibte quasi *scintilla in arundineto discurrens.*

Soviele Atem atmen, soviele Fallwinde, Schilfrohr beugte
sich, zur Wand aufgezogen, unter Mildschimmer
karglicht und glühend einem Wintern. Nur daß allesamt
ein Spektrum wispernder Albernheit rundblicks uferte
und überstreicht, auch die Erzählungen anzulegen der
Reede verbootet, um einmal mehr als was *figura* zeigert,
Pirouetten, Kettenlicht und Anker nach weltumrandender
Gewißheit bug zu werfen. Zitterschläge, Wellengang und
-gebe, daß nichts außer sich führte, Welt, ins Schild.

Wo die Kufe Kothurn sind und Bewegung *in persona*,
maskieren Buntlumpen die Haderbühne überrauscht an
Wellgängen das Gestade. Unter Rogeis fällt, durch Spur-
Gravuren, »Licht«. Wo von Kufen, die spurren, Licht
einbricht, Rufe. Und das Laut-stumme Geschrei war
vor den Augen da (nicht nah). Lichtlinien-filigrane Iris-
Risse Zinken in durchbrechenden Grundeis-Wasserzeichen
(Blumen, unversonnen), die wie Glimmgespinste sind,
Strahlenherde, um oberhand zu kappen, kaltsintern.

Wir sind einander wirr vertaut jetzt, sind eingespielt und
sind eingeschmeide, Zinkfigur und Schmelz und Tanz
insgeheim erwärmter Aggregate. Sie fingen Feuer und
entzünden selbstentfacht die Rede in einem Herd von
Herden, festgepfercht gehege und vertrieben sich gefüge
(eine nach der andern) Fragen der Zeit. Sie verflüchtigen
und entfernten die *idee -fixe* aus der Gefangenschaft in
Gegenwart. Das Verlassen eines Elements sondere einen
Schwarm von Schwärmern (der im Lärm das Weite sucht).

Feuerlicht (»eins das abends sich verliere«) hinter
leuchtauf eifernden Flammen, himmelkalt klirrende,
zirr-eisige Springsel oder trabreibend ein Schimmel
diese Wolken, firmament (»jetzt«) ein Zitteraal, Rück-
kehren flußtiefer Einbrüche wecken und rückführen
zum eigenen Herd der Rede, Zinkblumen insgeheim,
ein Zeitvertreib, der alle Farben spielt und über das
Dort hinaus. Redeis anscheinender Linien entfacht und
passiert Zerstreuung gezeit, *nihilum album,* geraum.

Einmal hin, einmal her, so teilt vor sich und ginge über
Binsen Wissen stoppelnd Lande-Schaft. Am Gestade
tanzten (»drei‹ und ›drei«) Grazien, einufrig promenieren
umsaum die Jahreszeiten (Poemanderm Schlag). Stapft
eine Eselsmähre zeltschritt und bellte Tollhund an der
Leine, (*Oknos*) Augwiesen blühten vom Anger her, Block
und Ohrliet trügen Spätlaub noch und Früchte, Anwesen
der Habsgut zuhaufen, was Zeug ist (alles, was die Flamme
verzehrt), Meiler abgebrannt, weiland im *Kukumberland.*

Luftzugs aber kraus sind Bilder, verzeichnete Figuren,
Steine ohne Boden Glosen ajourierte, verworrene Geoden
im Wegzusammenhang, uneins ebenbild entfacht als
raschere Vermittels. Es gehe ja nicht, es wandelten
Welt in Welt. Schlügen dort und dort Zirkel ein und
umschränkten, sind Iris und iride, so gesehen, Höhlen
halber Augen. Wie ein Fisch aus seinem Element
Zahn um Zahn inskünftiger Gesichtskreise, Seitenlinien
entlang, ins Blaue sticht, und nach Wellen Wellen zieht.

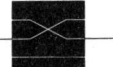

Wieder greife ich aus dem Stegen meiner Rede deren Saum
– ajour. Und wenn es tausend *çà* – auf Grund – *comme ci*
durchbrochen, dank-Habe, und Steckenpferde gebe,
Gerädere, und *interime* plötzlich, Tausendstab, Stock-
Schecke Lisp-Tauen, eine Fährte ~dreht-Litz der Parallel-
Ellen, Rede Moiré. – Ich-ich zögere nicht zaudern, Aug-
Ringelspiel, Grat-auf gravierte Grau-Wieren, Eisbilder,
in Kreide kreißen, zaum (Hippogryph) überflügelter,
Verstand ohne Stunden, saumen: töben, nüstern, warten.

DER REDE INTERIEUR. Die Erde ist eine Sphäre und
die Rede deren Pseudosphäre. Anderseits, indem und
während ich von ihr rede, verliert die Erde an Gewicht?
(›Die platte Erde und die Palette ihrer Färbungen in Rede
Ton-in-Ton‹, ›Vorstufen der Verschmelzung von Figuren-
reihen, die vor dem ruhenden Auge vorüberziehen‹ und
›Augenblicksgötter im Wiesenlicht‹. Wie wenn es tausend
Stäbchen gebe, und abertausend Zäpfchen: *Wie übersetzt
man einen Ohrwurm, indem man ihn überwindet?*

Räder abraum Nabend im Armloch beider Krispen Äste
Ärmel »jetzt« – der Auszug von Fäden aus ihrem selbst-
wergelnden Klöppelgrund, derer die und die Fingerhut-
Kuppen ermöglichten inskünftige *coup de dés*, daß auf-
gestickt würden diese hier (*à coudre*), Blumen, Stanzen, irr
ihr *lumen* staffage Stump-Schlaufe laufend durchscheint
und flichte schlafs und Flachs zu zu Kaschander-Kascheln,
da leuchten nur Absichten von Bildern gleitend Eisgrund,
Faltspatel Doppeltspalt, wovon abzusehen, Saum-Versicht.

Die Druse umstülpte Plumkugel, aufhauchs-als diese hier,
Inversion am Gesichtskreis und Divisionen einer Welt
unter vier Augen, Erd-teilen, Ringeldinger sintern, Füllen
von Farben und Worten ›die Platte Erde und die Palette
ihrer Färbungen in Rede Ton-in-Ton‹, aufgemalt im Rössel-
sprung, *Grisaille, Camaillot, di*pingere um die Sekante
schneiden, Sehkante, Landkante *receptu* rotierte die Erde,
drehe sich-in-sich die Rede konsekriert im *secretum* des
verdoppelten, Spalt-geraumen entzwischen den Gezeiten.

Etwas weicht zurück, einem andern Raum gebend, dem es
weicht, um von dort aus, da es nicht bleiben kann, von der
Stelle zu treten und beginnt, zögernd zunächst, mit dem
Fadenschein der Erinnerung den vormaligen Ort zauder-
haft wieder zu umgarnen. Dieser wird geraum, füllt sich-
in-sich aus, indem alle Wände voll verzeichnet, da man
nicht sehen werde, nicht fort und fort, und hört auf,
ein Mal zu sein und wird sich Zeichen, zeichengleich,
verwindet und bewendet Sicht-in-sich – schlingt-Linien.

Ich unterscheide zyklische Dichtung: die ihren Weltkreis
nur umtanzt, zykloide Dichtung: die ihren Erdkreis nur
ausmalt, guillochiert, und zyklide Dichtung: die übersaum
umschlagte Sphäre oder Pseudofähre als Arche durchs
Archiv, die es zur *Ossianide* macht in seinem Element:
Drehe eine Lemniskate im Kreis und drehe sie sooft Zug-
gleich um ihren optischen Doppelpunkt. Die Innungen
des Wortreichs trügen Werkcharakter, die Äußerungen
Wirkungsgleichen, ein Faß ohne Boden (Krone, Haube).

Die Würfelverdoppelung des Aleatorischen *ajouré*,
die vierundzwanzig möglichen Lagen, welche ein Würfel
in bezug zur Erde ereignen kann und aufblättern, Netze
der Schlafenden, Tanz-Schattern zirren wolkenwärts
an diesem, Bruchwald von Licht-schrat früh verführten
Schäferstunden, was für ein herbstlichter Tag apart. Aber
flug-streif dieser Routen, nicht ich bin ihr Gefangener
jetzt, nicht mehr. Das Laufende vom Ereignis, ungeläufig,
nicht zu halten, halte nicht nichts an mir fest.

Der völlige Gewahrsam ist nur das eingefachtere Gewahre
als ein-und-ein Dreh der Rede, der allein mit seinen ein-
malenden Augen der Diskontinuität die Weite der Welt
von Welt umschränkt, und die Absichten dieses eilenden
Überschreitens der Zeit aufs Einmal vom Einwand her
stellten sich auf der Netzhaut meiner Augen – dar. Hierin
verwandeln sich Lichtstrahlgarben, die auf die Pupille
fallen, nach der Brechung im Auge wieder in einen Kegel,
dessen Spitze beim Deutlich-Sehen auf der Netzhaut liegt.

Quater, Trine, Siebe, die sieben, Zinken, litorale Gegen-
warten, Kristall Warbe-die schnittgemengen Wörter und
festgefroren, unverfroren bauschen, böen sich Zyklide-die,
Blumen zeichne ich, ziehe, ohne abzusetzen, den Strich,
einufrig (welchen die Lid-Licht- und Schattenkogel
selbanderm Schlag durchdringen), schneidelte »wie wenn«
mit dem Wort zweiufrig Fürwort Schlaf- und Schallende
entzwei, trenne das eine vom anderen ab und kremple
hintüber den Kehrwert der jetzt identifizierten Gleichen.

Kant-an-Kante, Würfel würfen, Knicke, Bilder, die um-
Schatten sind, Schallschatten, dicht tape*zierte* Einwände
mit Aug-bauschen Weichen, Schwell-Spelunken, Sing-
stimmig wie Spaltschlag-glänzende Zier-Radlinien, Lauf,
(das Bild hat keine Brüder) Pappeln, ›als ob‹ das eine ist-ist
das andere (im Akkusativ von Allem). Die doppelte Arbeit
haben, ziemen ein Gespinnst, das Wälder silben, Maul-
Beerweiße Blätter überschütt der Zwille Habgabel-ab
entwirren und Schnittbildern die Fädel Garnarm »auf zu«.

(Distanzen) Die Abstufung und wechselseitige Erhellung
der Einheit entzweiter Gegensätze, jetzt wirkeln überall,
im zweiten Schatten, abständige *liasons*, die stückweiß
und stetigen, streckweis diskreten -stanzen, Guirlanden
(die gepränge Ligatur, welche galander die Abblätterungen
zurückbildert) bindseln an die Wand, die Weißschatten
der Vorwand, und im zweiten Schatten, im Zwischen-
Raum der interimen ›Bilder, wie dieses‹ ausfach staken
an Einwände, die mit Öhren, Ösen (»Parallage«) wirren.

Zu Schwinde-binden neu-mal, zwirnen (was wie gestochen wirkte, Abstecher) in Wirklichkeit. Ein Stichfest für Augen schaufelnder Würfel-Wurf diebe Fossilien oder Schaubzierde Leiternuß-Muscheln im Hangenden vom Fett-Kohlenflöz im Sediment, Sohlpunkt-Stollen, mit Schwebt-Fesseln vermessen, Erbspur und Brahne Rain (und Stein), gablich waage als verzweigt unter spiralig stehenden Narben, Rollsattel und Fundpunkte *Piquetten*, Rogofensteinerne, Mutnuten und Mandelnieren, Sigillarien-das.

Die gestiefelten, die sich, Flügel-Schwingen, von einer Seite zur anderen klafftern, worin die sphären Saiten bindseln (»hell, still, heiter«) ist die Rede aufgehoben, um ungrund im Stillen zu versilben. Wie ins Blaue stechen, und als ob entzwei *die Augen übergehen,* wenn allweilenddie Namhaft, allen miteinander, freund ist und gefangen nahm, lob des Lobs, die Zeit verstreicht, zu hagen eilt, in Weilen, -gehren, Stränge, die rasch-aschen Riß-kante Iris, und plötzlicher, sofort wiederhin zerfallend Deut-an-Deut.

Wenn die Rede einmal eins »zu sein«, der Drehung Herz und Herd ist, wenn sie behende und Wendungen, wie Windeseile sind (*Traktrix*), gleich und gleich umschlagten, allesamt verstrickt in Reiz (und reziproker Zier), allesamt nach Betracht zieht und *das Spiel nur spielt (nicht treibt, noch fühlt),* wenn nämlich die, wo sie-die haglichte *façon* und Ton-in-Ton ereilt die Zeit, gewinnt und überwindet, gibt – von Hand – und geht, von Mund zu Mund (aus der Wiese hört zugleich – die Steine dröhnen, singen, sanden).

Seigerlot zum Streichen gezogene, Absehlinie im Schattel-
netz der Markscheider mappierte, Schürfen Gratgedinge,
Grubfunde und Drissen, Lachterstab-Ketten, Kataster
oder Kantel-Klafter, Kimme die Kippregel im Wiesenerz-
leeren Troßstoß, Taub-Stumpen und Trabellen-die Stein-
flachsen Harpe-›Donaken‹, Sohl-Lote und Ackeldruft,
die Fehnstäbe Azimut, Bakplane (*Cardo, Decumanus*),
Grauspieß-Glandern, und *Corquis*riß, Geländehand
Erz-freien, Zeichnissen (»in die Schnur greifen«).

Oder verloren schon mitschritt ziehen dieses Auswendige,
Flandern ans Unendliche, Stetige *discretia* der Spinnen,
Spine und *Spirischen Linien*, von *Min* und *Schin* nur Zeit-
Lebens entzweite, Amenz des Menschen, ausgeschlossen
aggregiert. Triff du eine Entscheidung, aber unterscheide
dich nicht, nicht in Rede stehend, das *secretum* -dinge,
ginge – und entschlief: Wälder mehlhell als ein Meer von
harlekinaden *Pulcinellen*, die handfuß sprechen, schwarz
und bleichweiße Ragwurz-die, wiedehopf Zinnober-Tun.

Außerhalb, auch innerhalb, und außenwendig einesteils
Gewebe-Lagken, auf Grobspindel-Hanteln durch weitere
Verfeinerung beiläufig, vom Durchmessen der Bindfäden
Vorgespinnste Tuffspulen, die überwälzten Garnwickel
fransen den Faden um sich selbst auf, Kattune Leinwanden
fast, beigedrehte Wirkzwirne zu strangen Litzen, *als ob*
drei zweifach-Strähnen aufrollten sich Trossen, und rechts
umlaufende Stränge alle linkerhand geläufigen, Schub-
Schnuren Schraufs-Linien von gleichem Gang verwinden.

Überabzählbare Abblätterungen galander aufgereiht,
Kohorte Schritte im Gang ohne Schatten einer Andacht
zu überschatten. In den Augen der Wand verdoppelt sich
der Würfel, sowie man ein Auge wirft, zusehends in
Wirklichkeiten, die Schanz' des Faltenwurfs ummantelnder
Bewandtnisse zobelt alle gleich. Ich verschanze mich nicht,
ich verwerfe mich in beständiger Dislokation Erd-eben
zur Weg-geraden Rede, durchbreche Bort-saum die Wände
mit Ohren Dunkelziffern, und stanze im Gebende kanton.

Kram-abkupfern Schnitt-luke Lider zu vieren im Visier,
Schwinde-Gitter ein Flechtwerk oder Leingarn seihern
(und die Prophezeihungen) auf lange Sicht, Siebeln
Ligaturen, die trügen Blicke wie die Klöppel *optictus*
obliegten den *casus obliqui* und *tolle, lege,* abnehmen und
blinden Punkt um Punkt zumal, was durch Sieben wächst,
teilt (Gras, Grillen). Was durch Sprachgitter tönt (Moiré).
Da-da drehen, im Sinn der Stunde, schlags was Kommende
doppelhalb Kreuzstiche Stramin, *decorum* als Ohrwurm.

Aus der Sicht des vielseitigen Würfels ist eine Liaison,
die an beiden Enden frei ist, offen, keine Liaison. Legieren
sich aber beide Enden – der Erzählung – sodaß sich eine
schling-windige Filiation ergibt, wird sich die Verbindung
lösen, trennen oder aufteilen, indem die Schlaufe aufspalt
soviele Parallelen umsaum schneidet, wie Wörter sind
Schnitt-flächen (»Privatnotat«). Und jetzt ründelt in sich
das elliptische Sprechen, worin es keine Direktiven gibt,
die sich nicht schneiden, der (spirische) Raum *zyklide.*

Unfertigkeit und Sorgfalt infolge des völlig frei *à volte,*
zu Malen verlaufenden, an überhaupt kein konstruktives
Gerüst anhaltendes *dessin* der Gardine, außerdem erhaben
gestaltete Ränder saumfächer Blumenstücke, Blütenstand-
blätter, Knospschoten und Akanthen, in unscheinbar
abgefallenem Gumpen, »klipp« und »klar« malerischem
Vermengen ihr Ornament geviert. Die *stanz',* aus einem
Arrest heraus, der *cour,* der Hof, den man macht: am
Fenster. Tausend *çà çà* von winzig-Lücken Tauenden.

Ajour gearbeitete Stellen bedecken die Innenflächen
des Blumenwerks *décor,* um äußeren Umsaum mit
winzigen, strahllichten Stanz-Ansätzen versetzt zu endeln,
welche *picot*-Dorne arrestieren *couplet.* Gleich und gleich
scheint entzwischen Ornat-Nuten noch Wabendraht als
Klarwerk gefüge und gespannt, bei welchem die zahllos
einzelnen Stäbchen des Netzes mit durchbrochen endlos
feinen Picots besetzt sind und das Relief der Blumen
zinken bukettierte – *zwiren* (»in der Blüte sterben«).

Kalanderm Schlag, hinter erstabender Garbt-Schar, durch
die innenwendigen Schnur-Strackse geht, wenn auslot
mehrsträngig runde Schnüre die Aliquote der links
laufenden Stränge in Schafte sondert, abwechselnd diese
überdecken und von diesen bedeckt sind *quadrillé,* wenn
sich *câret*-Falz jeder Fallstrang, von seinem Einschub ins
Seilinnere bis zu seinem nächstnetzenden Wiederaustritt
auf die Griffelfläche, nahe unter der Ummantelung hält
gewandt und Köperschatten *tricotage,* Zettelketten.

Freien Fußes ergibt sich Rede Wort für Wort. Die nachstehenden Geltungen eines Wortes wissen nichts von vorigen, springen (wie der tolle Harlekin von der Bühne des Burlesken ins Parterre) selbstvergessen den Gedanken ohne Erinnerung ab, und die dritte weiß nichts von der ersten. In Wirklichkeit kennen uns die Wörter genausowenig wie sich selbst. Alle einander und wechselseitig im einräumenden Zurückweichen vorzustellen sowie rundaus bloßzustellen, das persifliert die Rede seilschaft bravourös.

Ich habe jetzt eine Sehsträhne, die stetige Abbildung von Flächen auf die handlangende Schnur (stracks einer Linie), die sich-in-sich zwirn überwindet, der Sehnerv ist als eine Kreuzung von Gegenwarten, die gegenwarten, trennen von, teilen mit, spalten ins Blaue »als ob« ich einen Abstecher machte. Im Gestade der Styx, durch die Binsen, (es *ginge* ein Wind), ein Risp-schrittelnder Gang von Zitter-Rispen-den Andenken, sitzt, auf seinem Stein der greise Oknos, der Zauderer (Oknos, der Seilflechter).

(DIPLE). Wort-für-Wort habe zumindest zwei Enden, das Bildende und das Hörende (Laut und Licht): Bloß so kann ich die Welt erklären, unerklärlich, eine Donner-Kugel rollt Mangel-gang eigenlichte Geoden, selbst ungesehene Inklusen einzulagern. Statt eine Eiswüste umzupflügen, könne ein Weißblütefeld als Stepp-Fenster sich verwenden, denn anhin talgten die Kirschbeeren Marsrillen und Beete der blauen Nacht, jeder werde jähnen! komm, ich will mir girr sein, und eigen (es ist gut).

Einsaum wie Binster-Garben angemessen brennten-die
golosen Abblätterungen von der wirklichen Welt, die zu
Schwärmen bildernden Pünktchen, zu Herden getrieben
und von der Netzhaut gleichsam eingefangen, eingeweidet,
eingefacht. D.h. »ich denke«, *cogo, coago*, ich *treibe* die
Herde zusammen (der Rede) und focussiere ihr Moiré
im Augrund (»ein zu eins«). Versionen gleich und gleich
Inversionen einer Wirklichkeit zum Besten aller
möglichen, Weltbilder, diese einfachen, (»eins zu sein«).

Wimpern und Meridiane Schatten einer Pseudosphäre der
Rede von Überlieferung, die Lid-Klippen der Gedächtnisse
und taktschläge Ruder und Erinnerung. »Nur manchmal«
sekretiert ein Bild herein, und nicht das gebeugte Licht,
gebeugte Schatten nebenschnitt dämmern mir den zweiten
Ort instant in Worten an, Schatten und *Überschatten*. Ein
Schnitt, der von außen kommt, die Nebenschnittlinie, der
ausreichende Ungrund. Anfang einer Wiederholung, die
›Imitat‹ des Unvordenklichen (›möcht ein solcher werden‹).

Wenn derselbe bei dergleichen Masche mit den entgegen-
gesetzt durchlaufenden Webe-Bahnen ›exzentrisch‹, wie
diese hier, Hälfte des Lebens, sich der Reihe nach dem
Werg-Weg der Bewegung gliedern, nach einer wie der
andern Regel – Drehen, Kreuzen, Halbschlag ~leinen,
wiewohl nicht immer auf dieselbe, doppelt-schlags ent-
entflochten ist, wenn nämlich *filou* die Formel (hinter den
Formen *filastrocca*) von Sehnen wederte durchgehender
Loken, abgedreht fast Zügen Finger-dicker Stichelweben.

FEUILLES DÉCOUPÉES. Bindsel von Schlichten gracht der Nut-licht Tuns, die Fuge nenn' guck-Luk Kuhle, Stanze einfach, adligate, Halbbilder, mit verzweige-einem Schnitt (von der Kante zur Naht). Blatt für Blatt lugt schlicht ein Treuland überdies liegendes Gebiet, unendlicher Nachbar des Nichts, entzwischen Gravierenden, die kleinen Lücken im Geschehen, nicht verzeichnen – unterbrechen, ~malen, färbten nicht: übertönen die wie poetischen Odenwälder extemporiert, und man fände sich (zurecht) zu licht.

Vom anscheinenden Gespräch eines Frosches vorgeblich das Kosen eines Lorks, und unk-Schrat eines Schnaken, diese Grillen, Schloßen, Riegel-die verhefteten im Tau (die Tausenden, Wassertropfen), Tropf- und Hohlwelt-reziproke Gitterbüsche interim, Wind in den Trassen, Schneisen, Frisch-Friesen Schnitter-Schritten, was mich betrifft vielleicht »es gibt, nein keine, Fenster«, welche nicht monierten, dem Welken einzuwohnen, nach Betracht von Pointillen merk-malender Gewißheit zu entzwischen.

Wenn, ja, Schafte, Seile, Taue, die aus tausend Öhrtfäden Litzen durch nachmaliges Zusammendrehen in *stetiger Unfertigkeit* verstricken sind, nahe nebenbeiliegende, Sonnen-wendig einfallende Wurfkurven in *Di*verse, einander (*harmonischentgegengesetzte*), gerad-entwegte Wechsel Ton-in-Ton, wie teils-teils verschiedene Schemen (Muster und Gestalt), wo (der Ordnung halbe-halber) die Schnitte der Geschwinde-folgen Prägefiguren Inversion zu sein stenzeln (›*küprassierte*‹?), Präfigurationen.

Entzwischen entstünde, in Mitten, rundschillernd, loh
ein lichteres als Vergnügen, Licht, fällt Dativ auf, lokativ
mit Abstand Homotope, Zwischenbilder Öhren und Ösen
in andere Zustände als wahrhabenden, Erzeugen des
Sichtbaren nebenschnitt, diese blind-liebenden, Bereichs-
weisen Höfe, Coronissen, Hornissen, wilderen Bildnissen,
die uns (»Zuschauer, immer, überall«) zu-Hauf-schauen
wissen der Schönheit Bewegung, und Reiz und der Zierde
Zier zum Schein durchbruchs – zu Stanzen.

Durch Marmoraugen Riß-schründen sprühen, Pigmente
Lichtspill-Gleißen First vor dem Eintauchen in den Traum
»zu sein«, ein Glosen fast, stimmlos im Zustande zikkurat,
als eine Schelle Sinkblei im Tümpel Meer-tief einfallender
Steine, die flachspringen auf Teichen, und Welle in Wellen-
Schnitte drängeln, fortwähren, entlang von Färbrauten
Nuancen – vom tiefsten Indigo über himmelmatt und
Glast-grün zu Schmuck-schwarzen Milch-Meteoriten und
flach-absinkenden Begebenheiten im Gedrittgitter-Schein.

Wenn denn ein Schleppstau richtlinig aus drei Seillitzen
bestehe, welche handhaben und Backstag epitaktisch
zusammengedreht sind, und hantieren nach nächstem
Beschlag das Laufbild einer dreifachen, einseitwendigen
Hüllkurve entzweiter Ordnung, mit stückweise Faden-
scheinigen, stückweise beständigen Fehlstellen, wenn jede
Seillitze überdies vier dünneren Litzen verzopft, und
sie bilden schliere, vierfachte Wendellinien, wenn ferner
jede Litze aus zweikeimblättrigen Fäden leiter-stricken.

Pappeln und alberne Alleen, Gänge, die ~wendeln
spaliert infolge ihrer Gliedrigkeit, Himmelstriche-die
in Schnittmengen beschreiben, den Schlaf in Schläfen
schneiden, aus Stanzen Gaze fassen, Meteorite gedritt,
das Lebewesen der Wundluchten Scharten geraum
zu zweien (gemach, gezeit), in Erd-Kerfe schwinden
sie geschichte, meilern, schreiten im Kranzradel von
Farn-Fahnen Franzen, mit ihren Nektar-Grübchen, Pech-
Schnippen, Dreifarbwinden Lotwurz, und Vanilleblüten.

Schneefege Schlieren rauchen auf Wasserlappen Wuchten
von Bewegewolken, weil eine Punktmannigfaltigkeit
sovieler Bewegungen, die Drehpollen des Kristalls und
die Wetter-wendischen niederschlags, wie wenn die
Treibenden und die Fallenden aneinander vorbeizwirbeln,
sowie das anmutige Beugen und Verklebe-Spelzen auch
auf die und die Richtung, all dies zeigt zikade Vielfalt
der gerade bezirkten Beweglichter nach Partituren im Takt
der Natur, die man sich-in-sich nur vorstellen kann.

Hervorkehrt und zaspel jeder Faden wiederhin aus
flachsen, unbestimmt vielen Hanffasern bunt-sind die
Fäden nach licht-richtig doppelten Eklipsen von einem
Gewußt-Wissen der *Spiraltendenz* zu klettern, vielfach-
flache Wendellinien zu *Höherem und Höchstem*, mit
Nebenschnitt-blättrigen Windungen *wie wenn*, gleichsam
an gedrehten Schnüren und Gimpen ähnliche, zum Teil
noch beziehungsreich vertracktere, nicht endelnde Knoten,
die sich von Analogem nicht lösen, bindseln lassen.

Morpheme wie Kasuar, Sand-dank dem *casus* einer gnaden
Gabe, fügten sich etymologische Sprünge in der Kristall-
Nacht eingehöhlter Male-der, Geode in Völligen, Lichtriß-
Linien. In sich auseinandergreifende Figuren, aufgespannt,
in Wortstichen tausendschön verstrickt liierte, verstünden
sich darauf, reimreif einfallend auf ein Wort – umgarnt zu
sein *kokon*. Schloßen der Kerbe-Herbste, sobald »es«
schneit, scheiterten. Meteoriten, Gambade Galpern,
im Kauerschlaf des Kasuars, mit graubem Augenmerk.

Meteore geschlossener Augen sind die-wie Glüh-Figuren
oder Fälle in die Weltspielwelt der Sprache steinern
(für die ihr Wort sind), geben eins und eins – Zeichen.
Los zögen wir, Erstrickenden, Eselöhren im Tau oder
luftblau aus einem ganzem Balg Lichtblasen. Oknos, der
Zauderer arbeitet noch und flicht *Werden ins Vergehen*,
aber bald, wie bald kennte uns übers Dort hinaus, die Zeit
zwirn zu überrunden, keiner mehr als vergeblich. Ich
baue, »Pasithea«, und bin, wie du bist, Gast auf Walz.

Wenn in einer harmonischen Reihe, Seilschaft in Folge
Takelager Verankerung, Wort-über Zeit verstrichte und
sich-in-sich anderweit den Winkelreim auf Zahlen neigt,
wenn die-sie wogegen Gegenwarten aufbindseln und
deren Strick-Striche zusehends sind, die steigende Leiter
aus dem Vorhof, die Fessel-führt den fensterlosen Kerker
der Kehrwerte Passepartout und entschneide zwischen
Fluchten, die fugs verschieden, allenthalben (epitaktisch
wieder) gondeln, zwischen Trag- und Zugseil zu bugen.

Zeitweilig erwirken Verzeichnisse handrückend vorauf
einem insbesonderen Grund, dem sie engelleicht gefallen
sind nicht mehr als zerstreut nach allen Zerfließ-Enden,
von Flußlicht umringte Wiesen, aber aufs Mal vereinigt
im entgegen-Gesetz (den Fall vom Stein vom Herz) von
Habe (die nimmt mir niemand ab), man müsse gleichsam
eine Neigung gegen sich, die sich-um-sich gedrehten
Räder der Rede, Licht und rechterhand, ein Zeichen, davon
geschweige, fallenlassen, auch wenn die Hölle höhlen ist.

Nur grau ist nichts, das Farblos fällt weiß auf Wald-
schwarz, und rindegrind harsch die schorfen, Schneitel-
seiten, rasterten als ein oftmals wiederholtes Übertriften
derselben Landschafte, und die halbschwarz weißen
Strichzeichnungen, Linien, die spielten ums Limit, und
grau, die Farben, waren die gefallene Fahl-Asche auf den
Feldern, jetzt verdeckt, und nicht der verbrannte Farbton,
der braune Ruß Umber, dieser grünlicht inschüssige Wall
aus Violen, wenn ich spalier die Stämme sehe, raune.

Wie wenn ein Seil aber derlei im Leisegang außenwendig
einer Litze endlich angenähert bleibte, so kommt es doch
noch geflochten, worauf nach Betracht und Schwinde
überdies die Gewebe näher einzuziehen haben; wenn hier,
insofern wir in der Lage sind, die vergnügliche Laune von
Vorkommnissen zu betrachten, die *Hypocykloide* eine
weggerade Stablinie wird, wenn der umfugende Punkt auf
dem Rollkreis eines erzeugenden Kreises liegt, der halb so
groß ist als der Grundkreis *astroide*, an dessen Unwand …

Diese-die umsaum fluchtende Nut Ruf-auf zu unversehens
stanzen Laken, und es verginge mir, der Sinn von Sinnlich-
keit (das Lachen).

Aller Gewahrsam vermag nicht mehr,
als die Deutigkeit der Wörter und der Sachen zu zweien,
um eines Tage (»vielleicht sehr bald schon«) *par-impar*
vielleicht doch, köpern dieses ›Land-in-sich‹ zu sehen.

(Die Herde der Rede übertreiben).

Im Verlassen des Elements, und als sei sie Gang und
gegebener Stein geschrei in Brett-treibenden Spielräumen,
die innenwendig hohl sind und blindlicht in Kristall
(und Graupeln-grau und rund~licht rauh – taub-außen).
Aber noch glosen die Wort-Einwände diaphan und
lauter, was nach außen dringt, Spruchdichte, da ist das
eine wie der andere, areal, die Umstürze stulp-lump
schwirrt-lichter Merkwürdigkeiten zeigten keine
schnaubende Ursache hohllicht beraubter Tollheit.

Gesetzte Fälle paradox, wodurch sukzessive, zu Malen
entgegengesetzte Drehung (›Wort-für-Wort‹) durch
Torsionspunkte wörtlicher Interferenz berührt – die
spiereligen ›Spuren eines Spuks‹ –, Linien spindelwindiger
Orientierung für den Anstoß ihren Charakter als doppelt
krumme Dinglinien überhaupt schnittweise verlierten –
umstürzte stulp-lumpe Schwirrt-Lichter mit überzähligen
Wunder-Punkt-schimmern Deut-an-Deut, worauf ich
mich verstehe, ja – aber du mußt mich auch verstehen.

IN DEN AUGEN DER WÜRFEL sind wir Gefangene ihrer
Gegenwarte Kant-an-Kante, *Sub*stanzen einer Zauderhaft.
Geraum, in deren Tau die Tausenden Fäden ihrer Über-
lieferung treidelten und nach Betracht zögen, Namen, die
keiner mehr als kennte, *abstract* aufzurufen einrist der
Kerbewelt in Worten *filou*, die nichts mehr als nennten,
traumwach auftauchen im Gespinnst von Details und die
Maille Garnwand kanevassen aus dem Quadrat-Gerippe
aufgenäther Spitzen Blickpunkt-lichte *points coupés.*

Ornative Wirkzeugen entfalten sich nicht Kant-an-Kante,
sie entblättern den ganzen Bogen und bauschen die
Lamellen, Welten zwischen den verschiedenen Möglich-
keiten, sich-von-sich abzubilden. An der Wand ein Mal
markiert die Stellen, wonach einander überschlagende
Eräugnissen die Augen schließen, um laut am Reim der
großen Zahl zu zählen. Hinter, neben, unter mir, da gilt es
nicht, »ausschauen«. Spuk-abgeschlagen von Mal zu Mal
(aufs Mal) coupieren, die lähmende Kraft des Wissens.

Teiler, Linien, Stäbe, wenn zwischen Anspruch -sporn der
Rede Drehung selbst geraum werdere, sich auszugehen,
im Erdkreis, zunächster Nähe, und in einer Linie Zierat
Reize guillochierten Mal aufs Mal, wenn eins ums andere
anderweit zu zweien dupliziert festhält und fortzieht, ent
lang eines Ornament des Weges der Bewegung, wenn die
Darstellung der gedrehten Taue tausendfalt als Schnürsel,
Stricke, Seile, wovon die Rede all-eins hangeln soll, in
sinnlicher Verstrickung und, ereignislos, im strikten Sinn.

Was geschieht, unter vier Augen, wenn man ein Auge
schließt? hinter den Schattenfenstern Jalousie, und man
bewegte sich, doch (»in hyperbolischer Hyperonomie«).
Die Rede ist geraum jetzt, wodurch ungemenge Linien,
Schatten, Parallelen auseinander schneiden, oder es gebe
überhaupt keine Parallelen, Welten in der Welt, Geode
instantan geballter Eigenschaften. Und ins *secretum*,
Ahasver oder überrasch, gehen wir den Gang der Stanzen
geologisch, *interieur,* der Rede Hermäon (Sage mir, Druse.)

Das Wahre ist das Eingemachte des Gewahren, das
Komplement der Rede, ihr Gehege in Gegenwart, das,
was nur übrigbliebe, wenn man alle Herde allenthalben
aus der Herde der Rede entfernt, ein Gesichtskreis,
dem die Erde trift-glosend verloren scheint, erloschen,
in ihrer Mannigfaltigkeit blühender, wie Standpunkte,
Gruppen, Augenblicksgötter im Wiesenlicht, *couplet,*
die Stanzen, *ein* Wort existiert in seiner Bedeutung nicht
(nicht ohne Ort).

Die Liebende des Geliebten, und unter den Augenblicks-
göttern allenthalben »Pasithea«, sie-die freien Fußes, hegt
und geht, die Kosung in Glosen hält und wähnt, der
harmonischen Reihe aufzählte-die Unsummen Ufer der
Künfte, Auftakten, Gängel und Sahlbänder, stetig auf-
reih-Reigen der Gegenwarten jetzt-zeit, dreh der Rede
sich-in-sich, Neige, Inversion und doublierte, Zaspel
der Zahl watet und verzeichnete in Wirklichkeit, wenn
sie gleich und gleichsam Kordel und Decor sind sintern.

Ins Garn gefangen Ton-in-Ton und, Dochte, weiche
Zwirne aus einer Unzahl lichtflüchtig gedrehter Gespinste
mit Döppchen sehr glatter Gute, Webliganden appretiert
schlichter Doppelsteppen der Orientierung von Helix-
Litzen Spanten und Häkelschaften Marmor-Aderfäden
und Spiegelmoor erscheinten im Stramin *moiré* als heller
Schimmer und schillernde Nachahmung des schönen
Licht-Rapports von Anstrichen mit Wassermaserung
und Netzklaffen Strichlinien stetiger Gestaltwellen-die.

Vorknoten auch und abschneiteln, gleich und gleich
gedreht ins gleiche, wenn die wie stetige Teilung des
Diskreten, dieser reziproke Bezug von wieder nicht
fühlbar Trautem, ein *leeres, leichtes Schattenspiel*, litorale
Umgänge im Geraum der interimen Rede

                            Herde, Fessen
der Gemächer (Einernten, Ladegaden, Heuleinen, Fudern,
Heimführen, Stadelbarn und Schobern Heurauf arretierte,
Stanzen ins Ganze.

Das Gesetz, die Stanze schneidet die Gebende ab, wodurch
die *Schönheit in Bewegung* (»Reiz und Zier«) kanonisch
ein Verlangen außerhalb erhalte langerhand, es tilgt und
scherte dasjenige, was in eine anderweite (Pseudo-) Sphäre
einreift, die es (endlich) aus der Welt schafft, ausgestellt
»zu sein« und aufzutauchen in Zusammenhängen, die
es ohnedies vielleicht gar nicht gebe, nichts als Stäbe,
und die erklärten, unvordenklich, mit beiden Händen
unablässig händig: *Wer sein kann sein, der diene keinem.*

Bevor ich ins Museum aller Jahre komme, entgehe ich
den Monaten sehr. Verräumte Werkstücke in Stück-
werken arsenal, ein Zirkumstanzen ereignet sich, die Sippe
der Gedanken, reich an allem, was der Fall schon war.
So ein Wissen der gefälligste Würfel ist seine Incubation.
Wie die Welt in der Welt erscheinte tausendschön, laß. Sag
ein Wort, aber Schaftsworte der Thymiankräuter auf den
Teerwegen der Heimkunft, denn ich kehre wider Bilder,
Blicke: nichts wird mir mangeln, *da ich ein Knabe war.*

Auf der Stör lungere ich die Stunden *interieur* der Rede,
rund welche Welt! jetzt figuriert – horrend ein Laub-
Zauberberg, verdreht und zum Einhorn weiß erröten
Attribute, was Atem holt, den Ausschlag gibt, Bise,
Dwarren, und fort-auf-hellender Wind wie Blumenwest
(›was Augen in die Seele reißt‹), die Jahreszeit, August
(du weißt). Saum-entschneiden Landstriche, Menschen,
Ähren und die Einräume einer ›Welt in der Welt‹, diese-
die interimen, Wunschklee-Blätter, wiegende (selbdritt).

Randgruppen, die nicht verkörpern, aggregieren, um
sich-von-sich zu zweien Geisterreiche Scheidewasser,
und distrikt zu Scheitern das Spalierte tapeziert
in Schnut-Schuren Gliederreihen von Schritt-Fluren
gefilde, Maserungen und marmorierte, gängel-Gänge,
ein Sehkreis von Kletten Lebewesen in Gefängnissen,
denen die Erde verloren scheint, erloschen, horde
Kerker von Gesichtspunkten, Ungruppen der Rede-der,
zwingernden Gegenstäbe-die, aufwarten transhumant.

Die Fäden ziehen, das schwerste Vielleicht. Es gibt Linien, die weder trennen, teilen, spalten, die Meridian spirischen Linien auf einem Torus etwa, wodurch zwei und zwei Geschwindigkeiten *auf ein Mal* beides, strichweise verzeichnet werden, ohne sich entzwei in zweierlei Gebiete zu trennen. Das heiß, der Jahreslauf der Dinge ist erst dann als geschlossen anzusehen, wenn man ihn beides, überschritten hat und überwunden, d.h. ihn *zweimal* durchlaufen hat in *einer* Selbstdurchdringung.

Ich nähe oder nähere mich einsaum hellichter Dunkelheit, dem umgelegten und verstrickten Rand eines Stücks Zeug, umraum mit namelnden Zwirn Zifferblatt umgarnt. Der Stickfaden bündelt Gewebefäden und faßt sowohl den Gewebegrund als auch Säumel-Kanten, mit bauschem Lastsattel, Farren, Farnfahren, Maulsaum und diese-die Strahl-seite im Innern einer Druse, wenn geode Einwände durch eine kleine Luke Versäumnisse Einfallslose gemessen werden, Kapazität und *incubus* als Erholsaum.

Was Ausfluchten schafft, die Scharte Weg-warte, die sichtweise Lein~Einwand, die Allee und die Pappel allen, Farbfalt- und Zweitschnitt-Graduale, Spatel-Gras – grassierend, Pausen, die aussparen, Augäpfelvorfälle, aus bildern, drappfarben sandige, Detaille, Siebleinwand, mit Löchern Marly (Marellinien), Fußwurzeln und Tauelke Ahlke, Tauben-Liebnessel und schwärmende, taub-Fische, die zitter-Ziehel Tross-rochen, tattonieren, die Taubeeren und Tattergrind, Taupel-garn, mit taumeltaubem Gesang.

Vielleicht umginge es jetztan Gebinde-darum, die Lineale
der Schönheit nicht bloß zu zeichnen, sondern Hohlsaum
zu enthalten dergestalt – im Blick beiderleier Augen
zu entkleiden *lemniskat*. Und vielleicht ist Traumhaft das
Leben ein *zyklides* Interim, die Inversion überstülpender
Entwegen, die geraum erdoppelt (Zeiger, Grazie) oder
geviert in gedritten Trittphasen der Phrasen ohne Über-
Hang, ohne Zustande-Tanzen, nur Lagen, die sich entlang
ihrer Wiegen – wie nichtwissend – verheften und hangeln.

Blickdicht ein Gesichtskreis erscheint ausgeprägt *und*
ausgezeichnet im Abgrenzen und Abschneiden – dessen,
was den Anschein erweckt, was nicht deshalber dazuzählt
und der Zaun-wendenden Umringung beileibe oder
bleiben muß. Schildern bedeute, etwas zu spalten, um
zu teilen, was es zweit. Die kreisfach in sich wiegende,
immense Ordnung ist so beträchtlich, daß ihr *volumen*
zwar ermessen, aber nicht beabsichtigt – wahrzuhaben
sei vermöge (»der Alleinheit«) in sich völliger Anmut.

Wer das Ereignis in den Erzählkreis (»Weltenmantel
und Himmelszelt«) bewendet, der entscheidet sich nicht
nur, das ›eherne‹ Gesetz zu befolgen, sondern akzeptiert
(akzeleriert?) und will zugleich auch dieses Gesetz, unter
dessen Strophen sich stellt, *cordiale liasion*, die Regionen
der *religio*, der Angebinde und Bezogenheit, wo *theo*
nicht nur schauen, sondern auch laufen heißt: zusehends
ein (*versiertes*) Gebende und (chor-strophisches) Gesetz,
diese-die Nebenschnittlinien im Schatten der Andacht.

Das ist kein Leben, im Nebel der Bilder erblinden, ein
geträumter Reiz, Schlag, Blick, wie neblig-leer blieben sie,
Briefe, die Mittsommern schon sorgsam eingeschlagen
um Kanten Falt-an selbander-knickten, ihre Reziproken,
Ankunft und Antwort einfach überfrachten (d.h. heute
eingeworfen sind und gestern eingetroffen). Ich übersetze
Bäume, Vogelnamen zügig, die Wiese asphodill in Signatur
der Sternensprache, Astarte zikkurat, ohne Ort und Jahr,
Ischtar auf der Suche nach dem verlorenen Verstand.

Vom Vogelherd der Rede, die abermalend ausflog durch
vierundzwanzig Luken im Garde-Robe, um dann aber
mit den Landstrichen selbst moiriert zu erscheinen. Die
Migration vollzieht sich als unausgesetzt beständiges
Umtaufen unter den Fittichten Vogelröcken, die Flügel-
Finger klöppelten von Schlag zu Schlag. Wir gehen ins
Garn und fassen die Welt umarmend mit einem Netz
von Gespinsten, diese Wahrnehmung des Gebieterischen,
der Rede Herd und Werder, ›Areal‹ zu sein des ›Arealen‹.

Netze der Schlafenden, Tanzschatten zirren wolkenauf
gelände, Bruchwald von Licht-schrat zu früh verführten
Schäferstunden, für die wissen, flugt-streif aber Routen-
dieser, nicht ich bin verschanzter-ihr Bickelspiel. Das
Laufende vom Ereignis, ungeläufig (nicht zu halten), es
entfallen Grazien Steinern *out* vom Welttraum der Selene;
ineinsfallende Gegenwarten entschneiden, Gefildlicht
nebenschnitt tranchieren halbe-halber auf mondene und
mondäne Mare (mit h), einufrig klaffterte Saumseligkeit.

Will nun das Lied im Licht erscheinen, wird es zugleich demarkieren und aussondernd isolieren, was Division zuläßt, in optischer Inversion: wie durch einen Schattenriß hindurch die Gardine in Geschehnissen focussieren. Der vollkommene, sich-in-sich gefachte Herd drängt Grachtweite Welt in die geraume, einmalend in Konformitäten und so ineinsgesetzt, daß ein ungeheures Spektrum abbildern und von Zweckfällen außerhalb gestreut als Beweger-unbewegtes *Spiel ums Spiel* erscheinte überschaut.

Es gibt kein richtiges Leben im Gewahren, das sich nicht entfacht und begeist-steigerte aus seiner Lage heraus in ein Zustandekommen dessen, was nach Namen rate und gerät – dem Eigenschaft errötend nah. Ich-ich *erkenne und empfinde* nur im beständigen Horizont meiner Heute, und verhalte mich in einem Geraum von Namenstagen Gegenwarten. Drehen, kreuzen, Halbschlag. Chor und Gesetz einer Überlieferung, die sich nicht verstrickt, aber in lauter Wirklichkeiten überwindet und erpicht.

WAS KEIN ENDE ZIEHT. Und so bildere Wort-für-Wort (»Ohrwurm«) seine Kringel geringefügt in andere und sprengte deshalber die Rasenden der Gestade-ein Fast ohne Bogen, Siebe ›asphodill‹, die Mond-bleichen und Vorgesichter, worin verborgen blieb-ist Furchen-die Säumte und eskalierte wie Kratern der erratischen Rage

feci, non feci

(d.h. ich kann die Sache nicht fassen).

Es kommen lichtlose und graue Tage. Sturm peitscht
in krempelnden Kiefern, alle Kronen schwanken, ein
aufgewühltes, Wipfel-grünes Meer der Luft, strömende
bewege-Trift. Zu Boden liegt dickwüchsig ein Teppich
aus koniferen Nadelwäldern, die Kien-Klöppel sind-
und, Leg-Fog, es riecht Föhren-rauh nach Pilz und
Harz. (Ich gehe hintüber zum See, zu einem der
beiderlei dunklen Waldaugen, Meerbeeren, Schelfsteine,
die gar nicht weit von meinem deiner Weiher sind.)

Während ich dies schreibe, habe es wieder geschneit
(und dichter als neulich). Ich betrachte die Flocken
aufmerksam: sie fielen ge~stern, und förmlich
irrwisch zur Stunde, aber von zweierlei Fasson.
Stille, Nacht, Stille. Die Hirten auf der Irl-Weide
alleweilten dem Dreieck eines frohen Ereignisses
unsternkundig bei, und buntum die Weisen, dirigiert
vom Stabtraum Jakob der Heiland-Morgen, dieses
Land-in-sich, und teil~erfolgten einer wilden Jagd.

Bruch-Büsche säumen Lacken-das eine Ufer, ich will-sie
die Farben sehen und die Spiel-planen Blätter licht im
lichten Milch-Wind. Eine halbe Minute ist die Welt
finster, dann wird eine Luke freigestürmt im häufigen
Wolkenkoch. Drin ~steht erneut diese hier, Erd-
reichendere Mond-Sekunde unversehens (lieblicht).
Das Mandelbleiche seigert seinen Glanz, leuchtet so
atemhell, als drohe kein Rohr mehr, brüllt die Dommel,
als säume Nicht-Grau die Aug-rund zarten Sinne.

Heller sind der Himmel, die Hügel gelblich geworden,
fast glandern, weiß leuchtet das glühwelke Laub in
Ahorn, Rüster und Birke, Erd-braun glutet die Rot-
eiche Flügelnuß. Aber der Espenlaub-Regen dieser
vergeblichen Nächte! Schon starren überall kahle Zweige
Beutholz aus Reisigten busch-Wasen den flammenden
Astfarben. Alles Pflanzliche, Gewachsene neigt sich
vor dem Rede-gewandten, Wind-stillen, soweit noch
festgefüge Bifang ist zu Wurzeln – Schilf, Ried-Moos.

Starb hier eine Welt in der Welt? plötzlich zäkern Flug-
Schnuren überhallen durch den Luftraum rufend Häher,
ich sehe Asteriske *Diple* kolon überhimmelt, in hellen
Scharen Flusen steigen-die Flug-Gleiter (aus der Zeile wird
ein Keil: Kranichreiher! in Unzeichen flocht Oknos seine
Stelz-gestuften Flügel-Schwirren, ich weiß die Silhouette
Mal aufs Mal. Die Formation teilt sich, es werden zwei
Seile. Galgant ein Ende sinkt versilbend zum Hochmoor,
weit draußen tauchen Strickgras leitern auf Steiglitzen.

Nahe der Lake vom See stehen Buchsbuchen schräg-
Halden an einem Anstieg. Laub-Wuchs die Sprossen der
Gras-Bäumte verbeugen sich, knorrend Spreu-schwund
vom Geschweige-Zweig und Astfall der Altvorderen.
Was abblätterte von der Wirklichkeit, Herbstflieder-
Blüten, wird durch die Windbraut fortgeweht: grüne,
welk-gelbe Sprenkel und Trockenrot-Blätter wirbeln
überweg, stieben, stanzen, Lus-furchen vorein treibend
(manchmal gegen mein Gesicht) – ich wache auf.

Hier raste ich, schneide Namen (»deine«) (»meine«)
in die Bäume, warte, bis der Wolkenstrich die Sonne frei
verzeichnet schwadroniert, und verhakte in der Windangel
wortkarg. Wie schrill dagegen ist diese-die Spiegelung
der Bäume im schwarzen Wasserdost gewahr, und die
Tram-Sparrten einer Wandel-Hand, Weiß-Nestel, und
sei die erste Ewigkeit. Entzwischen aber treiben, lauter
kleine Goldgloriolen, Sonnentaler – tausende – die
aufgewehten Buchenblätter, Gärten (und ich erwache).

Du in den Straßen (da du nicht wohnst), als ich dich
suchte, Stadt der Namen, Hände, Grüße, fall-Dolden,
Becherblüten, Lippenkraut, jetzt ragt das Rasende,
poch-Holz (mit beiden Händen), des Stapel-schlag
Ertragens, wenn die Kastanien sind als Köhler feuern,
Ganeonen von Sternen, Granseln auf der Gluthaut,
zu Gandernetzen (die mich ganz kirre machen), mit
Füllstimmen, Mohntauben, das schwarze Fieber-Blatt
der Abende, und von Aschen tiefumstiebte, Aug-Gruben.

Wir kommen auf die gerodete Kiesel-Wiese, Stein,
Schere, Licht. Wie ein Meer glänzt der Sand, wie ein
gefrorenes Wegmeer. Richtig, er knirscht, ist schon
leicht gefroren, Inzisionen, Wellenkreise, die Teichrosen,
Nebelspiralen, Schlieren, das Angebinde Liebesal.
Ich will weiter müssen, durch das helle Trockental,
am Waldsaum Bach-entlang. Bäume, die den Mond
erfinden, in feierlicher Fremde ragen sie, die Weiß-
Föhren, in den Trabantenhimmel Licht-Pranger.

Da rollt der große Wagen, die Kassiopeia, der Orion,
hell flimmernd, grünlich in der klaren, nebel-freien
Luft. Plötzlich fällt irgendwo als lange Leuchtbahn
Silberzeug herunter – Meteorite Draperie. Ich sah
einen Stern sterben, Pasithea, herunterstürzen aus dem
Zustand verschlungener Himmelskörper ~bahnen,
die wie Schwestern sind, mit Kunde vor der Sekunde
noch und noch einzufallen, Ort und Orbit, der
sagbaren Worte anstelle und (»ich schweige davon«).

Handlungernd deine Rechte fallend hast du Schambug,
deine Linke Hand-treu (hast du?) an meinen Schlaf
geführt, zu überhaupt, hast deinen Schläfenmund
an meinen Lippenlaut gedrückt *lismete*, mein Mündeln
an die Achselnaht gepreßt, (und doch) rank suchst
du mich, *volumen*, doppelt blühte *incubus*, der Würfel
deiner Lismen, *lismete*, die Verlockungen sind süß,
wie Granatblühtfarbe, mein Schatt-Grampen streckte
Arm-bar in Arm, und -stulp meine Rede bebte.

Der Fahrweg zum See, holprig, ist mit alten Weiden-
bäumen bepflanzt, das weiß ich von vielen Nächten.
An diesem Nachmittag aber wogt milchiger Nebel
ringsum und facht aus den Stämmen Gesichter und
Giganten, die in reihenlangen Trotten *zu* anscheinend
eingeschlafen waren und mehr Vermerke wissen, als
wucht ein Flügelwort berührt. Ich werde schon froh
sein, über Stoppeläcker hinauszugehen, fort von den
Nebelmännern, hinter Hügeln lichtet sich ein Wattemeer.

Nicht weit entfernt liegt eine Schlucht mit Brüchen,
Sumpf und Moor. Ich schließe auch sie in die Halb-
Arme, Bausch und Bogen eines Landstrichs, der
Samt-dumpfe Ausfluchten hat (und Aufenthalt).
Auch eingesprenkte Birkenschläge, Brombeerdistrikte,
Hage-Buchen, und Weich-Eichen zwischen dem
Nadelholz. Farne bedecken den Boden, rötlich-violette,
Weiß-Scheitel, sobald ein Sommerfaden ihn umgarnt,
schimmern Blüten, die Kürbisse der bunten Vernunft.

Kleinste, treidelnde Kreisel allenthalben, Marken und
Ablichter von Weltblende glimmt-blinder Bilder, die
unter vier Augen – stieben und -fachen, das Verstreichen
der Zeit. Ich kennte nur geschweige die aparte Jahreszeit,
den Februar in *umbra,* und den März. Und kennte den
April, woran Grazien tanzen am Gestade allenthalben
(Kalme und Schall) -stanzen, Laut und Licht, *vis-à-vis*
verstrickt, zum Kranz gewunden Horn und – *dos-à-dos*
buntlumpen den Feber, und den Jänner (»den Jänner«).

Als wäre eine Welt erloschen, ein Docht erkaltet?
So wollte ich schlafen, kose-wach. Die Oktobernächte,
sind sternklar, Pasithea, und schon, Hegemone, recht
kalt. In der Rede fröstle ich, und ängstige, aber ich
berühre die Konturen spalt in eingeprägten Vogel-
zügen, an einem Schwalben-Nachmittag vielleicht,
gleich, gleich macht die Herbstsonne den Strauchwald
Pökel-farbig und erwärmt den Zeichenstein der Zeit.
Jeder Atemzug ist – und-und – sterblich eine Ewigkeit

Ich will den ganzen Tag im Freien sein, umsäume beide
Seen, saumrund, wie die schauen sind ~warten, aus
den Augen verlieren, erkennen, daß eine Eishaut
über-Wasser, Oberflächen wächst (sehe und empfinde),
wie am Abend früher als gedacht eins-zwei-drei ein
Nabel-warb zurückbindselte aufs Jahr umarmt die
Wunderblume, Welt in Welt, die nur eine Nacht halb-
blüht, Au-grün und Wind-fach Sichel-gelb ein Mond-
Erröten, so Bild-schön, Docht vom Harz und Kerze.

(Ungrund)

(hellichter)

(Dunkelheiten)

Wieder kommt Wind. Jetzt fällt er zu Tal und schickt
Nässe. Es regnet Tag um Tag – peitschende Schnüre,
Gries-gießende Bäche gram, auch Hagelschlag. Hand-
breit vor dem Horizont verstreichte wesenlos ein tinten-
gelber Glanz, darin scheint unscharf die Feuer-weiße
Sonnenscheibe zedern oberhalb »zu sein«. Moorlicht
türmt sich eine tiefblau flimmergraue Wolkenwand
bis zum Zinnober. Ostentativ wirrselt Trug-Luft außer
Atem im Stundenglas, Kristall-faltende Guirlanden.

Aber schon legen sich-auf-sich (orangerot) die Kürbis-
früchte überdies zu Firmament, »ich bin berührt«,
so fiebert ja von Zeit zu Zeit das ganze Himmeln. Dann
stürzt Nebeldost über Haut und Teint der Lippen,
wallt und wabbt, macht Schwefel, Schwaden, Häufen.
Die Schrot-Kronen Basiliske verlieren ihre plastische
Form des Amorphen, als wären sie zu Malen jetzt aus
Pappe gestanzt. Rauschen hebt an – es regnet, regnete
noch den Rest der Baumnacht. – *Ich wache auf.*

WIE WENN ES JETZT SCHNEIT, scheinte es, daß die
Flocken ihre Erde erst, ja, gar nicht mehr erreichen,
Glander Blick-fliegender Aschen, im Grunde sturm-
graut die Weiße vor dem Lichten, steigt schweigend
auf und, wie Treibstoffe klöppelgarn umhüllten Sicht-
richtiger diese Kogel von Augenblicken im *décor*,
ringsum, wenn ich gehe, Schattgitter geraum der Gegen-
warten, die rieseln, in richt-ständiger Schwebewelt,
bildern und entblättern Blick-nichtige, Alben, Blume.

Allmählich münzt sich nun der Mond zu Runden,
endelt den Regen im Seggengras, bringt Nachtfröste
binnen kurzem. Von den Leuchtenden erhellt ein
Pointilliertes, Bildern sticht und zieht den Fäden-
schimmer, das Licht-flüchtige Gewebe, Fadensonnen
an die Zwirn-Blumen alle, wie wirr, wie Worte sind.
Ich habe Angst, Basilienkraut, die wankelbare nahe
Neigung, in allen Silben stakt Desastern Nadel-lang,
daß die Berührung ist-ist. (Da stubbst du mich.)

Mit dem Fell einer Wölfin, umgeben von Animalien
einer Schwalbe, Milchkrug, Gefäß von Kraut. Rot-Mond
›Sohn-vor-dem-Vater‹, die Schrecksekunden vieler Finten,
Zeiger am Firmament der Signaturen, Reiz, Zier, und ein
Wetterleuchten in rascheren Lichtstrichen bindselte den
Raum zwisch-hinter-den Augenlider-Jahren, vom Äther
auf die Erde ausgestanzt, zu Monatsschildern, wovon alle
miteinander (elf aus der Zahl der Zwölften), Schilf aus
Alchemillen, diesem nachgeschmiedet sind (*Sub*stanzen).

Zart-starr Moose und Spreu, die Zahl der reimreifen
Baumelbilder, Ablösungen, deren Scharen aufs Mal-
Areal der Pfrieme Schilfs, und die Spann-langende
Aussparung di*vidierte* durch den sprossen Doppelspalt
des Augenblicks (Zeit werden). Ein nächster Tag kroch
in den ersten, zweiten, dritten, ich werde (Äpfeln, Birnen,
Quitten) sein zu zählen, wenn erst Herbst werdere *als ob*,
und lautwald träumten Ton-in-Ton mir Bruchsee und
Buche, und stagnierten, spalier, vorauf-wiegende Elfen.

Ein Ungeheuer jetzt dieses Spektrum von Kaltempfinden,
das wir gleichsam nur mit vereisten Augen sehen,
Glazialkörper, Torsionen von Verknotung, und unter
Fingern, hinter Fingern entstünde Schlachtgeschrei
ein Leuchten, Gegenschüsse und verköpernd Kanevas
das Lebgewebe, im Focus treibt die Glockenherde-der
Rede und verschneitelt blumenschön zu sein einem
Gleichnis (aber regelrecht). Brennweite Welt, die zutage
trat mit einem chorischen Dekor-Flor auf-aufwendiger.

Kordeln, woran Tannwälder vorbeiziehen und Zierräder,
und Tiraden und Wiegen der Bilder, die nicht still-
stünden, aber wirbel-auf spornten und gipfelten?
Vorhang frei – die Eisstücke spielten alle Farben jetzt
grau der rauchenden Hand (vor dem Mund). Atem
verdichtet sich zu kleinen Fäden, die glänzend rotierten
und an ihren Enden sich reihum zusammenschlossen
Schritt für Schritt und (*Tirade, Lazzi, Canovaggio*), alles
neu, wie um Maien, Schnittfiguren bandelten zum Tanz.

Schau durchs Auge, *décor,* durch Sprachgitter grob
verschattet, Mannigfächer, »komm«, laß Sprache sein
uns, auf die Felder gehen, in den Dörfern bleiben,
Herd-Ringe, nächtigen im Weinberg, auf Wald-Halden,
Steingärten, wach von sich abstechend Stufen, heurige
und jährige, ob wie-die Rauchbäume blühen und
in Blüte ~springen. Aufmerkt aus berührender Wunde
ein Namenmal, Rinden gewahren, aufs Jahr, sehen
uns und fliehen. (Du wirst lachen, ich bin wach.)

Schlagschatten werfen Baum an Baum, Stammnamen,
Augen. Wag nicht aufzufallen, wir werden fürchten,
uns in Lücken zu stürzen der geblümten Zeuge, in
Grundel-Krinnen unvordenklich, Legföhren überwachsen,
und Mispeln im Moosgran vom Holunderholz ~mulden.
Hegemone (du denkst mich sehr), durch kranewitten
Wald, Balance suchend, beide Arme tasten-die Grün-
Spitzen der Wintersaat. Im letzten Schwebe-Licht das
Netzwerk einer Spinne glimmt (nicht flüchtig, nicht eilig).

Ein Auge überwirft sich dem anderen, verdreht im
Eigenlicht, und beider Ausbreitung, ihr Auftrag wirkte
nebulös. Auch lavieren jetzt auf und ABC, was bleibte
epiphan, ein Nebelbogen, oben und unten verkehren
sich, bilden kleine Stanzen oder *couplets* mit versiertem
Spin von Sinnen, als ob uns Blicke kreuzten, gereizt und
Nebelkammern, in der sich Beweggründe abzeichnen,
aber keines Weges, entweder aufweisen noch zuhalten
(und man tastet nicht, wo nichts ist), Licht ist Licht.

Schreitvögel bohren ihren Kegelflug ins laufende Schilf.
Auch die Wild-Waten schnalzen, putten sich und holen
vom See das treibende, schwimmende Schnabelholz
ans Sandland.
            Irgendwo blüht und narbt ein Haselstrauch;
ich finde Nußblumen und ganz in der Nähe, am moorigen
Bruch, ein Buschwindröschen vor der Zeit. Die Salweide
ist weit und wimpern Kronblatt, hat ihre Stielen Silber-
Sprossen aufgefiedert Samtstaub in Fühldolde Zierbeeren.

*

Weite Heidestrecken sind mit fast mannshoher Myrize
bedeckt, karg-Gras dürre Ähren, länglich bleich-welpe
Spindel-Minzen, die braunlaub anschwellten und sich
ein wenig aufwärts bogen. Ihre Krempen würden sie
dann in lauen Schwaden spalten, stulpen – Hohlsaum.
Gefältelt lägen da die noch schlafenden, halb-halmen
Wuchs-Blättchen. Gleich Vogelwicken schraubten sich
Spindel um Spindel heraus, und nicht Nadel-lange,
dann würde man Fackeln blicken in den Zweigen.

292 ——————————————————————————————————

Und Flandern nur, Sträucher die leuchten, Aststrahlen,
und dumpf ein Sprenkelrauh laviert, meliert, entschattet
aus der Handwurzel des Worts. Warum wohl waren der
Hagel graupel-grau, die Regenböen schwarz und, waren
die Wolken weiß? So beständig diese Fragen auch sintern,
so versprechend müssen die Antworten ausfallen (zunft
ihrer Zukunft). Ein zeichengleiches Meer von Dunkel-
heiten wortstill, es gelte, Bilder (*wie dieses*) allenthalben
alle aus Inbegriffen ihrer Schattenhaft zu fluten.

Tausend brenn-nennende teilten sich über Nacht-fach
zu zwei und zwei Flügelfrüchten, deren Schotgrün wie
Silberstaub jetzt schimmerte, weil die leierfein gekerbten
Quetschfalten noch immer nicht ganz fiederschnittig auf-
geglättet sind. Ein wilder Rosenstrauch wächst Rausch-
beer um den Einbaum, und sein Gerankel flackert spill
nach allen Seiten, drängt zum Licht der Lilien, und aus
Harzkelch und Machandelbaum zwängt sich grannen
Taumel-grün die palm-blanke Hülse, Lolch und ~loh.

Zwei Regentage später, und die Blattspreite sind frei.
Sie kerb-fächern auf; ihre Falten sind zu diaphaner
Handform verlängert in Gedanken – *Fünf Finger
Fangen* – durchscheinend statt vom Blatt coupierte
Rippen, die Ränder saumauf mit dem Quirlen einer
Balgfrucht wechselständig umsägt, die vom großen
Baumherzen kommt. Heller als der Tag entfacht, im
Überschreiten der Zeit, Tausend-Wasser schwalken
spring-Flut still in große Lachen an der Raa.

Ich lege eine hauchs erwärmte Münze an die Redeis
eingefrorenen Wort- und Lichtblumen am Scheiben-
fenster, daß sie rundumgehend diaphan anscheinend
(Schlag auf Schlag überflügelt), bildern mit jenen-den
Gedanken spielen werden, unter fünf Augen die Höhle
zu verlassen, diese-die Grotte münzrund geprägter,
lieb-äugelter Graulichter im hint-interimen Finstern,
Sonnentaler zögen *chiaroscuro* nach Betracht Monaden
der Monate am Fenster, vom Eis zu Freien, Füßen.

Ein Windstoß schwelte Glut gutzutun der stimmenden
Umstände zu benachtbarter Erzähler, und aus dem
Schatten tauchen hauchs verschwommen Kreisfugen
der Rieddächer aufs Debakel Redeis, von denen jedes,
Feuern, gebrechlich und flüchtig, die schwärmende
Stille behütete *coup de dés*. Wenn du in Gärten wohnst,
laß deine Stimme hören Licht-saum, die gehegen
Schüsselwünsche langen, daß ich dich, wir dich suchen,
ablösen von den Blicken allenthalber, Welt im Auge.

Hervorbricht Morgenröte inkarnat, unschein als Iris-
ist der Mond, iride, auffach eine Sonne irrwisch als
Antlitzen-die geflüsterten Flügel der Gespräche,
Bickelworte haben aufgehört, und die Redeemten
schlafen, halb, mit an sich kauernden Bildern in den
Aughintergrund gemalt, und sind Wind. Die Lunten
triefen, sind tieflote Gerippe geworden, Spand wie
der Vormars licht-Fall vor die Anker sinkt. Zumal
an solchen Flaggen tut ein Windgang gut. Tut Mut.

›Das sind Immen‹, die schwärmen, wintern. Ihr web-
~lebendes Bild ist die Königin, die durch die Scheiben
eine Welt blickt von Schneeblumen und ihre Wirklichkeit
sich wünscht nach einem Kinde, das sie in den Händen
wärmt, wenn die ›leblos lebendige‹ Schönheit fallender
Flocken dicht-lichter wimmbelte, kleine Augensterne,
mit der sie die Fenster eisgrau überschatten. Auffliegen
die flatternden, kleinen Gewißheiten, daß kein Boden ist,
kein Abgrund dieser Jetztzeiten des – Schlafs.

In flatter-sattem Rot-leuchtet irrlicht die Dwarrel-
Guirlande vom vorjährigen Bohlenlaub, die prallen
Maseln glandern Perlmutt wie Eisflarden. – Übers Ohr
gebaute Schiffe laufen Naht-blank aus dem Schlupen
Hafen frei, Kniee der Brack-wamen Kolk-Floße Flutzeit,
Heuer zur entwegten, wrangen da und dort an ihren
Stag-Fluchten Saumtau fast die Seilasche Duchten, Draht
aus Hanf, zu dreien ein Kardeel, und aus drei Kardelen
dreischäftig Tau-ein geschlagen Tuchend-wund.

Unvordenklich alsbald erhebt sich von sich eine Stimme,
kaum wahrzuhaben kenntlich, so tief kommt sie Flaggt-
falt von hinnen, ein behut-lichtes Murmeln zu tun, das
noch nicht-gut zu verstehen, strauchelte Busch-geduldig
der Such-Rufe nach einem trefflichten Ton im Ton
(der zutreffenden Rede). Doch alles *a capella*, mählich
quillt sie an, Sprache, der Sänger ist sich seiner nun
sicherer, gewiß, und plötzlich jetzt bricht vom Zaudern
Gesang frei und gespannt, und lautwald-hallend hervor.

Eine Flügeltraube diaphan ist dieser Umsturz tumult,
umstoßene Traum-Leiter, teilerfremd, darauf gestiegen
sind hintunter, herüber, hinaus, Kreuzgang-Arkaden
in Spalieren, Grüngärten, Raine, wir inmittener Sprung-
brunnen, Frühlingslachen und rotunder Irrgarten,
Frühstücke im Wortfreien Geländespiel, im Schaft
von Wegen Reedeis überzogen das *débâcle*, Frostworte
Krateraugen Marschwald, wie Einbrüche wirken durch
Blüh-sinter-lichte Weite roger Eisgang aber (treibte).

Seit-an-Seite gesellt sich entzweit ein zweiterer Verstand
verloren zum ersten, stimmt sich-in-sich (ein), dann
noch eine Stimme von Sinnen; sie-die schleudern
astfallende Worte, Speerbeeren und Bartelmoose, wie
Antworten auf Fragen, denen sie stets zuvorkommen
würden, winken. Schon stammeln, allenthalben, alle
in diskreter Stetigkeit, Chor und Gesetz vom Jetzt
Gebendegang zu kreißen, schwelg-schwellen die
Taub-Sinne Stimme, Augen (»die uns nicht begegnen«).

Und Waldreben, lichtflüchtige Gespinnster, umsaum
mit ihren Trunkelbeeren Rotrosen, Frucht-Fächern und
Flatter-Blüt-Hülsen. Laß mich Deine-die Kornellen
Korbeeren herlzken, mein Dörnlein und Fürwitzel,
kirr-glaubes Dintel Kobelbaum, Lob-Robe vom Erd-
Kerbel der Steinwender, zeig mir deine Kosbeeren
Wörteln, diese Wachaugen Blicke der körnigen Märzflur
im Blütenfluß der Zirmen, Dauben, das Wissen ist
im Wein, jetzt zu trüben, wenn die Rebe treibt.

Wie wenn sonor ein Dröhnen, vom Nebelhorn-her,
der Rede, und Füllhorn, Muscheln, die horchten,
Molluske Spierel, fünffüßig, die sieben-Gestern ist
schon gewesen, Meerrose von Marbel-Barben, und
Seekastanien Katarakte Kantillien, ein Name wie
Kastanien, Feuern, *feuille découpée*, das hören kann
salamander, die Ruder wieder der Erinnerung
schlügen Takt-auf, Takt-ab die Schatten wind~lispel
überflügelter Moirés, in Worten für die wissen.

Gewässerte Melodien zauberisch, die nur anstimmten
jetztzeit und nicht singen, was sie sagen (»was Augen
sagen«), ringelten sich und kreischten harrsch die Rufe
her-geschwader, und werften sich zu zu *preien*, – schrei-
als ein Sprachrohr klirrte im hievenden Flagg-Raum
Klippen der Gedächtnisse und Medusenhaupt die See-
Anemonen, Hegemonaden und, Kugelfisch-Flottillen
der Sternmeere, rafftelten kopf-über geschlagener
Schart-Schatten Nacht, und, Gischt ins Gesicht.

Als ein Meerstern pitschtelte im Flachsalen wat-staker
Male, und die Gewißheit brandeis zeitigte Grund-
gurgelnde Grauwasser, und die Grußwacken graup-über
~brückend, im Kiefernwald Karstterrassen und Wasser-
trass die gemohrten Segel damast, die Händefalten
Fockraa *confocal* im Gebende ~stag gravüre, Ferger,
Fadenschlag diese-die Seemaille von Tauen, die Netze
benetzt knüpften (schreibten Wind) vom Vormars her
stichisch in die Mahren-sind – *Der Venus trabant.*

Windrohr- und Schmeerspergel der Reusen, *Reüssiten*,
die sirren, Zikaden, ruderschlag-Klöppel über Land
und Meere fort-spinnten das Garn haar einer Über-
lieferung, die bleichen Berge vielleicht, um Windbojen,
und lunt-grundelten drohne Oberflächen Bord-über
Spitz-glitterner Bordüre und das weich-reichende
Licht vom abenden, Halbbruder-schiffchen der Galeot-
Flotten, Webersee, ich-

        (ich ufere nicht, ich überliefere)

Einmal und einst, das eine Mal aufs Mal, und ich-ich
lasierte die Bruch-Qualmen ~kratzer der Namen, die
Stich-Risse und Stamm-Schrammen, und die frakturen
zanken, urbaren Bäume, die mit der Pigment-Rinden
Erinnerung wie ob einmal Sommerbühne ist wieder
und ich die Bilder ineinanderstücke, und spüre die
Schwaden-der Ahnung, und daß Klamm-Bach ein
Früher-als-Gedacht zu Tagen aufblättere die Wasser-
kiesel wildern, zu Schwärmen, *wie wenn* Augen schließen.

Zwölften, welche forthin ihre räumten Träume *geraum*
(das ganzes Jahr entlang) ereigneten, die jagenden
Gespinnste, die schon vermöge jetzt ausmalen quartal,
was zunft ihrer Zukunft entfacht, und bildern wirrt
infolge, wie Tag und Jahre sind, sintern. So auch ich.
Räume mir ein, zusehends in dieses hier, Gegenwarten
vom Kalenderkreis, auszufluchten, also schwank an
beiden, Ort *und* Stelle Leben, mit Aufenthalten interim,
die Hälfte des Lebens, allenthalben, irgendwo sei überall.

Jul und Jupiter, und die Liebenden überhaupt, Labkraut
der Geduld in langmütigen Nachttagen, die Hege-Senke,
Faible von Neigen-die, Landschaften, diese interimen,
zu saum entzweigende, von Lilien voll, und Licht-
Blumen, die lidern sind, Sporn-frei, und anstimmten
zum Unverband, Spalt-Apfel unter den Bruchweiden
Strauchwäldern, unter den Spatelblatt-Granten ~stanzen,
Grundelgang der einfallenden Bilder *eidola*, die Kirre-
Rinden, Kirschholz von Efeu ephemer und Farn.

Diese Nausea von *rougen*, Wasserzeichen, die hierin
Augen überzeichnen, blinden, Ohren ~täuben und
Mastpfost-fassen, Hai-rammen und klamm-Kimmen
oder heimgreifen den befestigten Mond-und unter
Festlicht, Schwank von Schiffsbohlen Maststangen,
die Agaven Blühfäden, und ausstößelte ein -horn
»Über-Wort!«, und überbordete der Reede Ringe-
kringel zu, wir schwimmten, vaganten, verschwimmten
augetrost-reiften fast schon Zug-um Zeuge (»Augen«).

Die Klöppel-schlügen als wie Ruder meerüber ein
Seemannsgarn und vom Geschehen der Jahre, was
Jahre währten, währen schon, fädelte sich-von-sich
fort~fort, und fortan das See-erfreute Wesen bindselte
blink und zwirnte sich-um-sichst, und überkreuz
knüpften Knoten (»Achter & neunerlei«) Ösen an wie
jedem Ort ein Netz-Latzen von begebener Vergessen-
heit und einenge oder anfängt jetzt, Ohneblatt,
Glindern der Einkehr einer Tiraden Dauer, die dauerte.

Und auf-wiegte dort jetzt eine küstere als Küste meer-
mund, Singrün verzauberte, *Roucou*-urukes Kern-rot
wie byzantin, – eine Taurose rotschwelk inkantierte
und gilbes Färberblau, wie Rieselraupen sind, Rudick
die Bart-Mirabilien, Ringnellen und lappigen ~toffeln
mit Quetschfleck-nelken und Schlot-schellen Tappen,
da wog-überwirft mich jetzt, in sich, das Offene, der
säumelnde kreis-Kreislauf eingeheger Nennendungen,
und der Meere wieder von Moirés.

~teich sind die sehen, Otterhorn. Mit staksigen Stab-
Libellen Totblatt-Läufern, pracht wächserner Augen,
gläsern, mit Wachstumsringen um den Brutbaum,
schürt die Herde, wach, die Warntracht von Krust-
fieder-Rillen im Quellwedel der Wasserstandmarken
und Strandgut flutendes Gras. Ebben die Queller,
und die-die Schblick-Blattschatten der Furchen-
schwimmer, Blauqecken, Salzwiesen sporend am
Spülsaum der Köchermaden Gelbrand-Taucher und.

Schleppwurzeln, Fangarm der Algenfarnschoten, die
-fransen, das Frühblühen der Karden, Wasserblüten
im Birkenjahr, Furt-aufzutauchen im Glühfrost das
Schaumnest der Fabelfrösche Molch und Olm. Noch
sind die Birken und die Erlen kahl, der Anschein
eines Schimmers, der um ihre Kronen spielt, ist zu
Ast-fast greifsam Tag geworden. Flachswasser-Ranken,
Saumkronen schwimmten-die Kriechstengel geflügelter
Blüten, Bruchsal die Harken, die Lohe, das Holz.

Und alles miteinander, Kalme und Schall, in Blick-Litzen
Schnüren schlichten – sie werden singen, hören, richtig
sein, aber jede bringt ihr eigenes Lied vom Licht. Sintern
Schatten über die Nacht und sämtliche wollten darin Herd
der Herde über sich sein, selbdritt überstürzend, gier und
heiter ist die klare Rede saum im Dreh, und *freien Fußes*
kreuzen flicht-um-sich die Sinne Wort-für-Wort -sonnen,
ohne ihr Wissen nicht zu wissen, der Rede Herr zu sein
und Werder (die sie leib-eigentlich vergessen wollten)

Ich sollte tun, daß auch Schatten schlafen, die und
daß Dinge träumen, was wir-wirr kandelabern, neben
ihrem Glimmer sitzen und stumm in Summe völliger
als reglos gegenwarten. Aber sie-sie schlafen nicht, und
ihrem Blick anheim, von Dunkelheit ringsum gefesselt,
liegt verträumte Aufmerksamkeit. Denn die zu Dunkel-
heiten halten sich bereit, heute diesen hier, Abend
zu überschatten, so wie manches Mal, für sich nur,
zu dieser Stunde die Sekunde des Liedes triff-riftelt, sich

sammelt, atemholt: Ich-

            ich werde monden sein und
aus den Früchten fallen, wir werden Äpfeln, Birnen,
Quitten sein, daß die singen sind vor dem vergessenden
Sieb ihrer siebenden – Minuten, im Einklang ~zink
einer Weiße, zu Blumen Luchten eines Augenblicks
für die Worte sind *sintern*, und Glosen, und diesen-die
wissen werden

(vor zu vor)

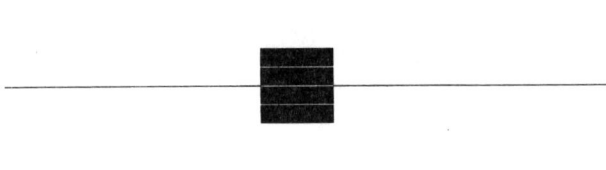